信息系统审计
——理论与实务案例

黄作明 马小勇 编著

清华大学出版社
北京

内 容 简 介

本书系统介绍了信息系统审计概论、信息系统审计过程、信息系统审计方法与工具、IT 治理审计、信息系统一般控制审计、信息系统应用控制审计、信息系统生命周期审计、信息系统绩效审计、信息系统审计质量控制、信息系统审计前沿专题、信息系统审计综合案例。本书覆盖了信息系统审计课程教学的基本内容，同时紧密结合信息系统审计实务，通过丰富翔实的信息系统审计案例，系统论述了信息系统的理论体系和实务应用，同时对信息系统审计前沿进行了探讨。本书的特点是注重案例教学，读者不仅可以系统地学习信息系统审计的理论知识，还能通过案例分析，掌握信息系统审计的新技术、新方法，具有很强的实用性与可操作性。

本书既可作为高等学校会计学、审计学、财务管理等专业的专业教材，也可以作为审计从业人员的专业培训教材和业务学习资料。

图书在版编目(CIP)数据

信息系统审计：理论与实务案例/黄作明，马小勇编著. —北京：清华大学出版社，2023.6
ISBN 978-7-302-62803-3

Ⅰ. ①信…　Ⅱ. ①黄…　②马…　Ⅲ. ①信息系统—审计　Ⅳ. ①F239.6

中国国家版本馆 CIP 数据核字(2023)第 032204 号

责任编辑：闫红梅　薛　阳
封面设计：刘　键
责任校对：韩天竹
责任印制：宋　林

出版发行：清华大学出版社
　　　　　网　　　址：http://www.tup.com.cn，http://www.wqbook.com
　　　　　地　　　址：北京清华大学学研大厦 A 座　　　邮　　编：100084
　　　　　社 总 机：010-83470000　　　　　邮　　购：010-62786544
　　　　　投稿与读者服务：010-62776969，c-service@tup.tsinghua.edu.cn
　　　　　质量反馈：010-62772015，zhiliang@tup.tsinghua.edu.cn
　　　　　课件下载：http://www.tup.com.cn，010-83470236
印 装 者：三河市天利华印刷装订有限公司
经　　销：全国新华书店
开　　本：185mm×260mm　　印　张：13.5　　　　字　　数：332 千字
版　　次：2023 年 6 月第 1 版　　　　　　　　　印　　次：2023 年 6 月第 1 次印刷
印　　数：1～1500
定　　价：49.00 元

产品编号：094946-01

前　　言

以"大智移云物区"为代表的新一代信息技术广泛应用,已经使被审计单位的信息环境产生实质性变化,审计对象发生变化,必须创新审计技术和方法,向信息化要资源,向大数据要效率,提升审计能力,履行监督职责,在此背景下形成一门新兴课程——信息系统审计(ISA)。

信息系统审计是一门理论性和实务性较强,伴随着信息科学和审计事业发展而不断发展的课程,涉及审计、会计、管理、计算机和行为科学等学科,主要研究在计算机数据处理的系统中信息技术对审计的影响;研究信息化下审计对象、内容、程序和技术方法;研究信息系统下内部控制与审计;研究信息系统生命周期的审计,以确保信息系统的安全性、可靠性、有效性、正确性;研究如何通过有效的 IT 治理以实现信息化的投资效益等。2009 年,清华大学出版社出版的《信息系统审计》教材,是国内较早的信息系统审计教材,满足了高等学校教学和审计工作者知识更新的需求。随着信息系统审计项目的开展,特别是国家审计全覆盖的要求,急需丰富更新《信息系统审计》教材的内容,反映学科前沿的最新成果,指导审计工作者的审计实践。

本书的特点如下。

(1)增加信息系统审计案例的内容,审计理论与审计实务相融合。自 2002 年审计署提出开展信息系统审计以来,广大审计工作者不断探索,参考国际信息系统审计指南,创新性开展了大量信息系统审计项目,积累了大量的审计案例,这些审计实践为我国实施信息系统审计提供了指导范例。案例经过改写,充实到《信息系统审计——理论与实务案例》教材中,除了在讲解理论同时辅助案例内容外,还专门增加了一章"信息系统审计综合案例",使教材实务性特征突出,理论教学与实践训练紧密融合,同时也为审计部门开展信息系统审计起到一定的借鉴作用。

(2)增加学科前沿内容,尤其是大数据、云计算、区块链等新一代信息系统环境下的信息系统审计内容。将基于大数据、云计算、移动互联网、物联网、区块链等技术的企业信息系统作为审计对象,参考国内外相关研究成果,分析基于新一代信息技术的企业信息系统的特征、体系结构、系统风险、控制要项、审计技术方法和信息系统审计过程等。

本书共分为 11 章,第 1～3 章论述了信息系统审计的基本知识、审计过程和审计方法;第 4 章论述了 IT 治理审计的知识;第 5～6 章论述了信息系统一般控制审计和应用控制审计;第 7 章论述了信息系统生命周期审计;第 8 章论述了信息系统绩效审计;第 9 章论述了信息系统审计质量控制;第 10 章为信息系统审计前沿专题;第 11 章是信息系统审计综合案例,介绍了自来水营业收费信息系统审计、行政审批服务管理系统审计、医院信息系统审计三个审计案例。其中,第1章、第2章、第5章、第7章、第10章、第11章由黄作明教授编写;第3章、第4章、第6章、第8章、第9章由马小勇博士编写。

本书可作为高等院校审计、会计、财务管理等专业的教材,也可作为有关从业人员的专业培训教材和专业学习资料。

本书在写作过程中,得到审计署、会计师事务所等审计实务部门专家的支持,相关企业的内审工作人员也对本书提出了许多中肯的意见。

本书相关的教学资料、教学大纲等,可以与出版社或作者联系。

本书不足之处,恳请读者不吝赐教指正,作者将在下一版修订完善。

作　者

2023 年 2 月

目　　录

第1章 信息系统审计概论

本章介绍信息系统审计的相关知识,主要内容有信息系统审计的产生与发展、信息系统审计的概念与特点、信息系统审计的目标、内容和准则等,这是学习本书后续内容的理论基础。

1.1 信息系统审计的产生与发展

随着信息技术的广泛应用,数据库技术和互联网的迅速普及,企业的经营、管理和核算模式发生了巨大的变化,信息系统已经成为企业高效处理业务的重要保障。特别是大数据、云计算、移动互联、物联网和区块链等新一代信息技术的涌现,促使企业产生了新的商业模式和业务模式。

信息技术不仅改变着人们的行为方式,同时也改变了人们的思维方式。无论是以加强内部控制和提高企业管理水平为目的的内部审计,以鉴证会计信息的真实和公允为目的的注册会计师审计,还是以审查真实性、合法性和效益性为目的的国家审计,都不可避免地受到信息技术飞速发展所带来的冲击与挑战。信息系统正朝着规模化、复杂化、集成化、智能化的方向发展,信息系统的有效性、可靠性、机密性和完整性越来越引起用户的高度重视,信息系统本身也必然成为审计对象重要的组成部分。

信息系统审计的目的是评价企业信息系统的稳定性、可靠性、安全性以及数据处理的完整性和准确性,发现系统设计和运行方面的缺陷,提出整改建议并进行审计后续追踪,提高企业信息系统的有效性,帮助企业降低或规避风险,最终促进管理水平的不断提高。

1.1.1 信息技术对审计理论的影响

20世纪50年代以来,信息技术成为促进经济发展和社会进步的主导技术,信息产业逐渐成为社会发展的主导产业,信息作为社会的一种基本要素,已渗透到人类社会活动的各个方面。被审计单位对信息技术的应用,对审计对象、审计模式,甚至审计理论的发展起着关键性的作用,成为创新审计技术与审计方法的根本动力。

1. 被审计单位信息化发展

1) 手工处理阶段

在计算机应用到管理工作前,被审计单位的信息处理都是以手工处理的方式进行的,特点是以人作为处理工具,以纸张作为信息的载体。审计方式是针对纸质文档的手工审计方式。

2) 部分计算机处理阶段

20世纪70年代,随着数据库技术的出现,尤其是20世纪80年代末期和20世纪90年代初期,随着微型计算机的普及,被审计单位开始用计算机来处理部分管理业务,如工资管理、固定资产管理等,逐步用计算机代替了部分的人工劳动。由于电子数据的存在,为开展审计电子数据提供了可能,但审计人员往往忽略计算机的存在,直接对打印出来的纸质账簿进行审计。

3) 会计信息化阶段

20 世纪 90 年代中期以后,我国大规模普及会计信息化,被审计单位的会计信息系统已经全面实现了计算机管理。这时的审计人员开始意识到计算机辅助审计的重要性,审计机关有针对性地开发了一些审计软件,对被审计单位的电子数据进行采集、分析和查询,充分发挥了计算机的运算功能,对提高审计效率、发现审计线索起到了很大的作用。

4) 信息系统集成化阶段

20 世纪 90 年代后期,以 ERP 为代表的企业信息系统,不再是一个个孤立的系统,而是集财务、人事、供销、生产为一体的综合性的信息系统,财务信息只是这个系统所处理信息的一部分。在这种情况下,审计人员只有全面了解整个系统,才能把握审计对象的总体情况,避免审计风险,将审计成果最大化。

5) 云会计财务共享阶段

近 20 年,随着大数据、云计算等新一代信息技术的发展和“共享经济”概念的提出,通过业财融合和财务共享服务实现财务管理转型,将分散式的财务基本业务集中到财务共享服务中心(FSSC),通过互联网为分布在不同国家和地区的集团成员,以业务伙伴的形式提供标准化、流程化、高效率、低成本的共享服务,并为企业创造价值。

2. 审计模式的发展

从审计发展的历史看,审计模式的发展经历了四个阶段。

1) 账项导向审计模式

账项导向审计模式是指审计人员主要根据对账项、交易的具体检查取得审计证据,形成审计意见。在审计发展的早期(19 世纪以前),由于企业组织结构简单,业务性质单一,审计工作的主要目标是查错防弊,因此获取审计证据的方法比较简单,审计人员将大部分精力投向会计凭证和账簿的详细检查。19 世纪以后,虽然企业规模日益扩大,注册会计师已无法全面详细审计企业的会计账簿,审计方式只能是抽取凭证进行详细检查,其实质仍然是详细审计。

2) 制度导向审计模式

20 世纪 40 年代后,会计和审计步入了快速发展时期。由于企业规模日益扩大,经济活动和交易事项内容不断丰富、复杂,审计人员工作量迅速增大,审计技术也日益复杂,使得详细审计难以实施。为适应审计环境的变化和审计工作的需要,审计人员逐渐以抽样审计代替详细审计。为了进一步提高审计效率,改变抽样审计的随意性,将审计的视角转向企业的管理制度,特别是会计信息赖以生成的内部控制,从而将内部控制与抽样审计结合起来。从20 世纪 50 年代起,以内部控制测试为基础的抽样审计得到广泛应用。从方法论的角度看,这种审计模式可以被称作制度导向审计。

3) 风险导向审计模式

20 世纪 70 年代以来,世界范围内政治经济和科学技术发生了巨大变化,社会各界对独立审计评价会计报表的责任提出了更高要求,审计期望差距不断扩大,审计成了一种高风险的职业。

由于审计风险既受到固有风险因素的影响,如行业所处环境等,又受到内部控制风险因素的影响,如内部控制未能防止、发现或纠正的风险,同时还会受到未能发现错报风险,因此,审计人员仅以内部控制测试为基础实施抽样审计就很难将审计风险降至可接受的水平,抽取样本量的大小也很难说服政府监管部门和社会公众。为了从理论和实践上克服制度导向审计存在的缺陷,产生了风险导向审计模式。这种审计模式以被审计单位的经营风险为导向,以"审计风险＝重大错报风险×检查风险"的模型为基础。

4) 计算机审计模式

会计信息化使审计对象发生了根本变化,即从传统的手工账审计转化为对会计电子账进行审计。传统的审计方法和审计工具无法对电子账系统有效地进行符合性审计和实质性审计,所以必须采用计算机审计。

计算机审计是计算机技术和会计信息化发展的结果。会计信息系统的应用,使会计数据的处理方式和存储介质发生改变,信息系统内部控制方法也和手工会计系统不同,这些都对审计的内容、方法、手段、标准、人员要求等方面产生了重大影响。为了保证会计信息的安全可靠,促进内部控制体系的完善,适应新的信息处理方式和内部控制技术,这种审计以计算机为工具,采用新的审计方式和审计手段的审计模式为计算机审计模式。计算机审计的对象包括两方面,一是信息系统产生的经济活动及财政财务相关数据,二是管理经济活动和财政财务收支核算的信息系统,即对信息系统产生的数据的审计和对信息系统本身的审计。

1.1.2　信息系统审计的发展现状

1. 信息系统审计的发展

信息系统审计的发展是伴随着信息技术的发展而发展的。

1) 信息系统审计的萌芽阶段

1954 年,通用电气公司利用计算机进行工资计算成为基于计算机的企业信息系统应用的开端。这一时期,企业对计算机的作用有了初步的认识,并尝试着引进了少量的计算机数据处理系统,替代人工进行财务、统计、库存等方面的计算工作。20 世纪 60 年代,计算机的应用开始蔓延到企业大多数部门,这些部门独立开发了简单的系统,用来改善部门事务处理的效率。企业的经营管理方式发生了显著的变化,尤其是企业会计信息处理实现了计算机化。由于人们对计算机在数据处理中的应用所产生的影响没有足够的认识,认为计算机处理数据准确可靠,不会出现错弊,因而很少对数据处理系统进行审计,主要是对计算机打印出的资料进行传统的手工审计。随着经济的发展,企业对数据处理系统依赖程度越来越高,审计范围越来越大,审计业务也越来越复杂,尤其是利用计算机犯罪的案件不断出现,使审计人员认识到利用传统的手工方法已不能及时完成审计任务,必须应用计算机辅助审计技术(CAATs)进行审计。那时人们开始称这种审计为电子数据处理审计(EDP 审计)。

为了解决新环境中审计工作所面临的问题,一些国家的注册会计师职业组织对电子数据处理环境下如何开展内部和外部审计进行了大量的研究,并取得了令人瞩目的成果。1969 年,电子数据处理审计人员协会(EDPAA)在美国洛杉矶成立,协会下设的电子数据处理审计人员基金,负责研究一个合格的信息系统审计人员应该具备的知识结构和知识水平,并将其主要研究成果收录成书。

总体来讲,这一时期社会对信息系统审计的认识不够,信息系统审计远未普及,审计人员本身也缺乏信息系统的知识。

2）信息系统审计的初步发展阶段

20世纪70年代，随着计算机在企业中得到了更广泛的应用，电子数据处理在企业普及，企业开始关注计算机应用带来的成本和效益问题，对信息系统的建设和发展进行规划。数据库管理技术的逐渐成熟，使得企业可以解决因各部门独立开发数据处理系统所带来的数据冗余和数据共享等问题；管理信息系统的广泛应用，使企业可以从总体目标出发，对各项管理信息进行综合处理，服务管理决策。这一时期利用计算机进行欺诈舞弊的犯罪事件不断出现，如1973年1月美国"产权基金公司"的保险经营商就利用计算机诈骗了数亿美元。这些事件让负责对实施欺诈的公司进行审计的注册会计师事务所在经济和信誉上都遭受了巨大的损失，审计界开始重视信息系统在企业的应用给审计工作带来的风险，并对电子数据处理审计的标准、计算机系统内部控制设置与评审、信息系统审计方法、计算机辅助审计技术和工具（CAATT）等问题进行了详细的研究。日本也派人到美国进行考察，以借鉴美国的经验，研究如何在日本开展信息系统审计工作。

3）信息系统审计的成熟阶段

20世纪80年代，网络和通信技术迅速发展。企业业务的发展使得企业必须把其本地的信息系统和外地分支机构的信息系统互联互通，以共享信息等资源；同时，企业更注重从战略目标出发，建立一个支持全企业的集成信息系统，来实现管理控制上的统一和协调。闭环物料需求计划（闭环MRP）系统、制造资源计划（MRP Ⅱ）系统、企业资源计划（ERP）系统、电子商务（EC）系统等相继在企业中广泛应用，实现了企业的物流、资金流和信息流的集成。

随着社会对信息系统的依赖性普遍增强，利用计算机犯罪的案件也不断增多。如日本仅1982年利用磁卡欺诈犯罪的案件数量就相当于该年之前的所有计算机犯罪案件之和；在美国，1987年因公司系统中的信息被窃取所造成的损失就高达500多亿美元。这些都说明信息系统的防范体系还很不充分。

越来越多的人认识到了信息系统审计的重要性，世界各国的学者、审计机关和组织都积极对此进行研究与探索。1981年，美国电子数据处理审计人员协会（EDPAA）开始举办注册信息系统审计人员（CISA）认证考试。1994年，电子数据处理审计人员协会（EDPAA）更名为国际信息系统审计与控制协会（Information System Audit and Control Association，ISACA），从而成为从事信息系统审计的专业人员唯一的国际性组织，这个组织的注册信息系统审计人员（CISA）资格认证也是信息系统审计领域的唯一职业资格认证。ISACA成为信息系统审计的主要推动者，在全球建有一百多个分会，推出了一系列信息系统审计准则、职业道德准则等规范性文件，并开展了大量的理论研究。其中，信息及相关技术的控制目标COBIT（Control Objectives for Information and Related Technology）就是ISACA在1996年公布的信息系统审计的框架体系标准，已更新到第五版。作为国际通用的、具有权威性的信息技术控制和审计标准，COBIT得到了业界的一致认同，并在信息系统审计人员、管理层和IT技术人员之间搭建起了桥梁。信息系统审计师成为一种专门的职业。

日本的信息系统审计是从20世纪80年代初开始的，1985年，通产省公开发表了著名的《IT审计标准》，该标准至今仍然适用，它要求政府投资建设的大型信息系统项目必须由指定部门进行全过程的监理和审计，并在全国软件水平考试中增加了"系统审计师"一级的考试,着手培养从事信息系统审计的骨干队伍;加拿大、澳大利亚和英国的特许会计师协会也颁布了一系列的信息系统审计准则和审计指南;东南亚各国也开始制定电子商务法规,成立专门机构开展信息系统审计业务,并制定了信息系统审计的技术标准。

4) 信息系统审计的持续发展阶段

20 世纪 90 年代以来,互联网信息技术高速持续发展,人类社会开发利用信息资源的方式和能力发生了很大的变化。信息系统变得越来越复杂化、大型化、多样化和网络化。企业开始注重外部信息的处理效率和使用效益,逐渐对自己价值链上的各类信息进行全面的管理和集成,以此来提高企业在市场中的竞争力。企业资源计划(ERP)、供应链管理(SCM)以及客户关系管理(CRM)为企业实现目标提供了有力的保证。信息和信息技术对企业生存和保持可持续发展能力的影响越来越大,信息和信息系统已经成为企业的重要资产,对信息系统进行控制和审计成为企业必然的要求。

随着信息技术以及供应链管理(SCM)、客户关系管理(CRM)的不断发展,企业在网络的基础上实现其内部与外部的完全整合。当电子商务成为数字经济时代商务活动的核心,企业的物流、资金流和信息流会更大程度地依靠基于网络的信息系统。在这种环境下,信息系统审计的重点将是对网络系统的审计,这主要包括:对网络系统的开发进行审计;对企业内部网络和外部网络的功能与控制进行审计;对网上认证机构、网上银行等与电子商务活动相关的单位进行审计等。审计人员还将审计网络作为辅助手段,对企业信息系统进行网上实时审计,以及建立审计专家系统和采用并行审计技术等。

进入数字经济时代,随着大数据、云计算等新一代信息技术的发展,财务共享中心对企业各类财务、业务信息实现了统一管理和高效决策的目标。信息系统审计作为现代审计系统中的重要环节,依托强大的数据计算能力,充分利用互联网庞大的数据资源,进行数据挖掘、数据处理,以提高审计结果的准确性和可靠性。通过信息系统审计,使财务共享中心安全性得到进一步保障。

5) 我国信息系统审计的发展

我国信息系统审计从 20 世纪 80 年代末开始发展,通过不断的探索,特别是在中华人民共和国审计署(以下简称审计署)的大力推动和促进下,从无到有,从单机应用到网络系统,再到基于大数据、云计算的信息系统审计研究,取得了阶段性成果。为了推动我国审计信息化进程,国家为此推出了"金审工程"一期、二期,现在实施金审工程三期,成果丰硕。为了规范对被审计单位的信息系统审计,审计署颁布了一系列相关审计实务公告,1993 年签发了第 9 号令《审计署关于计算机审计的暂行规定》,1996 年 12 月颁布了《审计机关计算机辅助审计办法》。2000 年国务院办公厅发布的《国务院办公厅关于利用计算机信息系统开展审计工作有关问题的通知》,是审计部门利用计算机信息系统开展审计工作的重要依据。2011年,审计署先后印发《中央企业计算机审计方法体系——计算机审计实务公告第 31 号》《国家审计数据中心数据库建设规范——计算机审计实务公告第 32 号》《数据审计指南——计算机审计实务公告第 33 号》。2012 年审计署印发了《信息系统审计指南——计算机审计实务公告第 34 号》,作为审计机关实施信息系统审计的参考文件。

1999 年,中国注册会计师协会颁布了《独立审计具体准则第 20 号——计算机信息系统环境下的审计》,规范了注册会计师在计算机信息系统环境下执行会计报表审计业务的工作要求。2021 年,中国内部审计协会印发《第 3205 号内部审计实务指南——信息系统审计》,

进一步完善内部审计准则体系,指导信息系统审计实践,通过规范性的操作规程和方法,以规范信息系统审计行为,控制审计工作风险,提高审计工作效率和质量,更好地为组织的战略目标服务。

2. 信息系统审计与传统审计的比较

信息系统审计是传统审计的一部分,是以传统审计理论为基础,两者之间有紧密的联系,也存在一定的区别。

两者的联系是:信息系统审计继承了传统审计的基本理论与方法。在立场上,要求信息系统审计人员站在独立的立场上,通过选择特定的审计对象,采用询问、检查、分析、模拟、测试等方法获得客观的审计证据,来判断其与既定标准的符合程度。在程序上,信息系统审计一般也要经过审计计划、符合性测试与实质性测试、审计报告等主要阶段来进行审计工作,实现审计目标。

两者的区别也比较明显。主要表现在:首先,信息系统的审计对象不限于传统审计的财务领域而是信息系统,包括基础设施、软硬件管理、信息安全、网络管理及通信等;其次,信息系统审计提出了更多的审计方法与审计程序,这都是传统审计所不具备的;再次,信息系统审计不只是事后审计,更要关注系统的运行现状,有时还要直接参与项目的开发或变更过程以保证足够的控制得以顺利实施;最后,信息系统审计的咨询价值更高。由于信息化的风险很高,所以,在企业信息化过程中,信息系统审计人员可凭借其专业知识和实践经验帮助企业建立健全内部控制制度,进行系统诊断,根据企业需求确定信息化的目标和内容,选择合适的信息系统。

3. 开展信息系统审计是必由之路

从传统的手工管理到电子数据集中管理,从简单的手工报表、账本、凭证发展到复杂的信息系统,系统处理过程越来越程序化,减少了人工干预,信息处理的准确性和可靠性有了明显的提高,但这并不意味着审计人员可以完全相信和依赖企业信息系统。相反,在信息系统环境下开展审计,信息系统审计更加重要。

1) 开展信息系统审计是现代审计的要求

现代审计是以内部控制为基础的审计,审计人员要对被审计单位的内部控制进行评价和测试,作为制定审计方案和实质性测试的依据。在手工环境下,内部控制一般表现为对人的控制,强调职责分清、相互牵制,采用的手段主要是利用纸制信息进行手工核对和检查,责任容易明确,结果也比较直观。而在信息系统条件下,内部控制转变为对人和机器两方面的控制,而且多数情况是以信息系统内部控制为主。为了评价被审计单位内部控制的健全性和有效性,审计人员必须对信息系统内部控制进行测评,以确定实质性测试的范围和重点。

2) 开展信息系统审计是防范审计风险的要求

信息系统环境下,审计工作面临新的风险。在信息系统中,数据按计算机程序进行处理,如果信息系统的应用程序出错或被非法篡改,则信息系统只能够按既定的程序,以同样的错误方法处理相关事项。同时,信息系统也有可能被人为嵌入非法的舞弊程序。因此,信息系统的特点及其固有风险,决定了审计的内容要包括对信息系统本身的审查,避免出现"假账真审"或者"假电子数据真审"。

3）开展信息系统审计是全面履行审计职责的要求

审计人员如果仅满足于审计信息系统产生的数据，而对产生数据的信息系统不予审查，就像救火时只顾"救火"而没有"切断火源"一样，存在着极大的风险。在信息系统环境下，审计人员要按照全面审计的要求，对信息系统本身、信息系统内部控制和信息系统产生的数据全部审计。

1.2　信息系统审计的概念与特点

1.2.1　信息系统审计的定义

关于信息系统审计（Information System Audit，ISA），美国信息系统审计专家 Ron Weber 认为信息系统审计是一个获取并评价证据，以判断计算机系统（信息系统）是否有效地做到资产保护、维护数据的完整，完成组织目标，同时最经济地使用资源。信息系统审计的目的是保证企业的正常运转，提高工作效率和资源的利用率，以达到保护信息系统资源、保护数据的完整性、保护信息系统的有效性和信息系统的高效率等目标。

日本通产省情报协会认为信息系统审计是为了信息系统的安全、可靠与有效，由独立于审计对象的信息系统审计人员，以第三方的客观立场对以计算机为核心的信息系统进行综合的检查与评价，向信息系统审计对象的最高领导提出问题与建议的一连串的活动。

国际信息系统审计与控制协会（ISACA）将信息系统审计的目标表述为：使用通用的信息系统审计标准与指南开展风险基础审计，确保组织的信息技术和业务系统得到充分有效控制、监督和评价，并且与企业经营目标一致。

审计署《信息系统审计指南——计算机审计实务公告第 34 号》，从国家审计的视角指出信息系统审计是指国家审计机关依法对被审计单位信息系统的真实性、合法性、效益性和安全性进行检查监督的活动。

中国内部审计协会制定了《第 3205 号内部审计实务指南——信息系统审计》，2021 年 3 月 1 日起施行，从内部审计的视角指出信息系统审计是指内部审计机构和内部审计人员对组织信息系统建设的合法合规性、内部控制的有效性、信息系统的安全性、业务流程的合理有效性、信息系统运行的经济性所进行的检查与评价活动。

虽然还没有被广泛认可的权威定义，但基本内容是一致的。可以将"信息系统审计"界定为：信息系统审计是指根据公认的标准和指导规范，对信息系统从计划、研发、实施到运行维护各个环节进行审查评价，对信息系统及其业务应用的完整、效能、效率、安全性进行监测、评估和控制的过程，以确认预定的业务目标得以实现，并提出一系列改进建议的管理活动。

信息系统审计目标既包括外部审计的目标——鉴证目标，即对被审计单位的信息系统保护资产安全及数据完整的鉴证；又包括内部审计的目标——管理目标，即信息系统的有效性目标（包括效率性和效益性）。理解信息系统审计的定义，可以从以下几点把握。

（1）信息系统审计是以信息系统为对象的审计，通过对信息系统的审计，审计人员对信息系统的某个或某几个方面形成判断或发表意见。

（2）信息系统审计是审计的一个分支，信息系统审计的过程和方法（这里所说的方法是指审计的方法，而不是计算机技术）与一般意义上的审计相同，即信息系统审计的主要工作内容同样是收集与评价审计证据，得出审计结论。

（3）信息系统审计的主体是"有胜任能力的信息系统独立审计机构或人员"。独立的审计机构是指政府审计机构、内部审计机构、会计和审计事务所以及独立的信息化鉴证咨询机构等中介组织。独立的人员主要指两方面的力量，一方面是指专门从事政府审计、内部审计的工作人员以及依法经批准执业的注册会计师等。另一方面是从事信息化咨询的 IT 技术人员。由于信息系统审计的专业性要求，从事信息系统审计的人员必须具备完成审计工作所需要的专业知识和技能，并取得相应的资格。国际信息系统审计与控制协会（ISACA）是国际上唯一可授权信息系统审计人员的权威机构，通过考试可获得注册信息系统审计人员（CISA）证书，该证书被世界各国广泛认可。

（4）信息系统审计的对象是"被审计的信息系统"。包括由计算机软硬件组成的信息系统和与信息输入、输出相关的活动，即信息系统以及信息系统生命周期的所有活动。由于计算机技术、网络通信技术等的广泛应用，信息系统审计的对象具有多样性、复杂性、特殊性和高技术性等特征，并且随着信息技术的发展而不断扩展。

（5）信息系统审计工作的核心是"客观地收集和评估证据"。它是进行信息系统审计工作的出发点，在对信息系统审计中，审计人员的主要工作就是收集足够的证据和评价证据的符合程度，判断信息系统是否能有效地保护资产、维护数据的完整，以及是否能以最低的成本费用和最少的时间达到企业目标的过程。在审计过程中，信息系统审计人员应获得充分、可靠、相关和有用的证据，以有效地实现审计目标，审计结论应当建立在对证据合理的分析和解释的基础之上。

（6）信息系统审计的目的是评估并提供反馈、保证及建议。信息系统审计的目标可以是下列目标的某一项或某几项的组合，视审计项目的具体需求而定。

① 对信息系统的安全性进行审计并形成审计结论或发表意见。

② 对信息系统建设的合法性进行审计并形成审计结论或发表意见。

③ 对信息系统建设的绩效性进行审计并形成审计结论或发表意见。

④ 对信息系统的其他方面进行专项审计并形成审计结论或发表意见。

由于审计目标的不同，在审计内容和技术方法上有所区别。安全性审计关注信息系统面临的风险与采取的控制措施；合法性审计关注与信息系统相关的违法违规行为；而绩效性审计关注与信息系统相关的有效性（信息系统功能是否能够满足业务要求）、效率性（信息系统的运行性能）、经济性（信息系统建设和维护的投入是否合理）等多种指标的综合评价等。

我国开展信息系统审计主要采取两种方式：一种是在对信息系统内部控制测试和对信息系统本身审计的基础上，通过审计数据来得出审计结论，即数据审计、信息系统审计和信息系统内控审计三位一体的审计方式；另一种是独立立项的信息系统审计项目，即直接针对信息系统实施的审计,目的在于审查信息系统本身。在信息系统环境下,任何审计项目理论上都必须审计信息系统本身、信息系统内部控制以及系统产生的数据,从这个角度讲,第一种方式更有普遍意义。目前主流的审计案例更偏重于第一种方式,信息系统审计以系统内部控制测评和审查信息系统本身为基础,通过收集、转换、整理、分析和验证系统产生的电子数据,来实现审计目标的审计方式。

理解信息系统审计的定义时要防止两种倾向性,一是只重视数据审计,忽视信息系统自身存在的缺陷及其对数据的制约,认为信息系统审计不重要;二是在开展信息系统审计的探索阶段出现一种以信息系统审计取代审计的做法。

1.2.2　与"信息系统审计"相关的概念

信息化环境下审计中另外两个概念比较容易与"信息系统审计"相混淆,即"电子数据审计"和"计算机辅助审计技术"。

1. 电子数据审计

"电子数据审计"是以电子数据为对象开展的审计活动。简单地讲,"电子数据"是"信息系统"所要加工的原料,"信息系统"是加工"电子数据"的工具。刘家义(2009 年)指出:"我们要审计数据,也要审计信息系统。审数据,就是审电子数据所记载的经济业务的真实、合法、效益性;审系统,就是审信息系统的安全性、可靠性和经济性。这是我们审数据、审系统的要求。"由此可见,"信息系统审计"和"电子数据审计"虽然都是信息化环境下所要开展的审计工作,但它们是两类完全不同的工作。

"信息系统审计"与"电子数据审计"虽然有着明显的区别,但对信息化环境下的财务审计来说又有着密切的联系。石爱中在《初释数据式审计模式》一文中指出:"我们将数据式系统基础审计定义为:以系统内部控制测评为基础,通过对电子数据的收集、转换、整理、分析和验证,来实现审计目标的审计方式。"该论述清楚地说明了"审系统"与"审数据"之间的关系。在信息化环境下的财务审计中,"信息系统审计"相当于手工环境下的"内部控制测试";"电子数据审计"相当于手工环境下的"实质性测试",是对被审计单位电子账的"查账"和"分析性复核"。

2. 计算机辅助审计技术

"计算机辅助审计技术(CAATs)"是审计人员在电子数据或信息系统审计的过程中,应用审计专用软件或一般通用的软件工具对数据进行分析、对系统进行测试的技术手段。在对电子数据审计的过程中,一般要用到"计算机辅助审计技术";而信息系统审计中是否采用"计算机辅助审计技术"要视具体情况而定。

通过上面的分析可以看出,信息系统审计是一个集合概念,并不是一种具体的审计类型。在集合概念这个层次上,对信息系统审计只能在一般原则上制定一些统一的规范,即信息系统审计准则。但在指南层面以及实务操作程序方面制定出一套单一的规范来指导不同类型的信息系统审计的难度很大。这就要求理论研究和规范制定首先应对信息系统审计进行具体分类,并在此基础上对不同类型的信息系统审计分别研究和分类制定规范,从而与实践的要求更加接近。

1.2.3　信息系统审计的特点

1. 信息系统审计是一个过程

信息系统审计是一个获取并评价证据，以判断信息系统是否能够保证资产的安全、数据的完整以及有效率地利用组织的资源并有效地实现组织目标的过程，它贯穿于信息系统生命周期的全过程。

2. 信息系统审计的对象具有综合性和复杂性

首先由于企业信息系统不同，其物理结构不同，所采用的软件、硬件等也会不同，因此审计人员对信息系统的了解、描述、测试和评审具有复杂性。其次，信息系统审计的对象是包含与生产经营有关的所有业务系统，从纵向（生命周期）看，覆盖了信息系统从开发、运行、维护到终止的全生命周期的各种业务；从横向（各阶段截面）看，它包含对软硬件的获取审计、应用程序审计、安全审计等。从这个意义看，信息系统审计拓展了传统审计的内涵，将审计对象从财务范畴扩展到了同经营活动有关的一切信息系统，信息系统审计的对象具有综合性。

3. 信息系统审计拓展了传统审计的目标

传统审计目标仅包括"对被审计单位会计报表的合法性、公允性及会计处理方法的一贯性发表审计意见"，但信息系统审计目标还包括信息资产的安全性、数据的完整性以及系统的可靠性、有效性和效率性。

4. 信息系统审计的内容更加宽泛

信息系统审计包含一切与信息系统有关的审计，除了整个生命周期过程及相关业务的审计外，随着新一代信息技术的发展，还必将包括基于大数据、人工智能、云计算、移动通信、物联网、区块链等新一代技术的信息系统审计。

5. 信息系统审计是事后、事前、事中审计的结合体

财务报表审计往往是年度审计，属于事后审计。而信息系统审计是事后、事前、事中审计兼而有之。如信息系统在开发过程中，由审计人员介入所进行的审计属于事中审计，此项审计相对于系统运行后而对其所进行的审计而言又可以看作事前审计；信息系统运行后，对其在一定期间的运作情况所进行的审计则为事后审计。

6. 信息系统审计的取证具有动态性

在大中型企事业单位中，信息系统在其生产经营活动中已是必不可少的工具，若系统停止工作，就会影响其生产经营活动，甚至给企业带来损失。因此，进行信息系统审计，往往是在系统运行过程中进行审计取证，审计人员既要及时完成审计任务，同时又不能干扰被审计信息系统的正常工作。

7. 信息系统审计是基于风险基础审计的理论和方法

信息系统有着与生俱来的风险，这些风险以不同方式冲击着信息系统，审计者面临着审计什么、何时审计以及如何帮助信息系统的管理者管理和控制风险从而实现企业的战略目标的问题。因此，信息系统审计从基于控制（Control-Based）的方法演变为基于风险（Risk-Based）的方法，其内涵包括企业风险管理的整体框架：内部环境的控制、目标的设定、风险事项的识别、风险的评估、风险的管理与应对、控制、信息与沟通以及对风险的监控。

1.3　信息系统审计的目标

在审计业务中,审计目标是审计工作的出发点和落脚点,对审计活动具有导向性和约束性。审计目标决定了相应的审计内容、审计标准和审计方法。信息系统审计的目标分为总体目标和具体目标。

1. 总体目标

信息系统审计的总体目标是通过对信息系统的审计,揭示信息系统面临的风险,评价信息系统技术的适用性、创新性,以及信息系统投资的经济性、信息系统的安全性和运行的有效性等内容,合理保证信息系统安全、真实、有效、经济。信息系统审计的总体目标是审计工作方案中用于指导审计项目所提出的工作方针、工作重点的总体目标,也是审计项目的目标,它概括地体现了审计意图和审计目的,与被审计单位的信息系统发展规划战略目标有一定的联系和对应关系。

2. 具体目标

具体目标是用于指导重要审计事项中每一审计步骤的审计目标,与被审计单位具体活动层面的控制目标有一定的对应性。信息系统审计的具体目标可以概括为以下几个方面。

1) 保障信息系统战略的一致性目标

保证信息系统建设要符合国家有关法律法规和组织内部制度;保证信息系统建设方案、规划内容充分体现组织的战略目标;保证信息系统现有的功能满足系统设置的目标;对信息系统建设、应用与企业的经营目标的一致性做出评价。信息系统审计应促进信息系统在购置、开发、使用、维护过程中,以及数据在生产、加工、修改、转移、删除等处理中都必须符合国家相关法律法规、准则、组织内部规定等,并应促进信息系统有效实现企业业务目标。

2) 提高信息系统资产的安全性目标

企业的信息系统资产主要包括硬件、软件、人力资源、数据文件及系统文件等,它是企业所有资产的一部分。由于信息系统资产的特点,其硬件可能被人为破坏,软件及数据可能被非法窃取、破坏、篡改或其他未经授权的使用等。企业应该像对待其他资产一样有一套内部控制制度保障其安全。通过信息系统审计,发现信息系统本身的非法漏洞及错误,保证信息系统的合法合规性;通过对信息系统的内部控制体系进行了解和评价,发现信息系统内部控制的薄弱环节,促进完善信息系统内部控制;保护信息系统资产的安全、完整和效率效益。

3) 保护信息系统数据的完整性目标

信息系统通过对原始数据的处理,为企业的经营管理和决策提供所需的数据信息。数据完整性是指信息系统的数据处理过程是正确的,其产生的数据是精确的、真实的和公允的。如果信息系统数据的完整性得不到保证,企业将不能获得正确的业务信息,从而会对其正常的生产经营活动带来影响,甚至陷入混乱状态,丧失竞争力。

4) 提高信息系统有效性(效率和效益)目标

信息系统的有效性决定能否获得预期的目标。有效性审计通常在系统运行一段时间之后进行,以确定系统是否达到目标。一个企业投资于信息系统的代价昂贵,必然要求得到高回报。这可从两方面衡量:其一是高效率,高效率要求能尽可能地充分利用信息系统的各种资源,为信息系统的使用者及时地提供所需的信息服务,为实现企业的目标提供最佳的服务,一个高效的信息系统能够以较少的资源达到需要的目标;其二是高效益,从投资效益的角度出发,企业投资信息系统的目的是实现信息系统的价值,使系统具有较高的"性能价格比"。通过信息系统审计评价信息系统的效率性和效益性,并为企业提高效率和效益提出合理建议。

5)提高信息系统的合法合规性目标

随着计算机在企业中应用的范围日益扩大和水平的日益提高,利用计算机进行违法犯罪活动的可能性也越来越大,并且手段也越来越隐蔽。在信息化环境下,通过审查信息系统的输入、处理、输出及控制功能是否符合国家的法律、法规和有关部门的规章制度,不仅可以有效地堵塞犯罪,而且可以避免由此带来的损失。

1.4　信息系统审计的内容

审计对象即审计监督的客体。相当长的一段时期,审计对象局限于被审计单位的财政、财务收支活动。随着信息技术的应用与发展,被审计单位的经济活动对信息系统的依赖程度不断加深,审计对象得以延伸和扩展,被审计单位的信息系统成为信息系统审计的对象。

审计的目标不同,审计的内容也有所不同,信息系统审计的内容由信息系统审计的对象决定,信息系统审计的内容主要包括信息系统内部控制审计、信息系统生命周期的审计、信息系统绩效性审计以及信息系统产生的数据文件的审计等内容。目前开展信息系统审计工作应该把信息系统内部控制审计作为基础和切入点,关注信息系统生命周期的审计和信息系统绩效性审计,最终通过数据文件的审计得出审计结论。

1.4.1　信息系统内部控制审计

信息系统内部控制是一个单位在信息系统环境下,为了保证业务活动的有效进行,保护资产的安全与完整,防止、发现、纠正错误与舞弊,合理确保信息系统提供信息的真实、合法、完整,而制定和实施的一系列政策与程序措施。它是规范秩序、防范风险、遏制腐败、合理确保信息系统功效的有效途径,从而更好地确保组织目标的实现。凡是与信息系统的建立、运行维护、管理和业务处理有关的部门、人员和活动,都属于信息系统内部控制的对象。

信息系统内部控制审计是对信息系统各项内部控制措施的健全性和有效性进行审查和评价。只有健全有效的内部控制,才能确保信息系统安全、可靠和有效运行。

信息系统内部控制可以按不同的维度进行分类。

(1)按照控制对象和范围的不同,可以把信息系统内部控制分为一般控制和应用控制。本书以此视角研究信息系统内部控制审计。

一般控制是对信息系统运行环境的控制,为信息系统的正常运行提供保障。一般控制适用于整个信息系统,它为整个信息系统提供良好的工作条件和必要的安全保证,是应用控制的基础,其目的在于保证所有的信息处理的正确性和可靠性。

　　应用控制是针对信息系统的某个具体业务系统的敏感环节和特殊要求,为保证数据处理的完整性、准确性而设置的各种控制措施,这也决定了应用控制必须结合具体业务。由于各信息系统有着不同的目的、任务和运行规律,因此,需要根据特定的信息系统设置相应的控制措施。虽然各信息系统所需要的控制措施不同,但每个信息系统均由输入、处理和输出三部分构成,因此应用控制通常划分为输入控制、处理控制和输出控制。

　　(2) 按照控制抵御风险的方式不同,可以分为预防性控制、检查性控制和纠正性控制。预防性控制是为了防止错误、灾难、事故、舞弊等不利事件的发生而设置的控制,例如,通过设置口令进行系统访问控制。检查性控制是为了检查、发现已发生的错误、灾难、事故、舞弊等不利事件而设置的控制措施,检查是否发生错误、疏忽及不当行为,并报告发生的情况;纠正性控制是为了消除或减轻已经发生的错误、灾难、事故、舞弊等不利事件造成的损失和危害,而采取的控制和补救措施,用来纠正被检查出的错误、疏忽及不当行为。

　　(3) 按照控制实现的手段不同,信息系统内部控制可分为人工控制和程序化控制。人工控制是有关人员按照内部控制制度的规定,由人工执行的控制措施。而程序化控制则是将控制措施嵌入计算机信息系统中,由计算机内部程序自动完成的控制。

　　与传统的内部控制不同,通常把信息系统的内部控制分为一般控制和应用控制,因此对信息系统内部控制审计也分为一般控制审计和应用控制审计。

　　信息系统内部控制审计的目的,一是为了在内部控制审计的基础上对信息系统的处理结果进行审计;二是为了加强内部控制,完善内部控制措施。

1.4.2　信息系统生命周期审计

　　信息系统组成部分包括计算机硬件、系统软件、应用软件以及信息系统相关人员。一般情况下,硬件和系统软件存在的风险较小,因此,对信息系统组成部分的审计应当以应用软件为主。应用软件审计主要评价应用程序的合法性、正确性和效率性。

　　信息系统生命周期审计是对信息系统的规划、开发、设计、实施等过程进行的审计。信息系统生命周期审计应当关注信息系统的可行性、信息系统生命周期各阶段工作是否有恰当控制,产生的系统资料和凭证的规范性;信息系统测试的全面性、适当性;信息系统功能、时间进度、预算是否达到预定的要求等。信息系统生命周期审计的意义表现在以下几个方面。

　　(1) 审计人员可以熟悉信息系统的结构、功能、控制措施。

　　(2) 审计人员可以了解信息系统内部控制情况。

　　(3) 采纳审计人员的建议,提高信息系统的可靠性和安全性。

　　(4) 审计人员通过嵌入审计程序,便于开展持续审计。

　　信息系统生命周期一方面要检查信息系统开发活动是否受到恰当的控制以及信息系统开发的方法是否科学、先进和合理,另一方面还要检查信息系统生命周期各阶段是否产生了必要的系统文档资料以及这些文档资料是否符合规范。

1.4.3　信息系统绩效审计

　　信息系统绩效审计分为狭义的信息系统绩效审计和广义的信息系统绩效审计。狭义的信息系统绩效审计是指将信息系统建设项目完成后的验收效果、运行情况、成本效益等作为主要内容进行审计与评价；广义的信息系统绩效审计是贯彻于信息系统整个生命周期的规划与组织、设计与开发、交付与运行、实施与维护，以及日常测评与改进等一系列过程的绩效评价。无论是狭义的信息系统绩效审计，还是广义的信息系统绩效审计，其目的都是提升信息系统建设及运行效率，促进企业目标实现。在审计实践中，狭义概念可以比较容易地被执行，但广义的信息系统绩效审计则应该是未来的发展方向。

1.4.4　信息系统数据文件审计

在信息系统审计中的数据文件有两种：一是被审单位对已经发生的经济活动进行会计核算所产生的电子账套；二是被审单位的信息系统业务过程所产生的电子数据，可能来自企业内部数据，也可能来自企业外部数据，也可能是结构化关系数据库数据，也可能是非结构化的审计大数据。

数据文件审计可以分为账套式审计和数据式审计。账套式审计是当审计人员从被审计单位财务系统中导入相关电子账套数据后，将其整理转换为传统意义上的账簿系统，然后再进行检查的审计模式。这种审计模式只是审计手段的改进，而不是审计观念和审计方式的进步，解决的只是手段问题，而不是方式问题。

数据式审计不同于传统审计模式，将电子数据作为直接的审计对象，不必将其转换成电子账套，以系统内部控制测评为基础，通过对电子数据的收集、转换、整理、分析和验证，来实现审计目标的审计方式。对数据文件的审计是信息系统审计必要的环节，审计人员通过开展数据分析，科学高效地确定项目、编制方案、实施审计、出具报告，从而实现具有真实性、合法性、效益性的审计目标。

数据文件审计有两个目的，一是对数据文件进行实质性测试，二是通过对数据文件的审计，测试一般控制或应用控制的符合性。但数据文件审计主要是为了实质性测试。

1.5　信息系统审计的准则

信息系统审计准则是审计人员执行信息系统审计所必须遵循的标准。

1.5.1　信息系统审计准则的概念和作用

信息系统审计准则是"以管理为核心、法律法规为保障、技术为支撑的信息系统审计框架体系"。信息系统审计准则是一个规范化的管理框架，把审计人员、信息系统开发和被审计单位各自的权利、义务和责任等纳入管理框架，解决了各方因为职责不明确而影响信息系统质量的问题。按照信息系统审计准则实施审计是对审计人员的基本要求，是保证审计质量的基础和关键。信息系统审计准则的作用体现在以下几个方面。

（1）审计准则是审计人员经验的总结，是审计活动内在规律的反映。在信息系统审计过程中，审计人员实施什么审计程序、完成哪些审计手续、达到什么样的审计标准，在审计准则中都有明确要求。信息系统审计准则可以为规范和指导审计工作提供依据，有助于审计工作的科学化。

（2）信息系统审计准则可以提高社会对审计工作结果的认可度。信息系统审计在一些国家还不是很普及,准则的制定标志着信息系统审计职业的成熟。信息系统审计作为审计的一个分支的重要性也得到提高。

(3) 信息系统审计准则为评价审计工作提供了标尺,有助于提高审计质量。信息系统审计工作能否真的满足社会的需求和取信社会,关键是审计质量。无论是被审计单位、社会公众,还是审计人员,都需要有一个标准即信息系统审计准则来衡量和评价审计工作质量。反过来,通过衡量和评价审计工作质量,又可以促使信息系统审计人员严格按照审计准则进行工作。审计人员和被审计单位及其有关方面的人员认真遵守、执行审计规范确定的内容,规范审计活动,使信息系统审计走上制度化、规范化的轨道。

(4) 信息系统审计准则维护审计人员的权益。审计人员只要严格执行信息系统审计准则开展审计工作,没有失职渎职行为,就是履行审计职责。因此信息系统审计准则不仅是对审计人员的一种约束,也是对审计人员的一种保护。

(5) 信息系统审计准则有助于推动信息系统审计理论的研究和人才的培养。审计准则是审计实践经验的总结和升华,是审计理论的一个重要组成部分,审计人员只要按照审计准则规定的程序和方法开展审计,就会少走弯路,保障审计质量。在信息系统审计准则的研究和制定过程中,激发人们对审计理论的探讨,推动审计理论研究和发展。审计准则的颁布是审计研究工作的一个里程碑,审计学界仍要围绕贯彻落实审计准则进行研究。信息系统审计准则的不断完善也推动了审计人才的培养,有助于审计事业进一步发展。

(6) 信息系统审计准则是审计工作国际化的推动力量。信息系统审计作为审计的一个重要方面,它的发展水平是审计完善程度的一个标志。同时,以信息系统审计准则为契机,加强了国际审计组织的交流和合作。

总之,审计准则有助于提高审计工作的质量和效率,降低审计风险。审计准则是审计人员经验的总结,是审计活动内在规律的反映。

1.5.2　国际信息系统审计准则

国际上影响力较大的信息系统审计准则有四个,分别是国际信息系统审计与控制协会(ISACA)、日本通产省信息系统审计标准,以及国际内部审计人员协会(IIA)颁布的全球技术审计指南和美国审计总署(GAO)颁布的联邦信息系统控制审计手册。其中,以国际信息系统审计与控制协会颁布和实施信息系统审计准则的影响最为深远,它已被许多国家的信息系统审计人员接受,并在审计实践中发挥了重要作用。

1. ISACA 的信息系统审计准则体系

ISACA 是国际上唯一的信息系统审计专业组织,它通过制定和颁布信息系统审计标准、指南和程序来规范信息系统审计人员的工作。ISACA 的信息系统审计准则体系由信息系统审计标准、指南和作业程序三部分构成。

1) 审计标准

信息系统审计标准是整体准则体系的总纲,是制定指南和程序的基础。审计标准规定了审计章程、独立性、职业道德和胜任能力,以及审计工作的基本行为规范。审计标准是对信息系统审计和报告的强制性要求,规定了信息系统审计人员履行 ISACA 职业道德规定的职业责任的最低限度,以及管理层和其他利益相关人应遵循的与信息系统审计相关的职业要求。最新的审计标准有 14 个组成部分,从 2005 年 1 月 1 日起陆续实施。

2）审计指南

审计指南为审计标准的应用提供了指引，信息系统审计人员在审计过程中应考虑如何应用指南以实现审计标准的要求，在应用过程中应灵活运用、专业判断并纠正任何偏离准则的行为。最新的审计指南共有 37 个组成部分，于 1998 年 6 月 1 日之后陆续生效。

3）作业程序

作业程序提供了信息系统审计人员在审计过程中可能遇到的审计程序的示例。作业程序为审计人员在审计过程中实现审计标准的要求提供了相关信息，但并不作为硬性要求。作业程序是审计标准和审计指南之外的一种补充，审计人员在审计过程中可以参考作业程序中的相关示例进行审计，在遇到特殊情况的时候可以寻求作业程序的指导。最新的作业程序共有 11 个组成部分，于 2002 年 7 月 1 日之后陆续生效。

2. ISACA 的 COBIT

1992 年，ISACA 的 IT 治理协会开发了信息及相关技术控制目标。COBIT 已发展成为实际的 IT 治理控制框架。2005 年 11 月发布了 COBIT 4.0，2012 年 4 月发布 COBIT 5.0，2018 年 11 月更新为 COBIT 2019。

COBIT 已经发展成为一个更广泛和更全面的 IT 治理和管理框架，是一个基于控制、关注业务、面向过程、度量驱动的控制架构。COBIT 是国际上公认的最先进、最权威的安全与信息技术管理和控制的标准，已在全世界一百六十多个国家的重要组织与企业中得到运用，指导其有效利用信息资源，有效管理与信息相关的风险。

3. 日本的信息系统审计准则

日本通产省（METI）于 1985 年发布了信息系统审计准则，1996 年进行了修订。该准则由一般标准、执行标准和报告标准三部分组成。一般标准规范了信息系统审计的目标、对象、人员和流程等。执行标准规范了信息系统审计的具体实施内容，强调系统审计人员应关注信息系统规划、开发到运行全生命周期各阶段的风险。报告标准规范了信息系统审计结果的收集整理，以及根据审计结论应采取的措施。

4. 国际内部审计人员协会的全球技术审计指南

国际内部审计人员协会（IIA）的内部审计国际实务准则框架（IPPF）是内部审计规范体系的标杆。IIA 非常重视信息系统审计，IPPF 在"实务指南"层面详细规范了信息系统审计的内容与方法。自 2005 年发布第 1 号全球信息技术审计指南（GTAG）起至今，IIA 已发布了 16 项信息系统审计指南，内容涉及信息系统控制、应用控制审计、制定 IT 审计计划、IT 项目审计和信息安全治理等。

5. 联邦信息系统控制审计手册

2009 年，美国审计总署（GAO）发布了联邦信息系统控制审计手册（FISCAM），在该手册的指导下，GAO 每年还安排若干审计项目对政府部门的信息系统控制进行审查评估。FISCAM 的 IT 控制包括一般控制和应用控制。其中，一般控制包括实体安全控制、访问控制、应用软件开发和变更控制、职责分离控制、应急计划；应用控制包括应用级一般控制、输入控制、处理控制、输出控制、接口控制、数据管理系统控制。FISCAM 对以上各类控制的审计程序与步骤进行了详细说明。

6. 国际信息系统审计准则比较研究

从准则具体内容上看,ISACA 的审计标准关注信息系统审计的审计特征,主要规范审计权力责任、审计人员职业道德规范、审计计划、审计证据、审计记录、审计抽样和审计报告等内容。ISACA 协会的审计指南与 IIA 协会的 GTAG 指南的操作性程度不同,前者类似我国的具体准则,GTAG 指南则围绕不同的审计业务详细描述审计工作思路、审计方法、技术与工具等。而日本的信息系统审计人员属于计算机行业,主要规范了信息系统审计目标、审计对象、审计人员资质和审计方法,尤其详细明确了信息系统规划、开发和运行全过程的关键风险点。

从是否强制性要求来看,ISACA 协会的准则体系中既包含强制性遵循的审计标准、强烈推荐遵循的审计指南和非强制性要求的审计程序,还包含 ISACA 制定或编写的出版物以支持实务工作。IIA 协会的 GTAG 指南处于 IPPF 框架的实务指南层次,属于强烈推荐遵循 GAO 颁布的 FISACM,是非强制性要求的手册,用以指导审计实务工作。

1.5.3　我国信息系统审计准则现状

我国目前颁布的信息系统审计准则规范主要有审计署以实务公告形式颁布的信息系统审计指南和中国内部审计协会发布的信息系统审计具体准则。

1. 审计署的信息系统审计指南

为进一步指导和规范国家审计机关组织开展的信息系统审计活动,提高审计效率,保证审计质量,2012 年,审计署发布了《信息系统审计指南——计算机审计实务公告第 34 号》。该指南在借鉴国外信息系统审计指南的基础上,结合国家审计机关依法审计的职能,以及我国目前信息系统审计实践现状,明确审计的信息系统是被审计单位利用现代信息技术实现财政收支、财务收支及其相关经济业务活动的信息处理的系统;信息系统审计是指国家审计机关依法对被审计单位信息系统的真实性、合法性、效益性和安全性进行检查监督的活动。信息系统审计可以作为财政收支、财务收支及其相关经济业务活动(以下简称经济业务活动)审计项目的审计内容组织开展,也可以作为独立组织的信息系统审计项目实施。信息系统审计包含应用控制审计、一般控制审计、项目管理审计 3 大块的信息系统审计内容框架,重点描述了 89 项审计事项的审计要点。2013 年出版了与该指南配套的《信息系统审计实务》,针对指南的各审计事项,分别描述了审计目标、审计程序、应取得的资料和常见错弊与定性依据等。

2. 中国内部审计协会的内部审计实务指南——信息系统审计

为了进一步完善内部审计准则体系,指导信息系统审计实践,中国内部审计协会在2013 年发布了《第 2203 号内部审计具体准则——信息系统审计》的基础上,2021 年,中国内部审计协会组织制定了《第 3205 号内部审计实务指南——信息系统审计》自 2021 年 3 月1 日起施行。该指南总结了行业标杆信息系统审计的最佳实践,通过规范性的操作规程和方法,规范信息系统审计行为,控制审计工作风险,提高审计工作效率和质量,更好地为企业的战略目标服务,更充分地发挥新时代内部审计的价值。指南介绍了组织层面信息系统管理控制审计、信息系统一般控制审计、信息系统应用控制审计、信息系统相关专项审计和信息系统审计的质量控制。

信息系统审计准则是信息系统审计人员共同遵循的标准,对促进我国信息系统审计行业发展具有重要意义。为逐步完善我国信息系统审计准则体系,我们建议:首先,以审计署为主导,协调整合中国注册会计师协会、内部审计协会以及高校的相关专家资源,研究信息系统审计准则,激发信息系统审计职业界的积极讨论与参与。其次,以信息系统审计职业化建设为主线,持续完善信息系统审计准则体系;组织信息系统审计人员职业教育,提升信息系统审计人员职业素质;总结我国信息系统审计优秀经验,开展与国外相关协会的合作与交流。最后,人才是行业持续发展的源泉,也是准则规范有效实施的载体,明确我国信息系统审计人员应具备的素质、知识与技能以及任职资格,既能保障准则规范的有效实施,也为促进我国信息系统审计行业发展提供人才支撑。

1.6 信息系统审计的组织方式

近年来,随着被审单位特别是一些国家机关、大型国企、商业银行信息化水平的不断提高,越来越多的审计项目采用信息系统审计方式。要做好信息系统审计,必须合理有效地组织信息系统审计活动。根据与财务审计的关系,可以把信息系统审计分为与财务审计相结合的信息系统审计和专门进行的信息系统审计。相应地,信息系统审计的组织方式也可以分为两种:与财务审计相结合的组织方式和专项组织方式。

1.6.1 与财务审计相结合的组织方式

与财务审计相结合的组织方式,是指在财务审计的过程中运用信息系统审计的有关手段所进行审计的组织方式。这一组织方式从本质上来说并不是完全意义上的信息系统审计,而是在财务审计过程中加入了信息系统审计技术和方法。

1. 与财务审计相结合的组织方式的目标

与财务审计相结合的信息系统审计是根据财务审计的需要提出的,为减少财务审计的风险服务,为财务审计提供最低限度的保证。

1) 保证信息系统软件和相关模块没有经过非法篡改

在信息化条件下,被审单位的财政财务收支数据是通过信息系统处理和输出的。如果信息系统及其相关模块被非法篡改,就难以保证被审单位财政财务收支数据的真实性和合法性。从被审单位信息系统的来源来看,大部分的信息系统是从专业软件公司购买的商品软件,还有小部分是被审单位根据业务发展的需要,自主投资开发建设的信息系统。从专业软件公司购买的商品软件,在交付使用前一般要经过公司的质量检查,而且软件提供商与被审单位相对独立,其信息系统的真实性、合法性和有效性能够得到一定保证。但是对于那些自主研发的信息系统,一些被审单位天生的趋利避害本能使其有通过在信息系统上作弊,实现自己目的的动机。审计中发现了通过在信息系统研发中预留后门,或是篡改相关信息系统模块作弊的例子。审计实践中发现的这些情况,给审计人员敲响了警钟,要求财务审计人员关注信息系统是否经过非法篡改,合理保证其真实性、合法性和有效性,尽量减少财务审计风险。

2) 保证与信息系统相关的内部控制存在且有效

在信息化环境下,不仅被审单位的生产经营和管理的指令要输入到信息系统中去,而且生产经营和管理的结果也要通过信息系统输出来加以反馈,从一定程度上来说,信息系统就是被审单位的大脑和中枢神经,内部控制的作用则是保证大脑和神经中枢的正常运行。信息系统的内部控制是否存在并且有效,直接影响了信息系统的真实性、合法性和有效性,进而影响了财务审计中财政、财务收支数据的真实性、合法性和准确性。可以设想的是,如果信息系统的内部控制根本不存在或者虽然存在但执行无效的话,那么信息系统输出的财政财务收支数据的真实性、合法性、准确性就难以保证,财务审计的风险将大大提高。信息系统审计的一个重要内容就是信息系统内部控制审计,通过对信息系统有关的内部控制进行测评,有利于审计人员从风险控制的角度去控制财务审计的风险。如果审计发现信息系统内部控制不健全或者无效,那么审计人员就有理由相信被审单位的财政财务收支数据发生舞弊的风险大大增加,从而在财务审计过程中加大实质性测试的程度和水平,进而从整体上减少财务审计的风险。

3) 财务审计重点关注的领域应重点进行信息系统审计

财务审计重点关注的领域一般也是被审单位所应实现的目标。例如,在国有企业审计中应重点关注国有资产的保值增值;在上市公司审计中应重点关注收入、成本、利润的真实完整性;在社保资金的审计中应重点关注资金的安全性;在财政专项资金的审计中应关注专项资金使用的合法性等。被审单位的财政财务收支数据有很多方面,除了要从整体上关注财政财务收支数据的真实、公允性之外,重要的是根据被审单位的目标,有所侧重地进行重点审计,为管理决策服务。在信息系统审计中,审计人员应主要关注与财务审计重点领域相应的信息系统模块是否处理正确、合法、功能完备,内部控制是否健全有效,是否为实现被审单位的目标服务等。

2. 与财务审计相结合的组织方式的特点

1) 事先没有专门立项计划

审计一般要经过立项才能实施,与财务审计相结合的组织方式没有针对信息系统审计的专门立项计划,只是在审计过程中发现信息系统出现问题或者需要的时候才进行信息系统审计。当然,没有专门立项计划并不表明就没有计划,在经过财务审计发现需要进行信息系统审计后,还是要对信息系统审计进行计划,明确审计的目标、范围、人员分工、时间等,使信息系统审计有章可循。

2) 只是针对部分业务或系统进行信息系统审计

与财务审计相结合进行的信息系统审计是在财务审计过程中根据发现的问题或者根据需要而进行的。这种定位决定了不可能对信息系统做出全面审计,而是根据财务审计中发现的信息系统的缺陷,或者根据需要,针对部分业务或系统模块进行审计。例如,在财务审计中发现财务系统中对折旧的计算方法有误,企业的累计折旧数据不准确,那么在进行信息系统审计的时候,应着重对财务系统中的折旧处理模块进行审计,保证企业折旧计提会计处理的正确性。

3) 没有专门的信息系统审计报告

与财务审计相结合的信息系统审计在立项的时候是以财务审计的名义立项的,本质上还是财务审计,因此审计报告的结果应该是财务审计的内容,没有专门的信息系统审计报告。而财务审计报告中却不能缺少信息系统审计的相关内容,审计人员可以根据需要将信息系统审计的内容体现在报告中。例如,可以在对被审单位的意见或建议部分,根据发现的信息系统存在的缺陷和漏洞,提出相关的建设性的意见或建议。这种财务审计报告与信息系统审计报告相结合的特点,是与财务审计相结合的信息系统审计的定位相适应的。

1.6.2 专项信息系统审计的组织方式

1. 专项信息系统审计的组织方式的定义

专项信息系统审计的组织方式是指项目经过单独立项、单独实施并单独出具审计报告。

1) 单独立项

审计项目立项是根据事业发展的需要和各方面综合意见,将拟开展的审计项目的审计依据、内容、范围、方式、时间、人员等基本情况报送审计机关批准同意的行政程序。只有经过审计机关立项批准的审计项目才能实施,从这个角度看,审计立项可以看作审计机关对审计人员开展审计的授权。而是否单独立项则决定着审计项目的地位,是独立进行还是从属于其他审计项目。作为专项信息系统审计,必须是经过单独立项批准的,不从属于其他财务审计项目。

2) 单独实施

专项信息系统审计的组织方式,必须单独实施。单独实施意味着信息系统审计要在人员、时间、经费等审计资源方面与其他财务审计分开。信息系统审计在审计的内容以及审计人员的知识结构等方面,都与其他财务审计有很大区别。因此,单独实施信息系统审计,既符合专门的信息系统审计的概念,也是信息系统审计自身的内在要求。

3) 单独出具审计报告

专项信息系统审计还必须单独出具审计报告。审计报告作为审计工作的最终成果,在审计项目中具有标志性意义。一般来说,单个立项审计项目应单独出具一份审计报告。作为专项信息系统审计,既然是单独立项又是单独实施的,就应单独出具审计报告。

2. 专项信息系统审计的组织方式的目标

与财务审计相结合的组织方式相比,专项信息系统审计的组织方式的目标不在于减少财务审计风险,而是着重于信息系统本身。首先要审查的是信息系统的性能,看信息系统的性能是否满足系统设置的目标,即满足信息系统本身的安全、可靠、效率和效益等目标。其次,要审查信息系统的大环境,看信息系统是否符合信息化发展战略和业务发展战略的要求,即信息系统本身的目标如何与整个企业的目标相适应。

3. 专项信息系统审计的组织方式的特点

1) 技术性比较强

专项信息系统审计是全面的信息系统审计,审计对象不仅包括被审单位的信息系统,而且覆盖系统生命周期的全过程。要对信息系统及其生命周期进行了解、测试和评价,需要掌握一些专门的方法和技巧。在对信息系统进行测试,特别是对应用程序及其相关内部控制措施进行测试的时候,必须要采用计算机辅助审计技术。信息系统审计高技术性的特点决定了信息系统审计人员必须是兼具计算机和会计审计业务知识的复合型人才,这对审计人员的素质提出了更高的要求。

2) 取证工作具有动态性

在一些重要的部门和企事业单位中,信息系统是其生产经营和日常运转必不可少的工具,一旦信息系统停止运行就会造成损失甚至工作瘫痪,所以审计人员需要在信息系统运行的过程中取证,这不仅给审计人员的取证工作带来一定的难度,同时也可能影响被审单位的信息系统的正常运行。

3）项目具有一定的复杂性

这种复杂性主要体现在信息系统的技术性和多样性上。信息系统尤其是一些大型信息系统在软硬件和网络上采用了最先进的信息技术,不了解这方面的技术就很难进行审计。而且不同的信息系统,其物理结构不一样,采用的计算机软件、硬件就会有所不同,这就决定了审计人员对被审系统进行了解、测试和评价具有一定的复杂性。

1.6.3　两种组织方式适用性分析

1. 与财务审计相结合的组织方式的分析

一般来说,在发生下列情况时,可以考虑采用与财务审计相结合的信息系统审计。

1）审前调查确定开展信息系统审计

在财务审计之前,调查发现被审单位可能存在信息系统方面的问题,为了减少审计风险,先对信息系统进行审计,然后再针对信息系统薄弱环节,有针对性地进行财务审计。根据审前调查的初步结果,审计部门认为被审单位所使用的软件或者信息系统可能存在瑕疵或者缺陷,进而可能对于电子数据的真实性、完整性产生重要影响时,应当建议在审计实施方案中增加检查信息系统的内容。

审计部门在编制审计方案前,应根据审计项目的规模和性质,安排适当的人员和时间,对被审单位的有关情况进行考察。由于信息技术手段在被审单位广泛运用,考察的内容还应包括被审单位所使用的信息系统、电子数据、业务流程对信息化的依赖程度、与信息系统有关的管理机构及管理方式以及开展计算机审计的环境条件等。审前调查的结果表明,如果被审单位的信息系统及相关方面不存在实质性问题,则可以直接进行数据审计。如果被审单位的信息系统存在明显错误或缺陷,则需要根据错误和缺陷的具体情况,开展信息系统的审计,减少财务审计的风险。

这种根据审前调查结果决定是否进行信息系统审计的方式,是一种以财务审计为主导的方式。在这种方式中,虽然也进行信息系统审计,但信息系统审计最终是为减少财务审计风险服务的。信息系统审计以发现信息系统可能增加财务风险为开始,以通过信息系统审计,减少财务审计风险为结束。在这种情况下进行的信息系统审计,一般为对局部模块或单项业务进行的信息系统审计。

2）审计过程确定开展信息系统审计

在财务审计的过程中,发现一些规律性和倾向性的问题,经初步分析认为,属于信息系统所产生的问题,这个时候应该对相关的信息系统或者模块进行信息系统审计。财务审计现场审计工作结束后,审计人员对搜集到的审计证据进行整理归纳,这种归纳主要是为总结审计意见,编写审计报告服务。一般来说,现场审计工作进行到此就结束了,但是对于一些经验丰富的审计人员来说,他们往往会发现一些带有规律性和倾向性的问题,特别是当这种问题涉及信息系统的时候,就不能不引起审计人员的高度重视。

信息系统作为一种信息自动化处理的手段,当某个问题反复或者频繁出现的时候,就说明信息系统本身出现问题。对于这些规律性或者倾向性的问题,应进行归纳总结,并带着这些问题开展信息系统审计。由于系统开发设计而致使财务信息出现问题并不可怕,怕的是发现问题却不能解决问题。

这种根据财务审计发现规律性问题,进行信息系统审计的方式,表明了信息系统审计开始脱离财务审计的过程,具有一定的独立性。这种情况下进行的信息系统审计,仍然是针对局部模块或单项业务进行的审计,但是整体性和全局性大大加强。事实上,在审计实践中,审计人员在财务审计后经常发现信息系统存在漏洞,并在财务审计报告提出对信息系统的意见建议。进行这种信息系统审计,要求审计人员具备一定的计算机水平,并善于总结,发现问题背后的深层次原因。

2. 专项信息系统审计的组织方式的分析

专项信息系统审计是单纯的信息系统审计项目,并不伴随着财务审计同时进行。审计人员为了对某信息系统的安全、可靠、有效和效率以及信息系统是否符合企业目标进行独立评价,可以进行专门的信息系统审计,并根据所获得审计证据得出审计结论。信息系统审计已经成为一种职业,ISACA 举办的注册信息系统审计人员(Certified Information System Auditor,CISA)考试已获得全球的广泛认可,其发布的审计标准、审计指南和审计程序,成为信息系统审计人员执业的基本标准。

从目前来看,专项信息系统审计主要适用于一些大型信息系统的专门审计。这些大型信息系统的共同特点都是关系国计民生,而且耗费了国家大量的人力、物力和财力建设而成,迫切需要对这些系统运行的安全、可靠、有效和效率等进行评价。专项信息系统审计能够满足这一要求。由于信息系统审计采用一些专门的审计程序和技术方法,对审计人员知识结构要求比较高,审计难度比较大,因此在审计实践中可以考虑先试点,积累经验再推广的方式积极稳妥地推行信息系统审计。随着信息系统审计实践的发展,信息系统审计的组织将会越来越科学化和规范化。

小　结

(1) 信息系统审计是指根据公认的标准和指导规范,对信息系统从计划、研发、实施到运行维护各个环节进行审查评价,对信息系统及其业务应用的完整、效能、效率、安全性进行监测、评估和控制的过程,以确认预定的业务目标得以实现,并提出一系列改进建议的管理活动。

(2) 信息系统审计是一种基于风险基础审计的理论和方法。

(3) 信息系统审计的内容主要包括信息系统内部控制审计、信息系统生命周期的审计、信息系统绩效性审计以及信息系统产生的数据文件的审计四个部分。

(4) 信息系统审计准则是一个规范化的管理框架,把审计人员、信息系统开发和被审计单位各自的权利、义务和责任等纳入管理框架,解决了各方因为职责不明确而影响信息系统质量的问题。按照信息系统审计准则实施审计是对审计人员的基本要求,是保证审计质量的基础和关键。

(5) 信息系统审计的组织方式分为:与财务审计相结合的信息系统审计组织方式和专项信息系统审计组织方式。

复习思考题

一、单选题

1. 信息系统审计是（　　）。
   - A. 事前审计
   - B. 事中审计
   - C. 事前、事后审计的结合体
   - D. 事前、事中、事后审计的结合体

2. 信息系统审计的总体目标是审计工作方案中用于指导审计项目所提出的工作方针、工作重点的总体目标，也是审计项目的目标，它不包括（　　）。
   - A. 揭示信息系统面临的风险
   - B. 推广信息系统的应用
   - C. 评价信息系统技术的适用性、创新性
   - D. 评价信息系统投资的经济性

3. 目前，国际上影响力较大的信息系统审计准则有四个，其中以（　　）颁布和实施信息系统审计准则的影响最为深远，在审计实践中发挥了重要作用。
   - A. ISACA
   - B. IIA
   - C. GAO
   - D. CISA

4. 信息系统的审计准则是（　　）的信息系统审计框架体系。
   - A. 以信息系统为核心、管理为保障、法律法规为支撑
   - B. 以信息系统为核心、法律法规为保障、管理为支撑
   - C. 以管理为核心、法律法规为保障、技术为支撑
   - D. 以管理为核心、技术为保障、法律法规为支撑

5. 以下关于专项信息系统审计的组织方式叙述错误的是（　　）。
   - A. 不单独出具审计报告
   - B. 其目标着重于信息系统本身
   - C. 是单纯的信息系统审计项目，不伴随着财务审计同时进行
   - D. 主要适用于一些大型信息系统的专门审计

二、填空题

1. 20 世纪 90 年代后期，以_____为代表的高度集成的企业信息系统开始兴起。这时的信息系统是一个集财务、人事、供销、生产为一体的综合性的信息系统。

2. 信息系统审计是以_____为对象的审计。

3. 信息系统审计的组织方式也可以分为两种：与财务审计相结合的组织方式和_____。

4. 信息系统审计是一种基于_____审计的理论和方法。

5. 按照信息系统的_____实施审计是对审计人员的基本要求，是保证审计质量的基础和关键。

三、简答题

1. 简述信息系统审计与传统审计的关系。
2. 简述信息系统审计的定义。
3. 简述信息系统审计的内容。
4. 信息系统审计的总体目标和具体审计目标分别是什么？
5. 信息系统审计的两种组织方式的特点分别是什么？

第 2 章　信息系统审计过程

本章首先介绍信息系统风险与审计,然后重点介绍信息系统审计过程,包括计划、准备、实施和报告阶段,最后介绍某商业银行信息系统审计案例的审计过程。

2.1　信息系统风险与审计

信息系统的广泛应用,改变了企业的管理方式和经营模式,其优势是显而易见的,但是风险也如影随形,不可避免。

2010 年 5 月 6 日,美国东部时间下午 2 点 47 分左右,一名交易员在卖出股票时输错了一个字母,将百万(m)误打成十亿(b),导致道琼斯指数出现近千点暴跌(从 10458 点瞬间跌至 9869.62 点),业务过程的脆弱性可见一斑。2011 年 9 月 17 日,雷曼兄弟倒闭三周年之际,瑞士银行坦承,由于"魔鬼交易员"进行了一项"未经授权的交易",造成 20 亿美元的损失,瑞士银行信用评级存在调降可能。从 2013 年 8 月光大证券乌龙指事件,到 2014 年 1 月韩国包括时任总统在内的 1500 万信用卡客户信息泄露,将先进的交易环境与落后的风险控制的矛盾暴露无遗。2021 年 5 月 7 日,全美最大成品油输送管道的运营商 Colonial Pipeline 公司遭黑客勒索软件攻击,被迫全面暂停运营,美国 17 个州进入紧急状态。所以只要引入了信息系统支持企业管理运营,都可能存在信息系统风险。

2.1.1　信息系统风险

信息系统的风险分为三类: 信息系统战略风险,信息系统项目风险和信息系统操作风险。

1. 信息系统战略风险和审计

信息系统战略风险是指信息系统的应用到底有没有帮助企业实现业务目标。如果对企业的业务目标没有帮助,就是信息系统战略规划问题。信息系统的投入的最终目的在于增强企业处理信息、帮助实现业务目标的能力,而不在于信息系统本身。如果信息系统的选型和设计对企业的业务目标没有帮助,那就是信息系统决策层面的问题,处理得不恰当可能会出现信息系统不适合企业业务需求的情况。对此类风险的控制和审计可以归为 IT 治理审计。

2. 信息系统项目风险和审计

信息系统建设是由一个个具体的信息系统项目构成的,每一个具体的信息系统项目的时间、质量、成本是否符合要求,就构成了信息系统项目的风险。对于项目风险的评价可视为对企业中期的效果评估。对此类风险的控制和审计也涉及较多的方面和因素,可以归为信息化建设项目审计的范畴。

3. 信息系统操作风险和审计

在信息系统运行和管理中，无论项目规模的大小，最终还是会落实到具体的人员执行的问题和具体的设备、场所的问题，体现为具体的安全性、可靠性、经济性等问题。对于操作层面的评价是对信息系统局部效果的评估。

在信息系统审计工作开展中，不仅要关注信息系统操作层面的风险，更要关注中期的信息系统项目风险，以及长期的信息系统战略风险。

2.1.2　信息系统审计风险

信息系统审计风险指在信息系统环境下，计算机系统的效益性、安全性和可靠性存在发生错误的隐患，而审计人员在审计后因发表了不恰当的审计意见使审计主体遭受损失的可能性。信息系统审计风险模型为：审计风险＝固有风险×控制风险×检查风险。从定性角度看，固有风险和控制风险的综合水平与检查风险之间是成反比的，固有风险和控制风险的综合水平越高，审计人员的检查风险水平越低；反之亦然。固有风险和控制风险已成既定事实，审计人员无法改变，只能对其进行合理评估，确定检查风险水平以开展实质性测试，从而将审计风险控制在可接受的范围内。

1. 信息系统审计的固有风险

信息系统审计的固有风险是在假定未对信息系统的软硬件进行安全控制的情况下，信息系统发生的运行失常或数据错误等风险。计算机对业务信息处理的准确性、实时性和系统的复杂性、脆弱性都会影响到信息系统审计的固有风险。

2. 信息系统审计的控制风险

信息系统审计的控制风险是指信息系统在运行时发生错误，由于内部控制不够健全，导致无法发现并及时纠正，信息系统可能出现错误的风险。影响该风险的因素包括：

（1）内部控制不健全或未发挥效力。

（2）软件系统的应用测试不严密。

（3）软件系统的设计有缺陷。如软件系统数据控制设计不严密、日志记录不完整、缺乏系统运行故障的事后恢复措施或数据备份方案、系统没有预留审计接口等。

3. 信息系统审计的检查风险

信息系统审计的检查风险指的是被审单位信息系统内部控制未及时发现安全隐患或纠正数据错误，审计人员通过符合性测试和实质性测试也未发现信息系统异常的风险。因受审计资源、审计时间等因素的影响，审计人员不能根除检查风险。审计人员可通过研究和评价被审计单位的内部控制，对被审计单位固有风险和控制风险的高低做出评价，在此基础上确定实质性测试的性质、时间和范围，以便将检查风险及总体审计风险降至可接受的水平。

2.2　信息系统审计具体过程

信息系统审计过程是基于传统审计理论，信息系统审计与其他类型审计在审计过程方面没有本质区别，遵循同样的审计程序步骤，但就其内容和范围来说有了很大的不同。人们通常将信息系统审计过程分为审计计划、审计准备、审计实施和审计报告四个阶段。

在进行信息系统审计之前,首先必须确定一个信息系统审计的主题范围,并在此基础上进一步确定审计目的,与被审计单位签署审计协议,实施信息系统审计。与财务审计相结合的组织方式下,信息系统审计和系统内部控制审计是为数据审计服务的;专项信息系统审计的组织方式下,审计目标是为了验证信息系统功能是否满足预期目标。显然,这两种组织方式的审计目标是不同的,在选择审计程序时也要有所区别。另外,由于被审单位实际情况千差万别,信息系统具体特点也不同,在选择具体审计程序时,应结合被审单位的实际情况和信息系统自身的特点,采取有针对性的审计步骤和方法。国家审计视角下信息系统审计程序,如图 2-1 所示。

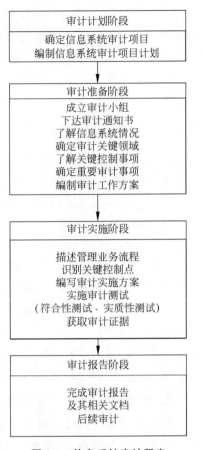

图 2-1　信息系统审计程序

为了更好地说明在不同情况下的审计范围和内容,准确地把握信息系统审计范围的边界,编制审计工作计划和实施方案,提高信息系统审计的可操作性,我们引入以下四个关键词来标识信息系统审计的范围。

1. 关键审计领域

关键审计领域是根据审计的总体要求,依据总体控制审计的分析结果,初步确定的审计范围以及相应的总体审计内容。一般是指与审计总体目标和重点审计内容关联程度最大的信息系统控制的某些领域或某些层面,也是若干控制要素的集合。

2. 重要审计事项

重要审计事项是关键审计领域中与审计目标相关联的信息系统控制要素,即通常所说的审计事项。

3. 关键控制活动

关键控制活动是重要审计事项中与审计目标密切相关的信息系统控制活动,一般包括控制目标、控制活动等。例如,防止电子账被改写的授权访问功能、数据只读功能、输入保留痕迹功能等。

4. 关键控制点

关键控制点是关键控制活动中与审计的具体目标关系重要的控制节点。例如,应用系统访问控制关键控制活动之一是会计与出纳之间的岗位分离控制。

2.2.1　审计计划阶段

1. 审计计划阶段应完成的工作

围绕政府工作重心或根据本级政府、人大以及有关领导的要求,结合年度审计项目计划和审计资源情况,确定信息系统审计项目,编制信息系统审计项目计划。

2. 审计计划阶段应注意的问题

1) 影响信息系统审计项目选择的因素

并非所有的信息系统都适宜开展信息系统审计。主要影响因素包括:信息系统与被审计单位核心业务的相关性,信息系统的规模、复杂程度,所处的生命周期阶段,审计力量、审计时间等审计资源情况等。在以审查数据的真实性和合法性为主要审计目标的项目中,还要考虑开展信息系统审计所耗费的审计成本是否低于由此而减少的对数据进行实质性测试所耗费的审计成本。目前,应主要采取与财务审计相结合的组织方式,逐步探索专项信息系统审计的组织方式。

2) 充分调查的基础上编制审计项目计划

确定审计项目计划之前,应进行充分的调研和论证,走访有关部门,调查被审计单位,搜集有关政策、法规,必要时可以采取试点审计等方式,分析项目开展的可行性,预期达成的目标等。如果经过调查论证,决定采取与财务审计相结合的组织方式,则信息系统审计包含在数据审计项目中,在编制数据审计项目计划时,加入开展信息系统审计的有关内容,不必单独编制信息系统审计项目计划。如果决定专项信息系统审计的组织方式,则需在调查论证的基础上,单独编制信息系统审计的项目计划,即单独立项、单独实施并单独出具审计报告。审计调查立项过程如下。

(1) 调查需求。根据本级人大、政府对审计工作的要求或交办事项,从经济效益、社会效益、行政效能、环境效益等角度综合考虑被审计单位核心业务对信息系统的依赖程度、信息系统的规模和成熟度、社会公众的关注程度等因素,初步选择信息系统审计项目。

(2) 可行性研究。包括:制度规定、资金使用及信息系统应用水平是否具备审计的基本条件;有关法规文件资料、信息系统文档和电子数据、审计评价标准,被审计单位的配合程度可能存在的问题以及影响程度,审计人员的职业胜任能力,审计资源对项目要求的满足程度等方面,对初选项目进行可行性研究。

(3) 项目评估。审计机关在审计业务部门提交审计立项材料(包括可行性研究报告和其他说明资料)后可组织专家从项目的重要性、影响力、建设性、时效性、风险性等方面进行评估。

(4) 审计文档形成。审计立项阶段应将需求分析报告、可行性研究报告、项目评估报告等文档进行保存,作为审计档案的一部分归档。

2.2.2　审计准备阶段

1. 审计准备阶段应完成的工作

在审计准备阶段,应完成的工作包括:成立审计组;开展审前调查,了解被审计单位基本情况;对信息系统相关内部控制进行调查了解和初步评价;初步评估信息系统内部控制的风险水平;初步确定重要性水平,评估审计风险;编制审计实施方案;向被审计单位送达审计通知书等。

2. 审计准备阶段应注意的问题

(1) 注意审计组成员的合理搭配。在确定审计组成员时,应当合理配备计算机专业人员和经验丰富的审计人员,要考虑其审计经验和计算机应用水平等,合理分工。

（2）在审前调查中,除了了解被审计单位财务管理情况外,还要重点调查被审计单位的信息系统,了解其业务流程。包括被审计单位信息系统的总体情况,系统软件开发运行的基本情况,部署范围,组织管理情况,软件、硬件使用情况,业务流程以及其他可能影响信息系统安全性、可靠性与有效性的情况。无论是哪种方式的信息系统审计,都应取得被审计单位电子数据,并应根据对业务流程的调查,绘制业务流程图。

（3）对信息系统控制的调查,可与被审计单位内部控制的调查结合进行。审计人员应根据调查了解的情况,结合被审计单位内部控制调查,有选择地对信息系统相关控制进行调查和初步评估。包括:信息系统开发阶段控制、信息系统一般控制、信息系统应用控制等。对信息系统内部控制的调查,审计人员应结合业务流程图,编制相应的内部控制调查表,列出与每个阶段相关的控制点和控制措施,对照检查相应的控制是否存在,并分析缺失的控制是否为关键控制等。

（4）初步评估信息系统内部控制的风险水平。通过调查了解,审计人员对信息系统的内部控制有了一个初步的认识,应对系统内部控制的健全性、合理性做出初步评价,并对各主要业务的控制风险水平做出初步评估。初步评估的风险水平作为决定是否还需要对有关系统内部控制进行符合性测试的依据。

（5）对于与财务审计相结合的信息系统审计组织方式,具备条件的,还应初步确定重要性水平,评估审计风险。重要性水平应由审计组充分研究讨论确定,并应根据调查了解确定信息系统固有风险和控制风险,根据可接受审计风险水平,计算或确定检查风险,进而确定数据审计中进行实质性测试的范围。

（6）不论哪种审计方式,都应单独编制审计实施方案。专项信息系统审计要编制信息系统审计实施方案,对于与财务审计相结合的组织方式,为了使审计人员对信息系统审计信息的目标、重点等有明确的了解,也应单独编制信息系统审计实施方案。

2.2.3 审计实施阶段

在审计计划和审计准备的基础上,根据计划阶段确定的审计范围、要点、步骤和方法,进行审计取证和评价,借以形成审计结论和实现审计目标。在这一阶段,审计人员的主要工作是:收集资料;决定审计或测试的方式(符合性测试还是实质性测试);列出需要访谈的人员名单及主要内容;查阅有关部门的政策、标准及准则,以供审计使用;利用审计方法,对所有控制进行测试和评价。

1. 审计实施阶段应完成的工作

进一步调查被审计单位的基本情况;根据审计目标的需要,对信息系统相关内部控制进行符合性测试,收集相关的审计证据;对信息系统本身及其生命周期进行审计;对系统的数据文件进行审计;对收集的审计证据进行评价,在整理归纳审计证据的基础上,得出审计结论;编写审计日记和审计工作底稿。

在信息系统审计实施阶段,审计人员使用计划阶段和准备阶段获得的信息(包括审计工作方案和以前年度的审计实施方案),测试审计事项中与审计目标相关的信息系统控制。实施信息系统内部控制测试,审计人员应判断信息系统内部控制设计是否科学、实施是否有效。审计人员认为已经科学设计、有效实施的信息系统内部控制,可以根据风险的大小,审计人员判断是否需要进行内部类控制的测试；若不经过信息系统内部控制测试，审计人员能否获得足够的正确的审计证据。

信息系统审计实施阶段是信息系统审计全过程的中心环节，主要由符合性测试阶段和实质性测试阶段构成。符合性测试是审查被审计单位信息系统的内部控制制度的建立及遵守情况，根据测试结果修订审计计划，确定实质性测试的程度。实质性测试是对交易和事项的详细测试或分析性复核测试，以获得审计期间这些事项或交易合法、完整、准确或真实存在的审计证据。

2. 审计实施阶段应注意的问题

（1）深入了解业务流程和信息系统构成等详细信息。包括信息系统的基本架构、数据结构、操作流程及应用情况，掌握信息系统各组成部分的基本结构、主要功能和应用现状，以及各组成部分之间的关联关系。按照业务操作流程对信息系统进行描述，详细分析信息化条件下被审计单位业务处理流程的重点和关键环节，并根据可能的风险因素确定应有的控制点。

（2）根据审计目标和审计资源情况，对信息系统相关内部控制进行符合性测试，收集相关的审计证据。在审计实施阶段，审计人员根据审计资源情况，合理选择与审计目标相关的系统控制进行符合性测试，以判定现有的控制是否能够得到有效执行并发挥作用。测试内容主要包括：信息系统一般控制和信息系统应用控制，具体内容根据审计目标与被审单位业务特点选择。检查的重点包括相关的系统文档；日志文件；信息系统有关管理规章制度的执行情况；网络、硬件、操作系统、数据库系统是否存在重大的安全隐患；业务处理流程与系统数据流程中是否存在漏洞等。根据测试的具体情况，可以对审计实施方案进行适当调整，进一步确定审计重点和审计方法，将审查重点放在内控制度的薄弱点上。

（3）应根据信息系统内部控制测评的结果，有重点地检查信息系统应用程序和信息系统生命周期。审计人员应根据信息系统内部控制测试的结果，确定信息系统应用程序及信息系统生命周期检查的重点。审计组应选择精通计算机技术并且熟悉审计业务的人员检查信息系统应用程序和信息系统生命周期。

（4）审计证据的评价应由信息系统审计人员和财务审计人员共同完成。审计组应通过检查、复核、整理相关材料对汇集的审计证据进行认真审查，鉴定审计证据的客观性、相关性与合法性，检查已经收集到的材料是否足以证明事实真相，保证收集到的审计证据的充分性。在此基础上，对系统控制的健全性、合理性和有效性进行分析，针对审计目标做出评价。

（5）数据审计的实质性测试必不可少。审计人员应根据信息系统内部控制测试的结果，确定内部控制的薄弱环节，为数据审计进行实质性测试提供依据。在任何情况下，对数据审计的环节必不可少，不能因为对信息系统本身的审计取代数据审计。

2.2.4 审计报告阶段

审计报告阶段又称为审计终结阶段。审计报告阶段是审计人员运用职业判断及专业技术知识，汇总审计工作底稿，评估审计证据，总体评价信息系统状况，就信息系统存在的问题得出结论，提出审计建议，形成信息系统审计内部分报告或专项审计报告的过程。

在审计报告阶段，应完成的主要工作包括：审计组根据信息系统审计情况，起草审计报告，征求被审计单位意见；审计机关按照程序规定对审计组的审计报告进行审议，并对被审计单位对审计组的审计报告提出的意见一并研究后,提出审计机关的审计报告;针对信息系统需要改进和完善之处,提出相关审计建议。

1. 审计报告阶段应完成的工作

(1) 评估审计证据,汇总审计工作底稿。审计工作底稿经过证据评估程序复核后,由审计人员对底稿中反映的问题、建议进行汇总。审计人员在汇总审计工作底稿时,应根据所属审计事项分类,对审计发现问题进行分类处理,特别要注意按照审计分类与按照控制分类进行审计测试在汇总时的差异调整,调整涉及审计实施方案的,也应在方案中注明,做好底稿与报告之间的衔接。

(2) 得出审计结论,提出审计建议。审计人员应依据国家对信息系统或有关财务业务的规章制度的规定,结合审计目标,综合权衡底稿中发现的问题。审计人员应根据职业判断和专业技术知识,必要时可咨询相关专家的意见,总体评价信息系统状况,就信息系统存在的问题得出结论,提出审计建议。

(3) 编写审计报告。审计人员根据审计发现的问题及审计结论,编写审计报告。审计报告可根据组织方式划分为用于汇总的"内部审计分报告"和"专项审计报告"。信息系统专项审计项目应出具专项审计报告,与其他审计项目相结合的信息系统审计可以出具内部审计分报告,便于审计机关内部掌握信息系统审计的内部情况。

(4) 审计机关出具审计报告。信息系统审计报告形成过程与常规审计基本一致,信息系统审计报告的公布应有所取舍,不宜将信息系统存在的具体问题公开,但对信息系统问题导致的经营管理状况问题,可以按一般程序从经营管理状况的角度发布审计公告。

信息系统审计流程如图 2-2 所示。

2. 审计报告阶段应注意的问题

(1) 审计报告可以考虑两种模式。一种是作为总体审计报告的一部分,由信息系统审计组向总审计组提交;另一种是单独出具信息系统审计报告。审计报告的内容应包括:审计依据;被审计单位信息系统的基本情况;实施审计的基本情况;审计评价意见;审计查出的问题和定性依据;审计建议等。

(2) 应根据被审计单位的现实情况提出科学、合理、具备可操作性的审计建议。由于信息系统的生命周期一般较长,对于能马上寻找到解决方案的问题,要尽快解决;对于需要一段时间才能彻底解决的问题,要找寻替代方案,如增加相应控制、堵塞系统漏洞等。

在信息系统审计报告阶段,信息系统审计人员必须运用专业判断,综合所收集到的各种证据,以经过核实的审计证据为依据,形成审计意见,出具信息系统审计报告。信息系统审计报告没有统一

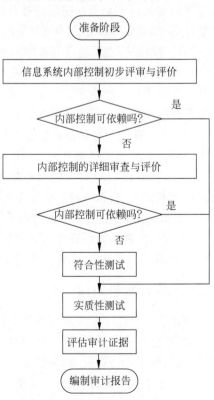

图 2-2　信息系统审计流程

强制性的报告形式,但审计报告中应说明信息系统审计范围、目标、期间和所执行的审计工作的性质和范围,以及信息系统审计结论、信息系统审计建议。此外,信息系统审计报告中还应指明信息系统审计所采用的依据和信息系统审计技术,以及与之有关的审计结果。信息系统审计人员在审计过程中受到被审计单位或客观环境的限制,而对某些重要事项不能提供充分完整的资料,也应在信息系统审计报告中予以说明。

2.3　某商业银行信息系统审计案例

2.3.1　商业银行信息系统的基本情况

商业银行是信息化程度较高的行业,大部分银行业务由信息系统进行处理,本案例采用与财务审计相结合的组织形式,选择某商业银行的会计核算系统和信贷业务管理系统(台账系统)进行了信息系统审计。

会计核算系统完成会计信息核算、对公活期存款明细核算、对公贷款会计核算、个人定期存款明细核算等账务处理功能。

信贷业务管理系统完成贷款客户管理、贷款担保人资料管理,贷款的发放、回收,贷款人的信用评级等贷款业务处理功能。

2.3.2　审计发现的问题

1. 信息系统的合规性有待进一步加强

通过对某商业银行信息系统的了解,及大量数据的查阅及测试,确认会计核算系统和信贷管理系统基本能完成会计核算与信贷管理的要求,但也发现个别地方不能达到部门规章制度的要求。

(1) 对于大额现金取款,仍以手工审批为主,系统缺乏完备的控制机制。对于现金管理,按规定只允许基本账户取现,且数额较大的必须批准后才能完成。而会计核算系统内部只对非基本账户取现进行了约束,对于取现的数额仍以手工审批为主,系统缺乏应有的内部控制。审计发现:利用系统现金管理缺陷,配合所谓"营业执照"中介,采取一边大额取现,一边现金存入的方式,循环为多家虚假验资账户注入注册资本金 99 亿多元。

(2) 对于贷款人开户所需资料的录入控制较弱。按银行信贷管理的有关规定,贷款人申请贷款开户时,必须提供企业法人、营业执照、经营情况说明等资料。信贷管理系统也提供了相应资料的管理功能。但在信贷管理业务系统投入使用后,由于客户历史资料不完整,转入过程中无法通过系统约束,以及新系统的使用造成业务人员工作量的增加,在业务人员的一再要求下,系统重新修改,取消了大部分信贷开户资料录入限制,系统控制功能较设计之初有明显的降低。

2. 管理数据真实性、完整性有待提高

(1) 信贷客户开户资料不完整。信贷管理系统账户反映共有贷款客户 36 889 户,而与之对应的贷款客户法人情况表、财务报表等各项辅助信息资料登记比较完备的客户不足 300 户,数据完整性明显不足。

（2）对贷款人、担保人提供反映其经营状况资料的缺乏验证机制，资料可信度受到一定的影响。通过对信贷管理系统的数据进行分析，发现贷款人在申请贷款时提供的各种反映其经营情况的资料，有的明显不符合常规，有的或有编造的痕迹，但录入系统后，系统未能进行有效的识别，严重影响了数据的真实性。部分贷款甚至由于发放时审核不严已经形成了损失。审计发现某投资公司等6家企业利用虚假的财务报表和购销合同骗贷61 000万元；某网络公司假借关联公司的名义以客户保证金为质押贷款35 000万元全部用于股票买卖等。

（3）基层行对于上级行返还数据的保存不够完全。信息系统数据集中后，按规定其系统维护由总行信息中心负责，为便于各基层行的日常业务核对，信息中心定期将部分业务数据返还给各基层单位，各基层单位除指定专人进行接收并完成数据核对工作外，对于返还数据的保管缺乏相关的规定，数据缺失较为严重。

3. 信息系统不能完全适应行业发展的需要

（1）贷款业务信息与会计信息没有接口对接，信息停留在纸质传递阶段，处理能力较低。通过绘制贷款业务数据流程图的方法，发现某商业银行的会计核算系统与信贷管理系统尽管同属总行软件开发中心生产，但由于开发时间有先有后，功能上一个侧重于会计核算，一个侧重于信贷管理，开发过程中缺乏系统规划，存在信息孤岛现象，由于信贷管理与会计处理存在时间差异，造成了信贷管理系统反映的贷款数据与会计系统反映的数据的不一致。

（2）会计系统以会计核算为中心，新兴业务的扩展性较弱，面临重新开发。通过与信息管理部门及业务部门座谈，了解到信息系统在开发初期，其设计思想主要是为了完成银行存贷款业务的会计处理及核算工作，虽然进行了两次版本升级，但系统架构基本没有改进。随着金融业务范围的拓展，很难适应新业务发展的需求。

2.3.3　信息系统审计的主要方法

（1）通过信息系统调查表的填报，掌握信息系统的总体情况。审计调查阶段，将已包括信息系统开发时间、开发单位、应用时间、主要功能、运行平台、数据类型、应用情况等信息的调查表发放给某商业银行，由其审计处按业务种类的不同将调查表下发全行各业务部门填报，并指定具体的时间回收，据此全面掌握了所应用的各信息系统的基本情况。为进一步选择会计核算系统和信贷管理系统进行全面审计提供了依据。

（2）通过座谈的方式加深对信息系统的了解。座谈从两个方面入手，一是与总行软件开发中心相关技术人员座谈，重点了解各信息系统的设计思路、主要功能、具体业务的实现方法、后台数据处理流程等情况；二是与各业务人员进行座谈，了解不同业务系统的操作流程，信息系统对日常工作，以及各系统在应用中存在哪些功能不足。

（3）对照已下载的数据，通过查阅信息系统的规划、设计文件、系统操作手册等档案资料，重点掌握系统对不同业务的实现过程。

（4）对于重点业务，通过绘制流程图的方法，直观反映其实现过程。审计过程中，对于某商业银行的贷款发放与回收业务，采取绘制流程图的方法，将对公贷款业务的贷款人申请、贷款人开户、相关资料登记、贷款合同的审批、资金的拨付、适用利率的变化、到期回收或转逾期等信贷管理步骤中所需资料、处理方式、信息传递方法等内容绘制在一张图表上，直观反映了信贷管理的全过程。也为进一步的数据分析提供了帮助。

(5) 通过重新计算,核对结果的方法,验证信息系统的处理过程。为验证信息系统的处理过程的合规性,有重点地选取部分业务进行重新计算,通过对比重新计算与系统处理的结果加以判断。例如,为验证会计系统对公存款计息的准确性,利用现有的审计平台,在了解具体计息过程的前提下,对已下载的各对公存款的存取款明细,重新计算每户的利息收入,通过与各账户实际入账的利息收入的比较,证实某商业银行会计系统对公存款的计息处理过程是合规的。

2.3.4　审计建议

某商业银行已意识到现有的信息管理系统越来越不适应发展的需要,着手于新系统的研究与开发,新系统的设计提出如下建议。

(1) 新信息管理系统的功能设计应着眼于满足银行会计管理、信贷管理、客户管理、中间业务管理、各类往来资金清算、新业务的扩展等大多数业务管理的需要,不能仅局限于实现会计核算等传统功能。

(2) 在系统设计上应将各种业务子系统纳入到一个统一的平台,增加系统的数据处理效率。特别是针对外部的大额支付系统、同城清算系统、电子联行系统的对接与后台处理功能应尽量提高系统的自动化程度,减少手工操作的环节。

(3) 新系统在满足客观需要的同时,应将更多的法律法规要求和内部约束加入到系统控制中,提高信息系统的风险控制水平。

小　　结

(1) 信息系统的风险分为三类:信息系统战略风险,信息系统项目风险和信息系统操作风险。

(2) 信息系统审计风险指在信息系统环境下,计算机系统的效益性、安全性和可靠性存在发生错误的隐患,审计人员在审计后因发表了不恰当的审计意见使审计主体遭受损失的可能性。

(3) 信息系统审计过程分为审计计划、审计准备、审计实施和审计报告四个阶段。信息系统审计组织方式不同,信息系统审计的目标略有区别。与财务审计相结合的组织方式下,信息系统审计和系统内部控制审计是为数据审计服务的;专项信息系统审计的组织方式下,审计目标是为了验证信息系统功能是否满足预期目标。

复习思考题

一、单选题

1. IS 审计的第一步是(　　)。

　　A. 创建决策树流程图　　　　　　　　B. 了解受到审计的环境

　　C. 进行风险评估　　　　　　　　　　D. 编制审计计划

2. 当开始制定基于风险的审计计划时,最关键的步骤是(　　)。

　　A. 评估企业整体环境

　　B. 建立基于 COBIT、COSO 等框架的审计方法

　　C. 建立审计文档,确保审计人员完成审计计划和实现审计目标

　　D. 识别控制失败的高风险区域

3. 在基于风险的审计方法中,信息系统审计人员首先应完成(　　)。

　　A. 固有风险的评估　　　　　　　　B. 控制风险的评估

　　C. 控制风险测试的评估　　　　　　D. 实质性测试的评估

4. 网上书店在其运营中包括客户关系管理系统。一个有经验的信息系统审计人员受命审查呼叫中心时,他应该采取的第一步行动是(　　)。

　　A. 审核 CRM 实施以来的公司业绩　　B. 审核 IT 战略

　　C. 了解书店的业务重点　　　　　　D. 与销售人员和主管面谈

5. (　　)属于基于风险的审计方法的好处。

　　A. 可以提前几个月安排审计日程　　B. 审计预算更容易为 IS 审计部门所满足

　　C. 审计人员将面临技术的多样性　　D. 审计资源被分配到高风险领域

6. (　　)是由于信息系统审计人员采取不恰当的测试程序,未能发现已存在的重大错误的风险。

　　A. 业务风险　　　　B. 检查风险　　　　C. 审计风险　　　　D. 固有风险

二、填空题

1. 人们通常将信息系统审计过程分为审计计划阶段、审计准备阶段、审计实施阶段和_____阶段。

2. 信息系统的风险分为三类:信息系统战略风险,信息系统项目风险和信息系统操作风险。_____是指信息系统的应用是否帮助企业实现业务目标。

3. 信息系统审计风险模型为审计风险＝固有风险×控制风险×_____。

4. 编写审计日记和审计工作底稿属于_____阶段应完成的工作。

5. 符合性测试是针对被审计系统的测试,而_____则是针对被审计信息的测试。

三、简答题

1. 信息系统风险有哪些?

2. 简述信息系统审计风险。

3. 信息系统审计过程有哪几个阶段? 简述各阶段的主要工作。

4. 什么是符合性测试? 什么是实质性测试?

5. 简述审计报告的形成过程。

第3章 信息系统审计方法与工具

信息系统审计方法与工具是审计人员为了完成信息系统审计任务所采取的各种手段。在信息系统审计工作中，要完成每一项审计工作，都应选择合适的审计方法与工具。本章首先介绍初步审查信息系统的方法和计算机辅助审计技术，对其适用性和优缺点进行了分析和比较，然后重点介绍了数据库查询工具 SQL 和其他审计技术工具。

3.1 信息系统初步审查的技术方法

3.1.1 访谈法

访谈法是指审计人员通过面对面，或者在线视频、音频等方式与被审计单位相关人员交谈，以了解被审计对象的信息。在信息系统审计中，通过与被审计单位的高层管理人员、信息部门管理人员、各业务部门的信息系统使用人员和内部审计人员访谈和交流，主要了解信息系统规划、实施、应用与管理控制等方面的情况。常见的访谈内容及对象如表 3-1 所示。

表 3-1 访谈法的内容和被访问的对象

询问的问题	被访问的对象
了解信息系统的概况，包括主要子系统及基本功能	信息部门主管
了解原始数据来源与数据流向	数据管理员
了解是否有内部控制措施以限制对信息系统和数据的接触	信息部门主管、系统管理人员
了解组织内部控制措施从经济上来看是否合理	高层管理人员、信息部门主管
如果在应用系统中发现错误，了解错误性质并跟踪起因	高层管理人员、信息部门主管、内部审计人员
了解重要的(或重大的)错误是否能得到及时、恰当地纠正	高层管理人员、信息部门主管
了解信息系统的运行情况和满意度	系统操作人员
了解信息系统如何影响系统用户的工作质量	应用系统使用人员
了解信息系统对组织的影响情况	高层管理人员、信息部门主管

审计访谈按照访谈过程的控制程度划分为结构性访谈和非结构性访谈。结构性访谈需要事先设计、精心策划，有调查表或问题清单等书面资料，信息系统审计人员对访谈过程实施有力的控制，常用于完成调查表或流程图。非结构性访谈无须事先策划，过程自由，没有过多控制，常用于审计初步调查。

审计访谈按照参加人数划分为个别访谈和会议访谈。个别访谈是内部审计人员和被访者一对一的面谈，会议访谈是内部审计人员和被访者的一方或双方有多人参加的访谈。

审计访谈和书面沟通方式相比有如下优点：可以直接得到反馈，可以就复杂问题做充分调查，可以得到更多细节，可以短时间内反复交流，有利于建立与客户的友好关系。

审计访谈的缺点可能有以下几个：口头信息不能直接形成审计证据，口头信息不如书面信息严谨，口头表达错误没有机会更改。

尽管如此,这些缺点并不妨碍访谈成为重要的数据收集途径。

3.1.2　问卷调查法

问卷调查法是通过书面或口头回答问题的方式收集研究对象的相关资料,并做出分析综合,得到某一结论的研究方法。

问卷调查法是审计调查中较为广泛使用的一种方法。问卷调查法是在制定调研计划的基础上,通过问卷的形式来了解被审计单位的基本情况、信息系统开发与实施情况。问卷调查法的质量高低关键在于调查表的设计、问题的性质、提问的技巧、度量的尺度、调查表的布局都是重点要考虑的因素。一般而言,设计问卷有以下 6 种形式。

(1) 自由叙述式。不给被调查者提供任何答案让其按自己的思想用文字自由地回答。

(2) 多重选择式。让被调查者从提供的互不矛盾的答案中选择出一个或几个答案来。

(3) 判断式。让被调查者以“是”或“否”二选一的方法回答。

(4) 评定量表法。让被调查者按规定的一个标准尺度对提供的答案进行评价。

(5) 确定顺序式。让被调查者对提供的几种答案按一定的标准(好恶或赞同与否等)做出顺序排列。

(6) 对偶比较式。把调查项目组成两个一组让被调查者按一定的标准进行比较。

这六种问卷类型各有其优点和缺点,审计人员要根据审计目标和任务等,综合运用这几种形式,精心设计调查问卷。设计调查表时,要考虑以下 3 方面的因素。

(1) 问卷调查对象的特性。设计的问题要考虑回答者的专业水平,如果回答者是信息部门主管、系统管理员或企业内部审计人员,则可以提问一些专业性的问题,提问时可以使用计算机方面的专业术语;如果回答者是信息系统的普通用户,则只能提问一些业务应用层面的问题,提问时如果使用专业术语,则需要对专业术语进行解释。

(2) 需要收集的信息内容及其属性。应设计一些事实性的问题,以便回答者能正确理解审计人员的目的所在。

(3) 问卷的管理方式。即问卷的发放方式、回收方式、汇总方式等。

调查问卷法的优点首先是调查结果容易量化,审计人员可以全面地了解被审计单位环境及其信息系统,相对于其他审计方法节省时间、经费和人力,易于实现。其次是可以针对性地了解审计人员关注的信息系统风险点,有利于后续审计工作的推进和深入。

问卷调查法的缺点是对于不同行业、不同规模和信息化水平不同的单位,标准问题的调查问卷会显得不太适用,对于每个被审计系统,审计人员必须有针对性地设计调查问卷,这将是一项繁重的任务。

3.1.3　检查法

检查法是指信息系统审计人员对组织内部或外部生成的记录和文件(包括但不限于纸质、电子或其他介质形式存在的资料)进行检查,或对资产进行实物检查。

查阅软件文档是了解被审计单位信息系统最重要的手段之一。软件文档是用来记录、描述、展示软件项目开发过程中一系列信息的处理过程,通过书面或图示的形式对软件项目整体活动过程或结果进行描述、定义、规定、报告及认证。信息系统审计人员审阅可行性研究报告、系统分析说明书、现状分析报告、输入输出和代码调查表等文档,检查上述文档以及相应的信息系统建设、应用、管理、运行是否符合国家法律法规、行业标准以及组织内部规章制度等。

根据查阅目的不同,查阅法又可以细分为审阅法、核对法、分析法和比较法等几种形式。审阅法是对被审计组织的信息系统的文档资料以及被审单位的会计资料和其他资料进行详细阅读和审查的一种审计方法。审阅法侧重于包括软件文档在内的书面资料的真实性、合法性。审阅法是最基本、最重要的方法。核对法是指核对被审计组织的信息系统处理流程与相关软件文档内容等的一致性、系统处理流程与业务处理流程的一致性、系统操作执行与内部控制规定的一致性等,以获取审计证据的方法。可以采用软件测试手段核对信息系统实际处理流程与技术文档之间的一致性。分析法是对被审计组织的信息系统流程的分析,目前业务流程的分析,采用数据流图、控制流程图等技术进行分析,通过分析了解被审单位的管理情况、内部控制情况、信息系统运行情况等。比较法通过信息系统输入与输出的比较、信息系统应用与实际结果的比较,以及与同行业其他企业信息系统投入与功能等方面的比较,以证实某个审计事项的真实性和可靠性,获得审计证据的一种方法。在实际工作中,应当灵活运用这些方法,才能收到比较好的效果。

在进行信息系统审计时,要根据审计的目标,查阅相关的文档。如果要对被审计单位的内部控制制度进行审计测试,则可以查阅以下信息系统内部控制和管理的文档。

(1) 被审计单位的职责说明书或程序手册。

(2) 被审计单位的组织结构图,特别是 IT 部门的组织结构及职责分工。

(3) 有关信息系统的管理决策与规划资料。

(4) 信息系统规划、开发、实施、应用与管理文件。

(5) 与信息系统有关的会议记录。

(6) 信息系统操作手册。

(7) 系统评审会记录与系统维护。

(8) 日志文件。

(9) 信息系统管理制度与灾难恢复计划。

(10) 前任审计的工作底稿。

通过内部控制文档资料层面的测试,可以形成控制测试表。以下以查阅公司的职责说明书和组织结构图初步形成组织管理的控制测试矩阵为例来说明(表 3-2)。

表 3-2　组织管理的控制测试矩阵

序号	控 制 措 施	控 制 目 标		备注
		职责分离	人员管理控制	
1	是否制定了职责分离的规章制度	√	√	
2	业务人员的工作职责明确清晰	√	√	
3	信息技术部门只负责信息系统的开发和维护工作,日常的业务操作只能由相关业务部门的工作人员来进行	√		
4	信息技术人员未经批准不能接触备份的数据,不能在无监督的情况下进行数据备份和恢复的工作	√		
5	系统的输入人员与复核人员不能相互兼任	√		
6	操作人员不能保管除操作手册以外的系统技术文档	√		

续表

序号	控 制 措 施	控 制 目 标		备注
		职责分离	人员管理控制	
7	业务操作人员不能管理系统产生的重要的业务档案	√		
8	聘用人员与工作岗位是否相符		√	
9	对接触秘密数据的工作人员签订保密协议书		√	
10	对关键性业务配备了后备人员		√	
11	定期对工作人员的工作进行考核		√	
12	定期对信息系统人员进行培训		√	
13	关键技术有多人掌握		√	
14	人员离岗后,信息系统中的账号和口令及时删除		√	
15	人员离岗后,及时归还所有的报告、文档和书籍		√	

3.1.4　观察法

观察法是指审计人员到被审计单位的经营场所及其他有关场所进行实地察看,以证实审计事项的一种方法。审计人员运用观察法,观察被审计组织员工的职责履行情况以及业务操作程序等以识别员工的逻辑访问权限是否合规,软硬件物理控制是否有效,盘点信息资产是否安全。实地观察时要求尽可能接近事件发生地去研究真实系统,作为观察者要遵守一定的规则,在观察时尽可能多听,少说或不说,尤其是要注意那些一闪即逝的有用的信息。通过观察业务操作流程和岗位之间相互制约程度以及检查内部制度的执行情况等手段,发现线索并直接获取证据。

观察内容包括被审计单位的经营场所、被审计单位计算机环境下的业务活动和内部控制运行情况、信息系统的物理场所、计算机设施、计算机操作过程、数据备份与存储过程、网络环境下数据库管理的操作过程等。

实地观察法有利于审计人员掌握被审单位和系统的第一手资料,但这种方法也有它的局限。实地观察法的局限是:观察提供的审计证据仅限于观察发生的时间和地点,并且在相关人员已知被观察时,相关人员从事活动或执行程序可能与日常的做法不同,从而影响内部审计人员对真实情况的了解。

3.1.5　风险评估法

风险评估法是指审计人员通过找出被审计单位的信息系统面临的风险及其影响,以及目前安全水平与被审计单位安全需求之间的差距,进而评价被审计单位信息系统风险状况的审计方法。审计人员在实施信息系统审计时,必须评估存在的不同的审计风险,并且选择高风险的区域进行重点审计。在风险评估时可以选择多种风险分析技术,可采用计算机辅助分析,也可以采用人工分析。风险分析的标准可以是简单的定性分类,也可以通过复杂的科学计算进行定量计算。

风险评估常用方法有以下几种。①定性分级技术:根据审计对象的技术复杂性、现有控制程序的水平、可能造成的财务损失等各种因素的风险值累计为总风险值,根据分值大小进行排列分为高、中、低级风险。②经验判断法:审计人员根据专业经验、业务知识、管理层的指导、业务目标、环境因素等进行判断，以决定风险大小。

按照固有风险、控制风险和检查风险的审计风险理论，对信息系统的设计与建设、运行与维护、检查与监督等各环节的风险进行评估，对各部门的责任进行界定。

根据审计风险理论，任何风险都是多因素集合作用的结果，审计风险也不例外，审计风险由固有风险、控制风险和检查风险三个要素构成。固有风险是指在没有任何相关的内部控制的情况下，某一账户或交易类别单独或连同其他账户、交易类别产生重大错报、漏报的可能性。控制风险是指被审计单位的信息系统内部控制结构政策或程序未能及时防止或觉察重大错误的可能性。检查风险是指内部控制未能察觉并纠正财务报表中的重大错误，运用审计程序也未能发现这些错误的可能性。

3.2　计算机辅助审计技术

在高度计算机化的信息系统中，只采用常规审计方法显然是不够的，无论是审计证据的收集、评价，还是实现审计工作的自动化，都需要借助计算机这个现代化工具才能更高效率地完成。

早在 20 世纪 80 年代，国际会计师联合会在其发布的《国际审计准则 16——计算机辅助审计技术》（1984 年）中就指出："审计程序的运用，可能要求审计人员考虑利用计算机技术作为一项审计的工具。计算机在这方面的各种使用称为计算机辅助审计技术。"

计算机辅助审计技术（Computer Assisted Audit Techniques，CAATs）由于通常使用众多的计算机工具，故通常也被称为计算机辅助审计工具与技术（Computer Assisted Audit Tool and Techniques，CAATTs）。通常情况下，无论信息系统是大型还是小型，是联网还是未联网，审计人员都可以采用计算机辅助审计技术。

计算机辅助审计技术的特点如下。

（1）在系统中嵌入特殊的审计模块，收集、处理和打印审计证据。

（2）利用测试数据对信息系统进行评价。

（3）选择若干事务输入到信息系统中进行处理。

（4）对运行中的信息系统的变化状态进行跟踪和映像。

（5）某些情况下，用审计记录保存审计证据，以便今后实施审计。这些记录可以存放在应用系统文件或某个独立的审计文件中。

经过多年的信息系统审计实践，国内外出现了许多计算辅助审计技术。在众多的计算机辅助审计技术中，应用最广泛的是数据测试分析方法，按照是否处理实际业务数据来分，可以分为处理虚拟数据的程序测试方法和处理实际业务数据的程序测试方法两类。

处理虚拟数据的程序测试方法，特点是通过处理事先设计的测试数据来确定应用程序的可靠性。通过设计少量测试数据，对局部或大部分应用程序进行测试，也可根据需要对某特定控制措施进行测试。测试过程：①设计测试数据；②手工处理设计好的数据；③用被测试程序处理已设计好的数据；④比较上述两种方式处理的结果，并推断应用控制的可靠性。具体方法包括检测数据法与整体检测法。

处理实际数据的程序测试方法的特点是使用用户单位的计算机程序处理实际数据以确

定应用控制可靠性。审计人员可以利用已形成的实际数据,无须再设计测试数据,而且用程序处理的结果能表明程序控制的强弱。具体方法包括受控处理、受控再处理法、平行模拟法、嵌入审计程序法、程序追踪法(标记追踪法)。

3.2.1 检测数据法

检测数据法,是指审计人员把一批预先设计好的检测数据,利用被审程序加以处理,并把处理的结果与预期的结果做比较,以确定被审程序的控制与处理功能是否恰当、有效的一种方法。这种方法的工作原理见图 3-1。

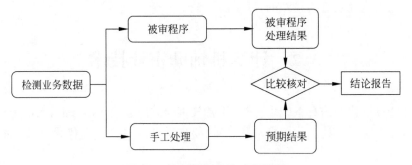

图 3-1　检测数据法的工作原理

检测数据法可用来审查信息系统的全部程序,也可用来审查个别程序,还可以用来审查某个程序中的某个或某几个控制措施,以确定这些控制是否能发挥有效功能。检测数据法一般适用于下列三种情况。

(1) 被审信息系统的关键控制建立在计算机程序中。

(2) 被审信息系统的可见审计线索有缺陷,难以由输入直接跟踪到输出。

(3) 被审单位信息系统程序较多,用检测数据法比直接用手工方法进行审查更经济,效率更高。

1. 检测数据的来源

应用检测数据法对被审程序的处理和控制功能进行审查,选择或设计合适的检测数据是个关键问题,检测数据按其来源可分为以下几种。

(1) 被审单位以往设计的检测数据。任何新的信息系统在正式投入使用之前必须对程序进行测试,这是系统开发过程中的必经步骤之一。因此,在信息系统开发时,被审单位通常会投入大量的时间,设计检测数据,以便发现新编写的程序内隐含的各种错弊。若此类检测数据仍然存在,则审计人员也可加以利用,作为检测数据的一部分。另外,被审单位在修改程序后调试检测经修改的程序所用的模拟检测数据,也可作为审计人员的检测数据。

(2) 由审计人员自行设计的检测数据。一般来说,审计人员通常可采用下列几种方式,自行设计检测数据。

① 由审计人员根据被审程序控制及处理功能和主文件,设计若干虚拟的业务,并逐笔制作成模拟检测数据。

② 根据被审计单位以前月份或年度的输入数据,稍加修改后利用。

③ 运用审计软件产生检测数据。审计人员可利用检测数据生成软件获得模拟检测数

据。使用软件产生检测数据,可避免检测数据法的许多缺点。例如,人工设计检测数据费时费力,考虑到所有例外情况也困难。但使用软件产生检测数据,其数量可能相当大。因此,以手工计算预期的结果可能要花费较高的成本。此外,检测数据软件的取得及使用成本可能也较高。

2. 检测数据的业务分类

不管检测数据的来源如何,检测数据中应包括下列两类业务。

(1) 正常的、有效的业务,以确定被审程序对有效数据的处理是否正确。这类检测数据可以是被审单位正在准备处理的数据或过去已处理过的历史数据,也可以是审计人员按要求设计出的正常检测数据。

(2) 不正常的、无效的业务,以确定被审程序能否将这些业务检测出来,拒绝接受,并给出错误信息,以便修改。例如:

① 不合理的业务:业务的有关数值超出了其极限值。

② 无效的业务:科目代码或单位代码等为无效代码的业务。

③ 不完整的业务:空的业务。

④ 顺序错误的业务:要求顺序编号的字段如记账凭证编号等出现缺漏或重复。

⑤ 溢出业务:输入的数据超出该字段预定的宽度等。

对于不正常的、无效的业务,在实际应用时,要根据被审程序的控制功能及具体的审计目的,确定检测数据中不正常业务的类型。对于正常的、有效的业务,审计人员要注意被审程序的功能覆盖问题,即选择的检测数据要能检查到被审程序的所有处理和控制功能。对此,可采用决策表的方法来选择和设计检测数据。

3. 检测数据法的优点

(1) 对审计人员的计算机知识和技能的要求不太高。

(2) 适用范围较广。

(3) 在审计线索间断或不完整的情况下,使用这种方法也能对程序的功能做出评价。

(4) 由于这是一种抽样审计方法,因此,用于测试比较复杂的被审程序是比较经济的。

4. 检测数据法的缺点

(1) 在全面测试被审系统的所有程序或程序中所有控制及处理功能时,难以保证测试数据的全面性,因而难以对被审程序做出全面的评价。

(2) 如果利用被审单位实际运行的程序和文件处理模拟检测数据,还可能破坏被审单位的主文件。

(3) 难以保证被审的程序就是被审单位在整个被审期间实际使用的程序。由于检测数据法只能证明在处理检测数据时被审程序的处理和控制功能是否正常,因此,审计人员所抽查的应用程序,很可能并非被审期间实际应用程序,特别是当被审程序有不同版本时,此种情况很可能发生。因此,使用检测数据法,审计人员必须首先确定被审的程序确为被审期间实际运行的程序。对此,可采取突击审计的方式,在审计人员的监督下,要求被审计单位数据处理部门的人员将机内正在运行的程序复制一份,审计人员用此复制的程序采用检测数据法进行审查。另外,审计人员还应检查系统的一般控制是否健全、有效。例如,被审程序的维护控制以及被审程序的接触控制等是否有效。只有相应的一般控制是健全有效的,审计人员才能依靠检测数据法的审查结果。

3.2.2　整体检测法

　　整体检测法,是指审计人员在被审的信息系统中建立一个虚拟的实体(如虚拟的部门、车间、经销商、顾客、职员、账户或其他任何会计信息的累计单位),然后利用被审程序,在正常的业务处理时间里,与真实业务一起,对此虚拟实体建立的有关检测业务由同一被审程序进行处理,并把被审程序对这些检测业务处理的结果与预期的结果进行比较,以确定被审程序的处理和控制功能是否恰当、可靠的方法。

　　整体检测法的工作原理见图 3-2。

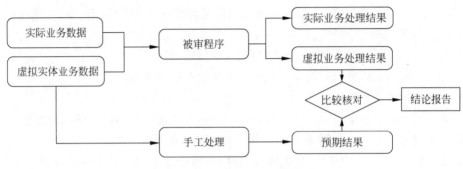

图 3-2　整体检测法的工作原理

　　采用整体检测法的审计步骤如下。

　　(1)确定需要审查的程序以及需要审查的处理及控制功能。

　　(2)虚拟一个实体。

　　(3)设计与虚拟实体有关的业务,并用手工计算出预期的结果。

　　(4)将虚拟实体的业务数据与被审计单位的实际业务数据一并输入被审系统,由被审程序进行处理。

　　(5)将被审程序的处理结果与手工计算的预期结果进行比较,做出评价。

　　(6)消除虚拟实体的业务数据,以免影响真实数据处理结果的正确性。

　　例如,现要审查被审计单位的工资处理程序,该程序有这样一个控制措施:若某职工的工资经过处理后,其实发工资额超出 1500 元,则被审程序将该职工工资数据记入到异常数据文件中并打印输出,供会计主管审核。若用整体检测法来测试该程序中的这项控制措施,可以设计一个职工,该职工的职工号码不同于任何一个实际的职工号码,设计一组有关该职工的基本工资、扣款、补贴等数据。假如通过手工计算该职工的实发工资数额为 1650 元,将这组数据输入计算机处理后,若有关数据没有记入到异常数据文件中,也没有打印输出,则说明该程序没有实发工资的合理性检验措施,或者这种控制措施已不起作用。

　　采用整体检测法,有下列两种常见的使用方式。

　　(1)让检测业务如真实业务一样从头到尾通过整个系统得到最终的输出。这时,审计人员要在处理至某一阶段或结束以后,准备一些会计分录冲销检测业务,以防影响被审计单位数据文件的正确性。

　　(2)对被审信息系统的被审程序做适当的修改,以便检测业务在进入总分类账或重要的输出之前被删除,不致影响被审计单位的正常业务和财务报表。但是,在系统运行以后,修改系统的应用程序成本较高,也很困难。因此,除非在信息系统的开发阶段,审计人员已考虑到要用整体检测法进行审计,而嵌入删除检测业务的审计程序段,否则,这种方式较少采用。

例如,在上述例子中,假设该职工为生产工人,若采用第一种检测方式,则为了消除该虚拟职工对工资分配和总分类账的影响。应准备会计分录:

借:应付工资

贷:生产成本

输入系统进行冲销。若采用第二种检测方式,则可修改工资结算汇总程序和工资分配汇总程序,令其在汇总时对职工号码超过实际职工号码范围的职工单独进行汇总,并单独打印输出,不汇总入实际职工工资数额中。检测完毕后,可令程序从职工工资文件中删除这些业务。

1. 整体检测法的优点

(1)检测数据可与被审计单位日常处理的真实业务一起输入,并进行处理。因此,可能较其他审计方法更为经济有效。

(2)审计人员可根据需要随时输入检测数据,从而能够对被审程序进行经常性的直接测试,保证被审程序就是被审计单位实际运行的程序,保证审计结果的可靠性。

(3)应用范围广泛。它既适用于在线实时系统,也适用于批处理系统。随着在线实时系统的逐渐普及,未来整体检测法的应用必然会比检测数据法更为广泛。

2. 整体检测法的缺点

(1)如果没有及时或完全消除检测数据,可能会影响被审计单位数据文件和财务报表的正确性。因此,审计人员应详细考虑检测数据对系统各种数据文件的影响,冲销业务能否全部冲销这些影响。

(2)由于整体检测法是根据被审程序对检测数据的处理结果来推断程序的处理和控制功能的正确性,因此,它与检测数据法一样,如果检测数据选择不全面,则不能审查出被审程序中的全部错弊。另外,如果被审计单位的数据处理人员知道检测业务,也可能会加以干预,从而影响审计结果。因此,进行整体检测,当检测数据输入计算机时,审计人员应对系统的操作进行适当的监督。

3.2.3　受控处理法

受控处理法,是指审计人员通过被审程序对实际会计业务的处理进行监控,查明被审程序的处理和控制功能是否恰当、有效的方法。采用这种方法,审计人员首先对输入的数据进行查验,并建立审计控制,然后亲自处理或监督处理这些数据,最后将处理的结果与预期结果加以比较分析,判断被审程序的处理与控制功能能否按设计要求起作用。例如,审计人员可通过检查输入错误的更正与重新提交的过程,判断被审程序输入控制的有效性,通过检查错误清单和处理打印结果来判断被审程序处理控制和功能的可靠性,通过核对输出与输入来判断输出控制的可靠性。

下面以审查存货核算程序为例来说明受控处理法的原理。存货业务有两方面,一是存货入库引起存货数量和金额的增加,二是存货发出引起存货数量和金额的减少。在输入这两方面的数据前,审计人员将它们的总数量、总金额和业务笔数分别予以统计,然后用被审程序输入和处理这些数据,处理完后,将打印的结果与事先算得的存货增加和减少的数量、金额以及业务笔数加以核对,就可以判断被审程序的处理与控制功能的可靠性;如果该系统中事先存放单位所有存货的编码,若输入的存货编码在系统中不存在,则该程序应拒绝输入和处理,若被审程序没有拒绝,照常处理,则说明被审程序对存货编码检验措施不存在或已不起作用,这时审计人员可采用其他的审计方法对被审程序进一步进行审查。

1. 受控处理法的主要优点

受控处理法的主要优点是,审计技术简单,省时省力,不需要审计人员具有较多的计算机知识,只要采取突击审计的方式,就可以保证被审程序与实际使用程序的一致性,从而保证审计结论的可靠性。

2. 受控处理法的主要缺点

(1)选择的实际业务数据可能不足以评价各种处理和控制功能。实际业务数据多为正确数据,要想找到足够的业务数据对被审程序的各种处理和控制功能进行评价往往是不可能的。

(2)要求审计人员具有相当的操作知识与技能,以便对被审程序运行过程进行有效的控制与监督,防止被审计单位操作人员篡改程序或数据。

(3)审计人员对实际业务数据的监督、控制及比较分析,可能会影响被审计单位的正常数据处理及工作效率。

3.2.4　受控再处理法

受控再处理法,是指在被审计单位正常业务处理以外的时间里,由审计人员亲自进行或在审计人员的监督下,把某一批处理过的业务进行再处理,比较两次处理的结果,以确定被审程序有无被非法篡改,被审程序的处理和控制功能是否恰当、有效。运用这种方法的前提是以前对此程序进行过审查,并证实它原来的处理和控制功能是恰当、有效的。因此,这种方法不能用于对被审程序的初次审计。

鉴于受控再处理法的含义,在实际审计工作中,根据情况,可采用下列两种不同方法。

(1)审计人员保存一批在以前审计时已由当时经审查证实处理和控制功能恰当、有效的被审程序处理过的业务及当时处理的结果。审计人员可把这批业务输入被审系统由当前实际运行的被审程序进行处理,得出当前的处理结果,比较两次处理结果,从而确定当前实际运行的被审程序有无改动,处理和控制功能是否可靠。其工作原理见图3-3。

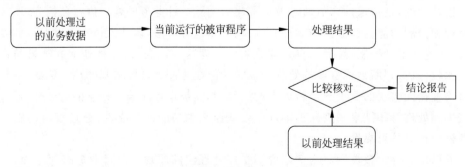

图 3-3　受控再处理法的工作原理(1)

（2）审计人员保存有以前审计时已经审查证实其处理和控制功能恰当、有效的被审程序副本，审计人员可把当前被审程序处理过的业务输入系统由审计人员保存的被审程序副本进行处理，得出处理结果，比较两次处理结果，从而确定当前实际运行的被审程序有无非法改动。其工作原理见图 3-4。

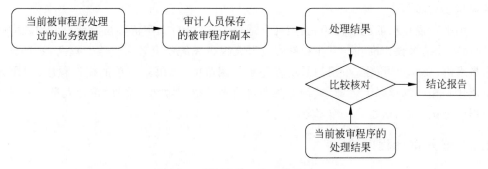

图 3-4　受控再处理法工作原理（2）

受控再处理法的优点是测试数据是现成的，而且可在审计人员和被审单位都感到方便时进行测试。因此并不干扰被审单位的正常业务。其缺点是，有些单位已经处理过的业务文件可能只保留很短的时间，而主文件可能经过了多次更新。因此难以获得重新处理所需的文件。

3.2.5　平行模拟法

平行模拟法，是指审计人员自己或请计算机专业人员编写的具有和被审程序相同处理和控制功能的模拟程序，用这种程序处理当期的实际数据，并以处理的结果与被审程序的处理结果进行比较，以评价被审程序的处理和控制功能是否可靠的一种方法。这种方法的原理可用图 3-5 表示。

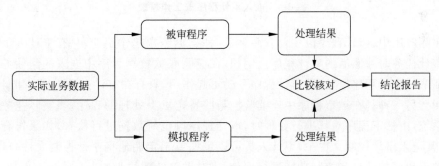

图 3-5　平行模拟法的工作原理

使用这种方法的一般步骤如下。

（1）根据审计的目的和要求，确定被审程序。

（2）了解该程序所涉及文件的记录格式、文件类型、数据处理步骤和计算规则，输入输出的格式和内容，输入、处理、输出控制措施等。

（3）编制审计模拟程序。

（4）分别用被审程序和模拟程序处理实际业务数据。

(5) 对处理结果进行比较分析,并对被审程序的处理和控制功能做出评价。

运用这种方法,审计人员不一定要模拟被审程序的全部功能,可以只模拟被审程序的某一处理功能或控制功能。这种方法一般可用于工资计算、材料成本差异的计算、产品销售成本的计算以及利润和税金的计算等方面,这些方面计算量大,但有一定的数学模型,因此程序的模拟较为简单。

采用平行模拟法的优点在于,它能独立地处理实际数据,不依赖被审计单位的人力和设备,因而审计结果较为准确。其主要缺点是开发模拟系统难度较大且成本较高,而且对于审计人员来讲,要自己开发一个模拟系统程序是很困难的,如果是简单的模拟程序,则用计算器也能达到相同的效果。因此,这种方法在目前来讲很难做到。另外,审计人员首先要证明模拟程序是正确的,这也是一个额外的困难。

3.2.6 嵌入审计程序法

嵌入审计程序法,是指在被审信息系统的设计和开发阶段,在被审的应用程序中嵌入为执行特定的审计功能而设计的程序段,这些程序段可以用来收集审计人员感兴趣的资料,并且建立一个审计控制文件,用来存储这些资料,审计人员通过这些资料的审核来确定被审程序的处理和控制功能的可靠性。这种方法的原理见图 3-6。

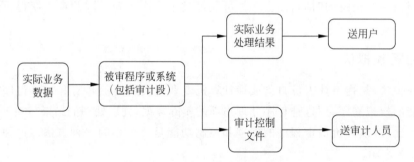

图 3-6 嵌入审计程序法工作原理

在实际应用中,审计程序段主要有两种,一种是不经常起作用的,只有审计人员在执行特定的审计任务时才激活的审计程序。例如,在应收账款核算程序中嵌入的给债务人打印审计函证书的审计程序段,这种审计程序平时不起作用,只有在审计人员要打印审计函证书时才使用。另一种是在被审程序中连续监控某些特定点上处理的程序,当实际业务数据输入被审系统,由被审程序对其进行处理时,审计程序段也对数据进行检查,如果符合某些条件,则将其记入审计控制文件中,审计人员可以定期或不定期地将审计控制文件打印输出,以便对被审程序的处理和控制功能进行评价,或对系统处理的业务进行监控。例如,在现金核算过程中,审计人员要检查被审计单位有无违反现金管理制度,可嵌入审计程序段,该程序段检查每笔现金收付业务是否超出范围和限额,若超出,则把这笔业务记入审计控制文件中。通过检查审计控制文件,可发现被审计单位有无违反现金管理制度的情况。又如,在某单位的工资核算程序中,程序计算出每一个职工的实发工资额后检查该职工的工资额有无超出规定的限额,若超出,将其打印输出,供会计主管审核。审计人员现要审核该工资核算程序对实发工资限额检查是否有效,可在被审程序中插入一段程序,对超出限额的实发工资写入审计控制文件中,定期将审计控制文件打印输出,与被审程序的打印输出结果进行核对,以查明被审程序该项控制的有效性。

1. 嵌入式审计的优点

(1) 审计证据的客观性。由于嵌入的审计模块本身具有隐蔽性,非审计人员难以干涉和更改自动形成的审计数据。所以,审计人员能够通过这些审计模块客观地取得对被审系统测试的结果,形成审计证据。

(2) 在被审单位处理业务数据的同时获取审计证据,可保证审计数据真实来自被审单位实际应用系统,可以弥补数据处理后进行的审计测试中难以确信被审程序是否就是被审单位实际应用系统的缺陷。

(3) 可以获得实时的审计数据。只要被审程序开始运行,审计程序模块就处于监控状态,可以实现连续搜集充足的审计线索。

2. 嵌入式审计的缺点

(1) 会降低信息系统的性能。审计模块与被审程序并行运行,会增加系统的内存占用与开销。

(2) 嵌入的审计模块本身可能会存在安全性、完整性问题,会影响被审计系统的正常运行。

(3) 要取得被审单位的积极配合存在一定难度。这种方法要求审计人员在系统开发之初就参与系统的分析与设计,完成审计模块的嵌入,然而被审计单位出于隐私保护以及系统安全性的考虑,一般不愿意让审计人员在其应用系统中嵌入审计模块。这种方法更适用于内部审计机构,当使用这种方法时,审计人员还要特别注意被审系统的一般控制是否健全有效,以防审计程序段被有关人员移走或被篡改。

3.2.7　程序追踪法

程序追踪法是一种对给定的业务,跟踪被审程序处理步骤的审查技术。一般可由追踪软件来完成,也可利用某些高级语言或数据库管理系统中的跟踪指令跟踪被审程序的处理。

在手工会计系统中,对于一笔业务,可以从原始凭证跟踪审查到记账凭证、账簿和报表。在信息系统中,这些原来由人工来完成的追踪工作可以由计算机进行。

采用这种方法的优点是,可列示被审程序中什么指令已执行以及按何种顺序执行。因此,追踪法可查出在被审程序中的非法指令。它的缺点是,要求审计人员具有编写应用程序所用的计算机语言的充分知识,实行跟踪并分析结果可能费时费力。因此,这种方法在实际审计工作中应用并不广泛。

本节论述了计算机辅助信息系统应用程序审计的方法,这些方法并不是孤立的,而是相互联系的。在实际审计工作中,审计人员应根据被审计信息系统应用程序的具体情况和自己的计算机知识水平,具体的审计目的、审计时间和经费条件等,合理地选择其中一种或几种审计方法。

3.3　数据库查询工具

结构化查询语言(Structured Query Language,SQL),是一种特殊目的的编程语言,是一种数据库查询和程序设计语言,用于存取数据以及查询、更新和管理关系数据库系统。

SQL 于 1974 年由 Boyce 和 Chamberlin 提出,并首先在 IBM 公司研制的关系数据库系统 System R 上实现。由于它具有功能丰富、使用方便灵活、语言简洁易学等突出的优点,深受计算机工业界和计算机用户的欢迎。目前,绝大多数流行的关系型数据库管理系统,如 Oracle、Sybase、Microsoft SQL Server、Microsoft Access 都支持 SQL 作为查询语言。

　　SQL 具有数据定义、数据操纵和数据查询的功能。

3.3.1　数据定义

　　(1) 定义基本表。采用 SQL 定义基本表的语法如下:

```
CREATE TABLE 表名[表约束]
列名 1 数据类型[默认值 1,列约束 1]
列名 2 数据类型[默认值 2,列约束 2]
…
列名 n 数据类型[默认值 n,列约束 n];
```

　　(2) 删除基本表。采用 SQL 删除基本表的语法如下:

```
DROP TABLE 表名;
```

　　(3) 修改表。采用 SQL 修改表的语法如下:

```
ALTER TABLE 表名
[ADD <新列名><数据类型>[列级完整性约束条件]]
[DROP <完整性约束条件>]
[ALTER COLUMN <列名><数据类型>];
```

　　其中,"表名"是要修改的基本表,ADD 子句用于增加新列和新的完整性约束条件,DROP 子句用于删除指定的完整性约束条件,ALTER COLUMN 子句用于修改原有的列定义,包括修改列名和数据类型。

3.3.2　数据操纵

　　(1) 插入数据。插入数据语句语法如下:

```
INSERT INTO 表名[(列名 1,列名 2,…,列名 n)]
VALUES(值 1,值 2,…,值 n);
```

　　(2) 修改数据。对表中已有数据进行修改,语句语法如下:

```
UPDATE 表名
SET 列名 1 = 表达式 1,列名 2 = 表达式 2,…
WHERE 条件;
```

　　(3) 删除数据。删除数据的语句语法如下:

```
DELETE FROM 表名
WHERE 条件;
```

　　(4) 增加列。在已存在的表中增加新列,语句语法如下:

```
ALTER TABLE 表名
```

ADD[新列名 数据类型(长度)];

（5）删除表。将已经存在的表删除，语句语法如下：

DROP TABLE 表名；

3.3.3　数据查询

SQL 提供了 SELECT 语句进行数据库查询，SELECT 语句在审计中应用较为广泛，本节介绍其基本语法及使用。

1. SELECT 语句的基本语法

SELECT [ALL |DISTINCT]<目标列表达式>[,<目标列表达式>]…
FROM <表名或视图名>[,<表名或视图名>]…
[WHERE <条件表达式>]
[GROUP BY <列名 1>[HAVING <条件表达式>]]
[ORDER BY <列名 2>[ASC |DESC]];

下面以某市"出租车补贴数据"为例，来介绍 SQL 语句的使用，"出租车补贴数据"表结构（部分字段）如图 3-7 所示。

单位名称	车牌号码	车牌颜色	营运证号	实际运营天数	日均载客次数	日均载客里程	日均运营里程	年初千米数	年末千米数	全年行驶里程	全年汽油消耗总量	百千米平均单耗汽油	补贴标准	补贴金额
出租车个体	江K62711	蓝色	331515300044	212	32	185	222.22	0	47111	47111	3770	8	1.1915	4491.955
出租车个体	江K77303	蓝色	331515301013	204	32	185	222.22	0	45333	45333	3626	8	1.1915	4320.379
出租车个体	江K6T418	蓝色	88551963	204	32	185	222.22	0	45333	45333	3626	8	1.1915	4320.379
A公司	江K6T442	黄色	331515300933	204	32	185	222.22	0	45333	45333	3626	8	1.1915	4320.379
A公司	江K6B475	黄色	331515301464	204	32	185	222.22	0	45333	45333	3626	8	1.1915	4320.379
A公司	江K6T293	黄色	331515300408	158	32	185	222.22	0	35110	35110	2810	8	1.1915	3348.115
A公司	江K6B050	黄色	331515301516	202	32	185	240	0	48480	48480	3877	8	1.1915	4619.4455
A公司	江K6T448	黄色	88552034	202	32	185	240	0	48480	48480	3877	8	1.1915	4619.4455
B公司	江K6T460	红色	331515300551	202	32	185	240	0	48480	48480	3877	8	1.1915	4619.4455
B公司	江K6T402	红色	331515300901	202	32	185	240	0	48480	48480	3877	8	1.1915	4619.4455
B公司	江K6T537	红色	331515300185	103	32	185	222.22	0	22889	22889	1830	8	1.1915	2180.445
B公司	江K6T168	红色	331515300187	103	32	185	222.22	0	22889	22889	1830	8	1.1915	2180.445
B公司	江K6T149	红色	331515300187	103	32	185	222.22	0	22889	22889	1830	8	1.1915	2180.445
B公司	江K6T527	红色	331515300192	103	32	185	222.22	0	22889	22889	1830	8	1.1915	2180.445
B公司	江K6T443	红色	331515300953	203	32	185	222.22	0	45110	45110	3610	8	1.1915	4301.315
C公司	江K6T598	蓝色	331515300151	104	32	185	240	0	24960	24960	1996	8	1.1915	2378.234
C公司	江K6B935	蓝色	331515301351	203	32	185	222.22	0	45110	45110	3610	8	1.1915	4301.315
C公司	江K62053	蓝色	331515301487	202	32	185	240	0	48480	48480	3877	8	1.1915	4619.4455
C公司	江K6B357	蓝色	331515300958	239	32	185	222.22	0	53110	53110	4250	8	1.1915	5063.875
C公司	江K6T318	蓝色	331515300960	239	32	185	222.22	0	53110	53110	4250	8	1.1915	5063.875
C公司	江K6B086	蓝色	331515301441	239	32	185	222.22	0	53110	53110	4250	8	1.1915	5063.875
C公司	江K62710	蓝色	331515300661	239	32	185	222.22	0	53110	53110	4250	8	1.1915	5063.875
C公司	江K6T571	蓝色	331515300163	104	32	185	222.22	0	23111	23111	1850	8	1.1915	2204.275
C公司	江K6T572	蓝色	331515300164	104	32	185	222.22	0	23111	23111	1850	8	1.1915	2204.275
D公司	江K60179	蓝色	331515300166	104	32	185	240	0	24960	24960	1997	8	1.1915	2379.4255
D公司	江K6T240	蓝色	331515300462	239	32	185	222.22	0	53110	53110	4250	8	1.1915	5063.875
D公司	江K6T393	蓝色	331515300556	239	32	185	222.22	0	53110	53110	4250	8'	1.1915	5063.875
D公司	江K6T242	蓝色	331515300920	239	32	185	222.22	0	53110	53110	4250	8	1.1915	5063.875
D公司	江K6T257	蓝色	88551924	238	32	185	222.22	0	52888	52888	4233	8	1.1915	5043.6195
D公司	江K77366	蓝色	331515301196	235	32	185	222.22	0	52222	52222	4177	8	1.1915	4976.8955
D公司	江K6T841	蓝色	88551934	235	32	185	222.22	0	52222	52222	4177	8	1.1915	4976.8955

图 3-7　"出租车补贴数据"表结构（部分字段）

2. 单表查询

1）选择表中的若干列

（1）查询指定列。SQL 语句中要注意："，"""";"等符号必须要在英文状态下输入，否则不能正确执行。

① 查询"出租车补贴数据"中所有的车牌号码与营运证号。

SELECT 车牌号码,营运证号

FROM 出租车补贴数据;

② 查询"出租车补贴数据"中所有的车牌号码、营运证号、实际运营天数、全年行驶里程。

```
SELECT  车牌号码,营运证号,实际运营天数,全年行驶里程
FROM 出租车补贴数据;
```

（2）查询全部列。将表中的所有属性列都选出来，有两种方法：在 SELECT 关键字后面列出所有列名；如果列的显示顺序与其在被查询表中的顺序相同，可将<目标列表达式>指定为"＊"。

查询"出租车补贴数据"中所有的记录。

```
SELECT    ＊
FROM 出租车补贴数据;
```

（3）查询经过计算的值。

查询"出租车补贴数据"中车牌号码以及年末千米数与年初千米数的差额。

```
SELECT   车牌号码,年末千米数－年初千米数
FROM     出租车补贴数据;
```

（4）指定别名改变查询结果的列标题。

查询"出租车补贴数据"中车牌号码和全年行驶里程，并把车牌号码显示为"License Plate Number"。

```
SELECT   车牌号码 AS License Plate Number, 全年行驶里程
FROM     出租车补贴数据;
```

2）选择表中的若干元行

查询满足条件的元组：WHERE 子句。WHERE 子句的条件表达式中可使用的运算符有以下几种。

（1）算术比较运算符：

```
= 、>、<、>＝、<＝ 、<>、!>、!<
```

① 查询"出租车补贴数据"中"单位名称"为"A 公司"的"车牌号码"。

```
SELECT   车牌号码
FROM    出租车补贴数据
WHERE   单位名称＝"A 公司";
```

② 查询"出租车补贴数据"中"全年行驶里程"在 3000 以下的"车牌号码"及"营运证号"。

```
SELECT 车牌号码,营运证号
FROM    出租车补贴数据
WHERE   全年行驶里程<3000;
```

（2）确定范围：

```
BETWEEN … AND … 和 NOT        BETWEEN … AND …
```

查询"出租车补贴数据"中"全年行驶里程"为 1000～3000（包括 1000 和 3000）的"车牌号码""营运证号"及"全年行驶里程"。

```
SELECT 车牌号码,营运证号,全年行驶里程
FROM   出租车补贴数据
WHERE 全年行驶里程 BETWEEN 1000 AND 3000;
```

查询"出租车补贴数据"中"全年行驶里程"不为 1000～3000（包括 1000 和 3000）的"车牌号码""营运证号""全年行驶里程"。

```
SELECT 车牌号码,营运证号,全年行驶里程
FROM 出租车补贴数据
WHERE 全年行驶里程 NOT BETWEEN 1000 AND 3000;
```

（3）确定集合（集合成员资格确认）运算符：

IN 和 NOT IN

① 查询"出租车补贴数据"中"单位名称"为"A 公司""B 公司""C 公司"的"车牌号码""营运证号""单位名称"。

```
SELECT 车牌号码,营运证号,单位名称
FROM 出租车补贴数据
WHERE 单位名称 IN("A 公司","B 公司","C 公司");
```

② 查询"出租车补贴数据"中"单位名称"不是"A 公司""B 公司""C 公司"的"车牌号码""营运证号""单位名称"。

```
SELECT 车牌号码,营运证号,单位名称
FROM 出租车补贴数据
WHERE 单位名称 NOT IN("A 公司","B 公司","C 公司");
```

（4）字符匹配：

LIKE 表示字符串的匹配,其一般语法格式如下：

[NOT]LIKE "<匹配串>"

其含义是查找指定的属性列值与<匹配串>相匹配的元组。<匹配串>可以是一个完整的字符串,也可以含有通配符％和?。

其中,％代表任意长度（长度可以为 0）的字符串,例如,a％b 表示以 a 开头,以 b 结尾的任意长度字符串,例如,acb、addgb、ab。

?代表任一单个字符,例如,a?b 表示以 a 开头,以 b 结尾,长度为 3 的任意字符串,如 acb、afb。

① 查询"出租车补贴数据"中"车牌号码"为"江 K5T88"的所有信息。

```
SELECT   *
FROM 出租车补贴数据
WHERE 车牌号码 LIKE"江 K5T88";
```

等价于：

```
SELECT    *
FROM 出租车补贴数据
WHERE 车牌号码 = "江 K5T88";
```

如果 LIKE 后面的匹配串中不含通配符，则可以用"＝"运算符取代 LIKE 谓词，用！＝或<>运算符取代 NOT LIKE 谓词。

② 查询"出租车补贴数据"中"单位名称"里含有"A"的"车牌号码"及"营运证号"。

```
SELECT 车牌号码,营运证号
FROM 出租车补贴数据
WHERE 单位名称 LIKE "A%";
```

③ 查询"出租车补贴数据"中"单位名称"里含有"B"且全名为三个字符的"车牌号码"及"单位名称"。

```
SELECT 车牌号码,单位名称
FROM 出租车补贴数据
WHERE 单位名称 LIKE "B??";
```

④ 查询"出租车补贴数据"中"单位名称"里不含有"B"的"车牌号码"及"单位名称"。

```
SELECT 车牌号码,单位名称
FROM 出租车补贴数据
WHERE 单位名称 NOT LIKE "B%";
```

（5）空值。

```
IS NULL
```

（6）多重条件（逻辑运算符）。

```
AND,OR,NOT(可与其他类别运算符联合使用)
```

查询"出租车补贴数据"中"单位名称"为"A 公司"，"全年行驶里程"在 45000 以下的"车牌号码"及"营运证号"。

```
SELECT 车牌号码,营运证号
FROM    出租车补贴数据
WHERE 单位名称 = "A 公司" and 全年行驶里程< 45000;
```

3）对查询结果排序

使用 ORDER BY 子句对查询结果按照一个或多个属性列的升序（ASC）或降序（DESC）排列，默认值为升序。

查询"出租车补贴数据"中"单位名称"为"A 公司"的"车牌号码""营运证号""全年行驶里程"，查询结果按"全年行驶里程"降序排列。

```
SELECT 车牌号码,营运证号,全年行驶里程
FROM 出租车补贴数据
WHERE 单位名称 = "A 公司"
ORDER BY 全年行驶里程   DESC;
```

4）对查询结果分组

GROUP BY 子句将查询结果表按某一列或多列值分组，值相等的为一组。

（1）查询"出租车补贴数据"中"车牌颜色"及相应的车辆数量。

```
SELECT 车牌颜色,COUNT(车牌颜色)
FROM 出租车补贴数据
GROUP BY 车牌颜色;
```

（2）查询"出租车补贴数据"中每种"车牌颜色"的"全年行驶里程"的总和。

```
SELECT 车牌颜色,SUM(全年行驶里程)
FROM 出租车补贴数据
Group BY 车牌颜色;
```

3.4　与信息系统审计相关的其他技术工具

1. 数据分析工具

数据分析是指用适当的统计分析方法对收集来的大量数据进行分析，将它们加以汇总和理解并消化，以求最大化地开发数据的功能，发挥数据的作用。数据分析是为了提取有用信息和形成结论而对数据加以详细研究和概括总结的过程。在审计工作中，除了 3.3 节介绍的 SQL 外，Excel、Python、R、Smartbi、Tableau、SPSS、SAS 等工具也被广泛使用。

2. 日志安全审计工具

日志安全审计目的是收集系统日志，通过从各种网络设备、服务器、用户计算机、数据库、应用系统和网络安全设备中收集日志，进行统一管理和分析。日志审计系统功能包括信息采集、信息分析、信息存储、信息展示等功能。当前信息安全形势日益严峻，信息安全防护工作面临前所未有的困难和挑战。日志审计能够帮助用户更好地监控和保障信息系统运行，及时识别针对信息系统的入侵攻击、内部违规等信息，同时日志审计能够为安全事件的事后分析、调查取证提供必要的信息。

目前，一些日志数据审计工具已经被开发出来，如 EventLog Analyzer。

3. 源代码安全审计工具

源代码安全审计是依据公共漏洞字典表、开放式 Web 应用程序安全项目以及设备、软件厂商公布的漏洞库，结合专业源代码扫描工具对各种程序语言编写的源代码进行安全审计。可提供包括安全编码规范咨询、源代码安全现状测评、定位源代码中存在的安全漏洞、分析漏洞风险、提出修改建议等一系列服务。

4. 网络安全审计工具

网络安全审计是指按照一定的安全策略，利用记录、系统活动和用户活动等信息，检查和检验操作事件的环境及活动，从而发现系统漏洞、入侵行为或改善系统性能的过程。也是检查评估系统安全风险并采取相应措施的一个过程。网络安全审计从审计级别上可分为三种类型：系统级审计、应用级审计和用户级审计。

小　结

（1）信息系统审计方法与工具是审计人员为了完成信息系统审计任务所采取的各种手段。在信息系统审计工作中，要完成每一项审计工作，都应选择合适的审计方法与工具。

（2）信息系统初步审查的方法主要包括访谈法、问卷调查法、检查法、观察法和风险评估法。通过这些方法的应用，信息系统审计人员应了解到被审信息系统的基本情况，明确审计重点和方向，为进一步实施审计打下基础。

（3）经过多年的信息系统审计实践，国内外出现了许多计算辅助审计技术。在众多的计算机辅助审计技术中，应用最广泛的是数据测试和分析方法，按照是否处理实际业务数据来分，可以分为处理虚拟数据的程序测试方法和处理实际业务数据的程序测试方法两类。

（4）处理虚拟数据的程序测试方法，特点是通过处理事先设计的测试数据来确定应用程序的可靠性。通过设计少量测试数据，对局部或大部分应用程序进行测试，也可根据需要对某特定控制措施进行测试。测试过程：①设计测试数据；②手工处理设计好的数据；③用被测试程序处理已设计好的数据；④比较上述两种方式处理的结果，并推断应用控制的可靠性。具体方法包括检测数据法与整体检测法。

（5）处理实际数据的程序测试方法，特点是使用用户单位的计算机程序处理实际数据以确定应用控制可靠性。审计人员可以利用已形成的实际数据，无须再设计测试数据，而且用程序处理的结果能表明程序控制的强弱。具体方法包括受控处理法，受控再处理法，平行模拟法，嵌入审计程序法，程序追踪法（标记追踪法）。

（6）SQL 是一种数据库查询和程序设计语言，用于存取数据以及查询、更新和管理关系数据库系统。目前，绝大多数流行的关系型数据库管理系统，如 Oracle、Sybase、Microsoft SQL Server、Microsoft Access 都支持 SQL 作为查询语言。在开展信息系统审计的过程中会用到 SQL。

（7）在信息系统审计工作中，除了 SQL 外，Excel、Python、R、Smartbi、Tableau、SPSS、SAS 等工具也被广泛使用。另外，本章最后还对一些与信息系统审计相关的其他特殊专业工具（日志安全审计工具、源代码安全审计工具、网络安全审计工具）等进行了介绍。

复习思考题

一、单选题

1. 对新的应收账模块实施实质性审计测试时，信息系统审计人员的日程安排非常紧，而且对计算机技术知之不多。那么，下面哪一项审计技术是最佳选择？（　　）

　　A. 测试数据　　　　　　　　　　B. 平行模拟（parallel simulation）

　　C. 整体测试法（ITF）　　　　　　D. 嵌入式审计模块（EAM）

2. 下列哪一项是执行平行测试的最重要目的？（　　）

　　A. 决定系统是否有成本效益　　　　B. 使全面的单元和系统测试成为可能

　　C. 突出文件程序接口的错误　　　　　D. 确保新系统满足客户需求

　　3. 一个程序员恶意地修改了生产程序代码以改变数据,随后又恢复了源代码。下列哪一项是发现这个恶意行为的最有效的方法?(　　　)

　　　A. 比较源代码　　　　　　　　　　　B. 检查系统日志文件

　　　C. 比较目标代码　　　　　　　　　　D. 比较可执行代码和源代码的完整性

　　4. 在审查客户主文件的时候,信息系统审计人员发现很多客户的名字相同,为了进一步确定重复程度,IS 设计师应该(　　　)。

　　　A. 测试数据以确认输入数据

　　　B. 测试数据以确定系统排序能力

　　　C. 用通用审计软件确定地址字段的重复情况

　　　D. 用通用审计软件确定账户字段的重复情况

　　5. 检查 IT 战略规划过程时,信息系统审计人员应该确保这个规划(　　　)。

　　　A. 符合技术水平现状　　　　　　　　B. 匹配所需的操作控制

　　　C. 明晰 IT 的任务与远景目标　　　　D. 详细说明项目管理实务

　　6. 下面哪一项用于描述 ITF(整体测试法)最合适?(　　　)

　　　A. 这种方法使信息系统审计人员能够测试计算机应用程序以核实正确处理

　　　B. 利用硬件或软件测试和审查计算机系统的功能

　　　C. 这种方法能够使用特殊的程序选项打印出通过计算机系统执行的特定交易的流程

　　　D. IS 系统审计人员用于测试的一种程序,可以用于处理标签和扩展交易和主文件记录。

　　7. 信息系统审计人员要判断是否严格控制被授权者对于程序文档的访问,最有可能的做法是(　　　)。

　　　A. 评估在存储场所的文件保存计划

　　　B. 就当前正在进行的流程采访程序员

　　　C. 对比实际使用的记录和操作表

　　　D. 审查数据文件访问记录测试管理库的功能

　　8. 证明税收计算系统精确性的最好的方法是(　　　)。

　　　A. 对于计算程序源代码详细目测审核和分析

　　　B. 使用通用审计软件对每个月计算的总数进行重复的逻辑计算

　　　C. 为处理流程准备模拟交易,并和预先确定的结果进行比较

　　　D. 自动分析流程图和计算程序的源代码

　　9. 以下哪一个是使用测试数据的最大挑战?(　　　)

　　　A. 确定测试的程序的版本和产品程序的版本一致

　　　B. 制造测试数据包括所有可能的有效和无效的条件

　　　C. 对于测试的应用系统,尽量减少附加交易的影响

　　　D. 在审计人员监督下处理测试数据

　　10. 以下哪一个是使用 ITF 综合测试法的优势?(　　　)

　　　A. 使用真实的或虚拟的主文件,信息系统审计人员不需要审查交易的来源

B. 定期检验过程并不需要单独分离测试过程

C. 证实应用程序并可测试正在进行的操作

D. 它无须准备测试数据

二、填空题

1. 审计访谈按照访谈过程的控制程度划分为_____和_____。

2. 在风险评估时可以选择多种风险分析技术,可采用_____,也可以采用_____。风险分析的标准可以是简单的定性分类,也可以通过复杂的科学计算进行定量计算。

3. 根据审计风险理论,任何风险都是多因素集合作用的结果,审计风险也不例外,审计风险由_____、_____和_____三个要素构成。

4. 在众多的计算机辅助审计技术中,应用最广泛的是数据测试分析方法,按照是否处理实际业务数据来分,可以分为_____的程序测试方法和_____的程序测试方法两类。

5. _____是指审计人员通过被审程序对实际会计业务的处理进行监控,查明被审程序的处理和控制功能是否恰当、有效的方法。

三、简答题

1. 信息系统初步审查的方法有哪些?简述每种方法的内容及其优缺点。

2. 简述信息系统审计风险评估的操作步骤。

3. 简述计算机辅助审计技术的概念与特点。

4. 简述检测数据法的原理。

5. 整体检测法有哪些优点与缺点?

6. 简述平行模拟法的概念和优缺点。

7. 开展信息系统审计为什么需要了解 SQL 的基本知识?

第 4 章　IT 治理审计

　　IT 治理是公司治理的一部分,是公司治理在信息时代的重要发展。IT 治理应当确保信息系统战略与组织战略的一致性、信息系统目标与业务目标一致、信息系统资源的统一管理和优化、风险的有效控制、信息技术业务活动符合法律法规规定和行业规范要求,以促进组织价值最大化。IT 治理审计是指对信息系统治理中的体系、制度、方案、评估、指导与监督等过程进行审查和评价。本章首先对 IT 治理的概念、IT 治理的目标与范围、IT 治理的机制和 IT 治理的标准等方面进行介绍;然后针对 IT 战略规划审计、IT 组织与制度审计、IT 风险管理审计 3 个重要内容进行阐述,分别介绍各自的基本知识、审计目标和内容、审计程序和方法。

4.1　IT 治理概述

4.1.1　IT 治理提出的背景

　　正如公司需要治理一样,IT 也需要进行治理,就是要从制度、标准和规范的角度来重新认识 IT 问题并完善 IT 治理机制。随着 IT 在社会各个领域的应用不断深化,IT 日益深刻影响着人类生活方式和社会经济发展。对现代企业而言,IT 的发展意味着企业在战略思想、管理理念、运行方式、组织结构等各个方面的变革,这种变革已使 IT 成为企业完成业务与积累财富的主要驱动力,成为企业获得成功的关键因素,它向企业提供了获得竞争优势的机会和提高生产率的方法,将来,IT 还会发挥更大的作用。

　　成功地利用 IT 对企业进行变革,并为产品和服务增加价值,这已成为全球企业的重要业务能力之一。IT 是企业在内部进行资源管理、供应商管理、客户管理的基础,也是当前企业不断增加的跨地域合作和网络虚拟交易的基础。然而,当今许多企业中 IT 的现状与对 IT 的期望值不吻合,企业经常面临以下难题。

　　(1) 企业对 IT 系统的依赖性越来越强的同时,面临不断增多的系统薄弱性和各种各样的威胁。

　　(2) 在信息与信息系统上的投资规模与成本在不断扩大,高投入带来了高风险。

　　(3) 不断发展的科技潜力显著地改变组织形式与商业模型,在创造出新的机遇并降低了成本的同时,也使得商业竞争不断加剧。

　　(4) 现代企业 IT 系统的停机可能会造成业务受到巨大损失、声誉下降、竞争优势丧失。

　　(5) IT 项目的高失败率,使得企业无法实现其预期的创新与利益,不能实现对 IT 的投资回报,或者不能对投资回报进行测量。

　　(6) IT 技术的高速发展,对企业的技术引进与更新提出挑战,企业面临技术不完备,甚至过失,不能有效利用新技术等。

　　这些问题表明,企业中的 IT 事务已经逐渐超越了纯技术范畴,它与企业的业务战略、管理、运行等紧密结合在一起；这些问题也不是企业中的 IT 部门所能单独解决的问题，它应该是企业董事会与管理层要负责考虑的问题，因此为了使 IT 为企业创造价值并降低其固有风险，企业的董事会和管理层应当把公司治理延伸到 IT 领域，形成完善的 IT 治理结构，通过为 IT 提供必要的领导力、组织结构和相关过程，来保证企业的 IT 能支持企业战略和实现企业目标。

4.1.2　IT 治理的发展

1999 年，英国 BIS 发布了《内部控制：综合准则董事指南》(*Internal Control：Guidance for Directors on the Combined Code，Turnbull Report*，1999)报告。该报告认为，企业风险来自于许多方面，而不仅是财务风险。因为事实说明，在金融界所有过去的风险问题都是由内部控制疏忽、信息技术失败引起的，而且与企业对信息技术基础设施的依赖和应用新技术的风险密切相关，并呼吁高层领导树立风险意识。从此，公司治理和风险管理成为企业所有者与管理者日益重要的问题。此报告强调了 IT 的双重性，即一方面信息技术支持企业的信息数据资产，帮助企业在市场竞争和商业环境中提高反应速度、降低成本，另一方面，IT 和 IT 应用也存在着风险，也要注意"管理"。因此企业中的关键信息系统，既要与企业的发展战略相匹配，确保"公司治理"有效、透明，同时也要规避 IT 自身的风险。

1999 年下半年，国际信息系统审计与控制协会(ISACA)成立了 IT 治理研究院，专门研究 IT 治理的概念，并提供了信息及其相关技术的管理体系模型和最佳实务，帮助企业领导层认识有效实施 IT 治理的必要性与益处，从而保证长期的可持续的成功，并且增强利益相关者的价值。

目前，该体系已在世界 100 多个国家和地区的重要组织与企业中成功运用，指导这些组织有效利用信息资源，有效地管理信息相关的风险。研究与探讨 IT 治理，对于信息化的探索和实践有着重要的借鉴意义。

2002 年，在安然事件后的一片混乱中，美国颁布了萨班斯-奥克斯利法案(简称"萨班斯法案")。作为萨班斯法案中最重要的条款之一，404 条款明确规定了管理层应承担设立和维持一个应有的内部控制结构的职责。该条款要求上市公司必须在年报中提供内部控制报告和内部控制评价报告；上市公司的管理层和注册会计师都需要对企业的内部控制系统做出评价，注册会计师还必须对公司管理层评估过程以及内控系统结论进行相应的检查并出具正式意见。

由于大多数公司都高度依赖基于信息技术的控制措施，因此"萨班斯法案"出台，迫使许多公司在 IT 治理方面都加大了投入，升级了陈旧的系统，提高了运行效率，提升了公司的内部控制和 IT 治理水平。

4.1.3　IT 治理的内涵

IT 治理是公司治理的重要组成部分，是公司治理在信息时代的重要发展。关于 IT 治理，中外学者对其进行了广泛研究，但目前仍没有统一的定义。下面介绍几种主要的观点。

美国南加州大学教授 Robert Roussey 认为：IT 治理用于描述被委托治理实体的人员在监督、检查、控制和指导实体的过程中如何看待信息技术。IT 的应用对于组织能否达到它的使命、战略目标至关重要。

德勤定义如下：IT 治理是一个含义广泛的概念，包括信息系统、技术、通信、商业、所有者利益相关者、合法性和其他问题。其主要任务是：保持 IT 与业务目标一致，推动业务发展，促使收益最大化，合理利用 IT 资源，IT 相关风险的适当管理。

国际信息系统审计与控制协会（ISACA）定义如下：IT 治理是一个由关系和过程所构成的体制，用于指导和控制企业，通过平衡信息技术与过程的风险、增加价值来确保实现企业的目标。

中国 IT 治理研究中心在综合研究的基础上提出如下定义：IT 治理用于描述企业或政府是否采用有效的机制（就是为鼓励 IT 应用的期望行为而明确决策权归属和责任承担的框架），使得 IT 的应用能够完成组织赋予它的使命，同时平衡信息技术与过程的风险，确保实现组织的战略目标。

综合以上这些定义，本书认为，IT 治理就是要明确有关 IT 决策权的归属机制和有关 IT 责任的承担机制，以鼓励 IT 应用的期望行为的产生，以连接战略目标、业务目标和 IT 目标，从而使企业从 IT 中获得最大的价值。

通过上述定义可以总结出以下共同点。

（1）IT 治理必须与企业战略目标一致，IT 对于企业非常关键，也是战略规划的组成，影响战略竞争。

（2）IT 治理和其他治理主体一样，是管理执行人员和利益相关者的责任（以董事会为代表）。

（3）IT 治理保护利益相关者的权益，使风险透明化，指导和控制 IT 投资、机遇、利益、风险。

（4）IT 治理包括管理层、组织结构、过程，以确保 IT 维持和拓展组织战略目标。

（5）应该合理利用企业的信息资源，有效地集成与协调。

（6）确保 IT 及时按照目标交付，有合适的功能和期望的收益，是一个一致性和价值传递的基本构建模块，有明确的期望值和衡量手段。

（7）引导 IT 战略平衡系统的投资，支持企业，变革企业，或者创建一个信息基础架构，保证业务增长，并在一个新的领域竞争。

（8）对于核心 IT 资源做出合理的决策，进入新的市场，驱动竞争策略，创造总的收入增长，改善客户满意度，维系客户关系。

4.1.4　公司治理和 IT 治理

公司治理是一个涉及公司的管理层、董事会、股东和其他利益相关者之间的一整套关系体系。它提供了一个确立公司目标、决定实现目标的措施和绩效监控的框架。良好的公司治理应该对董事会和经理层提供适当的激励，促使其追求符合公司和股东利益的目标并有利于有效的监督。所有权和控制权分离而导致的治理问题会影响公司的治理和决策过程。公司治理有狭义和广义之分。狭义的公司治理解决的是因所有权和控制权相分离而产生的代理问题，它要处理的是公司股东与公司高层管理人员之间的关系问题。广义的公司治理可以理解为关于企业组织方式、控制机制、利益分配的一系列法律、机构、文化和制度安排，它界定的不仅是企业与其所有者之间的关系，而且包括企业与其所有利益相关者之间的关系。实际上，按照企业的契约理论，企业可以看作企业各类参与者之间达成的一系列的实际与隐含契约,这些契约规定了他们在各种情况下的权利、责任以及报酬。企业性质的契约性意味着利益相关者的多元性。为了实现效率和价值的最大化,必须把他们的利益协调起来。

施莱弗和维什尼(Shleifer and Vishny,1997)认为,在多数国家的大公司中,最基本的代理问题并不是外部投资者和管理者之间的关系问题,而是外部股东和控制性的大股东之间的利益冲突问题,因为控制性股东几乎能够全部控制管理者。所以,公司治理要解决的就是三个方面的问题:第一,在所有权和控制权分离情况下,解决经营者和股东之间的委托代理问题,从而保证股东利益最大化的问题;第二,在股权分散的条件下,如何协调所有者之间关系的问题,特别是保护中小投资者不被大股东侵犯的问题;第三,在股东追求利益最大化的情况下,协调利益相关者之间关系的问题。

公司治理,驱动和调整 IT 治理。同时,IT 能够提供关键的输入,形成战略计划的一个重要组成部分,这被认为是公司治理的一个重要功能——IT 影响企业的战略竞争机遇。

IT 治理有助于建立一个灵活的、具有适应性的企业。IT 治理能够影响信息和指示:企业能够感知市场正在发生的事,使用知识资产并从中学习,创新产品、服务、渠道、过程;迅速变化,将革新带入市场,衡量业绩。IT 治理应该体现"以组织战略目标为中心"的思想,通过合理配置 IT 资源创造价值。企业治理侧重于企业整体规划,IT 治理侧重于企业中信息资源的有效利用和管理。

概括地说,公司治理和 IT 治理都是市场(含政府)他律的机制,是如何"管好管理者"的机制,其目标也是一致的:达到业务永续运营,并增加组织的长期获利机会。无论大环境是好是坏,最高管理层(董事会)均应以达成其目标为责任,而且管理阶层需有能力协助其达成目标,因此最高管理层(董事会)必须常常监督管理部门对决策判断与政策实施的绩效。

4.1.5　IT 治理与 IT 管理

IT 管理在信息化运营阶段通过运维管理制度的规范,IT 管理系统工具的支持,引导和辅助 IT 管理人员对各种 IT 资源进行有效的监控和管理,保证整个 IT 系统稳定、可靠和永续运行,为业务部门和用户提供优质的 IT 服务,以较低的 IT 运营成本追求业务部门较高的满意度。而 IT 治理是指最高管理层(董事会)利用它来监督管理层在 IT 战略上的过程、结构和联系,以确保这种运营处于正确的轨道之上。这是一个硬币的两面,谁也不能脱离谁而存在。可见,IT 管理就是在既定的 IT 治理模式下,管理层为实现公司的目标而采取的行动。

根据 IT 系统运营阶段的特点,IT 管理可以划分为三大部分:①运行维护管理。该部分是 IT 管理的核心和重点部分,也是内容最多、最繁杂的部分,该阶段主要用于 IT 部门内部日常运营管理,涉及的对象分成两大部分,即 IT 业务系统和运维人员,该阶段的管理内容主要包括设备管理、资源资产管理、信息安全管理等。②服务支持管理。该阶段主要为 IT 部门的运维人员向其他人员(内部和外部)提供服务与支持,内容主要包括用户投诉与申告的及时响应与处理,系统故障发现、通知、分派、监督、解决、回馈流程的闭环方式管理。该部分的实现会极大提高 IT 部门的服务意识和服务水平,规范服务与技术支持的流程,该部分与优化/变更阶段的分界线是 IT 部门服务水平的考核是否能够满足业务部门或客户的要求,如果现有 IT 系统已经不能满足要求,则进入优化和变更阶段。③优化变更管理。该部分指 IT 部门在 IT 系统、业务应用、软件开发的建设阶段结束,进入运营阶段后对系统优化、软件升级、设备配置和管理策略变更进行的管理。

IT 治理规定了整个企业 IT 运作的基本框架,IT 管理则是在这个既定的框架下驾驭企业奔向目标。缺乏良好 IT 治理模式的公司,即使有"很好"的 IT 管理体系(而这实际上是不可能的),就像一座地基不牢固的大厦;同样,没有公司 IT 管理体系的畅通,单纯的治理模式也只能是一个美好的蓝图,而缺乏实际的内容。就我国信息化建设现状而言,无论是 IT 治理,还是 IT 管理都是我们所迫切需要解决的。

4.2 IT 治理的目标与范围

4.2.1 IT 治理的目标

IT 治理的目标是完善 IT 风险控制体系,降低 IT 成本,实现 IT 与企业战略、管理、业务、安全的深度融合,使 IT 为企业持续地创造价值,有效率并有效果地进行信息化。

1. 与业务目标一致

IT 治理的目的是使 IT 与组织业务有效融合,其出发点首先是组织的发展战略,以组织发展战略为起点,遵循组织的风险与内控体系,制定相应的 IT 治理框架和系统整体模型,为进一步系统设计和实施奠定基础,保证信息技术跟上持续变化的业务目标。

2. 提升 IT 价值

目前信息化工程超期、IT 客户的需求没有满足、IT 平台不支持业务应用等问题较为突出,通过 IT 治理可以对各种信息资源进行有效利用,提升 IT 价值,为企业发展提供支持。

3. 降低 IT 风险

由于企业越来越依赖于信息技术和网络,新的风险不断涌现,例如,新出现的技术没有管理,不符合现有法律和规章制度、没有识别对 IT 服务的威胁等。IT 治理强调风险管理,通过制定信息资源的保护级别,强调关键的信息技术资源,有效实施监控。IT 治理使企业适应外部环境变化,是企业内部实现对业务流程中资源的有效利用,从而达到改善管理效率和水平的重要手段。

IT 治理的目标将帮助管理层建立以组织战略为导向,以外界环境为依据,以业务与 IT 整合为中心的观念,正确定位 IT 部门在整个组织中的作用。最终能够针对不同业务发展要求,整合信息资源,制定并执行推动组织发展的 IT 战略。

4.2.2 IT 治理的范围

IT 治理体系保证总体战略目标能够从上而下贯彻执行。IT 治理和其他治理活动一样,集中在最高管理层(董事会)和执行管理层。然而,由于 IT 治理的复杂性和专业性,治理层必须强烈依赖企业的下层来提供决策和评估活动所需要的信息。为保证有效的 IT 治理,下层应用要和企业总体目标采用相同的原则,提供评估业绩的衡量方法。因此,好的 IT

治理实践需要在企业全部范围内推行。

最高管理层(董事会)的主要职责是：证实 IT 战略与企业战略一致；证实 IT 通过明确的期望和衡量手段交付；指导 IT 战略、平衡支持企业和使企业成长的投资；恰当决策信息资源应着重使用的地方。最高管理层(董事会)通过定义和检查衡量手段以及管理，证实目标已经达到，并且衡量业绩，减少不确定性。

管理者的焦点主要是成本效益比，增加收入，构建竞争力，这些都由信息、知识、信息技术体系推动。由于信息技术作为实现企业目标的一个集成部分，其解决办法越来越复杂(外包、第三方合同、网络化等)，因此，善治成为成功的一个关键因素。管理者的职责是：将 IT 风险管理的责任和控制落实到企业中，制定明确的政策和全面的控制框架；将战略、策略和目标等由上至下落实到企业，并使信息技术的组织与企业目标一致；提供治理结构支持 IT 战略的实施，制定 IT 基础设施加快商业信息的创造与共享；通过衡量公司业绩和竞争优势来测度信息技术的效果(KPI,KGI)；使用平衡计分卡，弥补行政管理的不足；关注 IT 必须支持的商业竞争力，如增加客户价值的业务过程，在市场上差异化的产品和服务，通过多产品和服务来产生增值；关注重要的增值的信息技术过程；关注与规划和管理 IT 资产、风险、工程项目、客户和供应商相关的核心竞争能力。

IT 治理使得最高管理层(董事会)和执行经理的一系列活动成为可能。这些活动主要包括：IT 的目标，新技术的机遇和风险，关键过程与核心竞争力。如指导信息技术的职能和对企业的影响，分配责任，定义操作，衡量业绩，管理风险和获得保证的约束等。

以银行业的数据大集中为例，从 2001 年开始，采用集中数据处理模式来体现一级企业法人治理结构已经成为各家银行致力实现的一个目标，目前国内银行的数据集中处理模式改造已陆续取得阶段性成果，可问题随之而来，集中以后做什么？集中以后风险也增加了，怎么办？前一个问题也就是说数据集中了，只是提供了一个进行深度业务创新的前提和可能，关键还在于商业模式和 IT 管理模式。对于后一个问题，则需要采取更先进的安全治理机制，全面的信息系统审计与控制，包括可靠的灾难恢复和业务持续规划。

4.3　IT 治理的标准与成熟度模型

4.3.1　IT 治理的法规与标准

一个有效的 IT 治理架构需要理解组织的核心竞争力，并且在商业目标、治理原型、业务绩效目标之间维持平衡，进而提出 IT 治理框架，制定决策以及如何在关键的信息技术领域中确定。由此，意识到 IT 治理与企业治理之间的必然联系，提供管理相关风险的最佳实务指导。企业目标是保证企业健康、可持续发展，关注商业目标、知识管理、商业通信、客户关系、商业活动与过程；IT 治理目标是信息系统、技术和网络、知识管理、IT 资产管理、电子商务、IT 合法性等。

1. SOX 法案

2002 年 7 月，为恢复投资者对财务报告的信心，美国国会通过并颁布了《萨班斯-奥克斯利法案》(SOX)。该法案的核心诉求是规避风险，完善内部控制，由于企业的业务运作已经非常信赖 IT 系统，因此 IT 控制已经成为企业内部控制的重要组成部分。虽然 SOX 法案的第 302①条款和第 404②条款本身没有直接涉及 IT 环境下的内部控制问题,但这个实质性条款影响到了 SEC 和 PCAOB 对内部控制(包括 IT 控制)的相关规范。

2003 年 6 月,SEC 发布的《最终规则:管理层的财务报告内部控制报告和交易法案定期报告中的披露的证明》认为,COSO 报告满足管理层对公司财务报告内部控制有效性评价的要求。2004 年 3 月,根据 SOX 法案 404 条款以及 SEC《最终规则》的要求,PCAOB 发布了《审计准则 No.2》,该准则中的几乎各个方面都涉及 IT 环境下的内部控制问题。

AICPA 发布的《美国审计准则》第 319 节"在财务报表审计中对内部控制的考虑"全面接受了 COSO 框架,其中的第 16～20 条、第 30～32 条和第 77～79 条着重讨论了 IT 对财务报告内部控制的影响。

美国的内部控制规范考虑了 IT 对内部控制的影响,并将这种影响融入了其以 COSO 框架为基础构建的内部控制规范体系的各个规范中。

2. COSO 内部控制框架

COSO 内部控制框架是美国 COSO 委员会于 1992 年发布的,COSO 委员会的主要职责是对美国经济监管部门,如财务监督、审计等部门提出建议性指导。COSO 报告的核心内容是对内部控制的定义、目标和要素做了规定。报告中提出内部控制由五部分组成:控制环境、风险评估、控制活动、信息与沟通以及监控。COSO 报告在内部控制的两个要素——"控制活动"和"信息沟通"中对 IT 控制做出了一些规定。

COSO 报告的"控制活动"将信息系统的控制分为一般控制和应用控制,一般控制通常包括数据中心操作控制、系统软件控制、数据访问安全控制和应用系统开发与维护控制。应用控制作用于各业务流程,有助于保证交易处理及授权的完整、准确和有效,包括对数据的格式、存在性、合理性等检查,这些控制功能内置在应用系统中。如果系统的控制功能设计正确,它们就能起到防止和及时纠正差错的作用。

COSO 报告在"信息沟通"要素中提到必须将信息系统的规划、设计与实施同企业的整体战略整合在一起,提到要突破单纯的财务信息系统扩展到经营活动体化的信息系统。

2004 年,COSO 委员会发布了 COSO-ERM 框架,将内部控制扩展到了企业风险管理领域,COSO-ERM 框架不仅满足内部控制的需要,还可以用于更广泛、全面的企业风险管理过程。COSO-ERM 框架和 1992 年的 COSO 报告一样,也主要在"控制活动"和"信息沟通"中对 IT 控制做出相关规定。但是因为时隔 12 年,信息技术已经有了翻天覆地的变化,所以该框架在技术上对一般控制和应用控制做了更为广泛、科学的描述。例如,引入了企业资源计划(ERP)、供应链系统(CRM)等概念。

3. COBIT 标准

COBIT(Control Objectives for Information and related Technology,信息和相关技术的控制目标)是国际上通用的信息系统审计的标准,由信息系统审计与控制协会(ISACA)在 1996 年公布。这是一个在国际上公认的、权威的安全与信息技术管理和控制的标准,已经更新至 COBIT 2019 版。它在商业风险、控制需要和技术问题之间架起了一座桥梁,以满足管理的多方面需要。该标准体系已在世界一百多个国家的重要组织与企业中运用,指导这些组织有效利用信息资源,有效地管理与信息相关的风险。

COBIT 将 IT 过程、IT 资源与企业的策略与目标(准则)联系起来,形成一个三维的体系结构。作为 IT 治理的核心模型,COBIT 包含 34 个信息技术过程控制,并归集为四个控制域:IT 规划和组织(Planning and Organization)、系统获得和实施(Acquisition and Implementation)、交付与支持(Delivery and Support)以及信息系统运行性能监控(Monitoring)。COBIT 为每个 IT 过程设置了相应的控制目标体系,每个控制目标体系都由一个高级控制目标和若干具体控制目标组成,如表 4-1 所示。

表 4-1　COBIT 控制目标体系

规划与组织	获得和实施	交付与支持	监控与评价
定义 IT 战略规划	定义并管理服务水平	确定自动化的解决方案	过程监控
定义信息体系结构	管理第三方的服务	获取并维护应用程序软件	评价内部控制的适当性
确定技术方向	管理性能与容量	获取并维护技术基础设施	获取独立保证
定义 IT 组织与关系	确保服务的连续性	程序开发与维护	提供独立的审计
管理 IT 投资	确保系统安全	系统安装与鉴定	
传达管理目标和方向	确定并分配成本	变革管理	
人力资源管理	教育并培训客户		
确保与外部需求的一致性	配置管理		
风险评估	处理问题和突发事件		
项目管理	数据管理		
质量管理	设施管理		
	运营管理		

COBIT 是一个非常有用的工具,也非常易于理解和实施,可以帮助企业在管理层、IT 与审计之间交流的鸿沟上搭建桥梁,提供了彼此沟通的共同语言。几乎每个机构都可以从 COBIT 中获益,来决定基于 IT 过程及他们所支持的商业功能的合理控制。当我们知道这些业务功能是什么,其对企业的影响到什么程度时,就能对这些事件进行良好的分类。所有的信息系统审计、控制及安全专业人员应该考虑采用 COBIT 原则。

4. ISO 20000 标准

2001 年,英国标准协会(BSI)正式发布了以 ITIL(信息技术基础构架库)为基础的 IT 服务管理英国国家标准 BS 15000。BS 15000 是世界上第一个针对 IT 服务管理的国家标准。2005 年,BS 15000 正式发布成为 ISO 20000 国际标准。ISO 20000 标准由两部分组成:

第一部分是 ISO 20000-1:2005,即 *IT service management part 1:Specification for service management*,该部分内容规范了 IT 服务过程包含的 13 个流程,是认证的依据。

第二部分是 ISO 20000-2:2005,即 *IT service management part2:Code of practice for service management*,这部分内容主要涉及 IT 服务管理过程的最佳实践指南,旨在为实施 IT 服务管理体系提供指导。

ISO 20000 标准包括服务交付、控制、发布、解决和业务等 5 大过程,共 13 个管理面,如表 4-2 所示。

表 4-2　ISO 20000 标准的 IT 服务流程

服务交付过程	控制过程	发布过程	解决过程	业务过程
服务等级管理	配置管理	发布管理	事故管理	业务关系管理
服务报告	变更管理		问题管理	供应商管理
能力管理				
服务持续性与可用性管理				
信息安全管理				
IT 服务预算编制与会计核算				

　　全球的 IT 服务业正逐渐走向专业化和外包化。随着企业和政府组织的业务运作越来越依赖于 IT,越来越多的组织考虑将其 IT 服务运营外包给专业的 IT 服务提供商或对内部的 IT 支持部门提出更明确的服务要求,以确保提高服务质量,降低服务成本,降低因 IT 服务中断所导致的业务风险。如何控制这个 IT 服务的整体风险,提高 IT 的整体服务水平是一个需要高度重视的问题,而 ISO 20000 就是解决该问题的一个很好的指南。

5. ISO 27001 标准

　　ISO 27001 的前身为英国的 BS 7799 标准,该标准由英国标准协会(BSI)于 1995 年 2 月提出,期间经过不断改版,终于在 2005 年被国际标准化组织(ISO)采用为正式的国际标准。BS 7799 分为两个部分:BS 7799-1,信息安全管理实施规则;BS 7799-2,信息安全管理体系规范。第一部分对信息安全管理给出建议,供负责在其组织启动、实施或维护安全的人员使用;第二部分说明了建立、实施和文件化信息安全管理体系(ISMS)的要求,规定了根据独立组织的需要应实施安全控制的要求。ISO 27001 和 ISO 20000 认证已经成为企业核心竞争力的重要标志。

　　ISO 27001 从政策、技术、管理和人员 4 个方面对信息安全提供了科学指导和相关的实施细则,总共包含 11 个安全要素,分别如下。

　　(1) 安全方针。制定信息安全方针,为信息安全提供管理指引和支持,并定期评审。

　　(2) 信息安全组织。建立信息安全管理组织体系,在组织内部开展和控制信息安全的实施。

　　(3) 资产管理。核查所有信息资产,做好信息分类,确保信息资产受到适当程度的保护。

　　(4) 人力资源安全。确保所有员工、合同方和第三方了解信息安全威胁和相关事宜以及各自的责任、义务,以减少人为差错、盗窃、欺诈或误用设施的风险。

　　(5) 物理与环境安全。定义安全区域,防止对办公场所和信息的未授权访问、破坏和干扰;保护设备的安全,防止信息资产的丢失、损坏或被盗,以及对业务活动的干扰;同时,还要做好一般控制,防止信息和信息处理设施的损坏或被盗。

　　(6) 通信和操作管理。制定操作规程和职责,确保信息处理设施的正确和安全操作;建立系统规划和验收准则,将系统失效的风险减到最低;防范恶意代码和移动代码,保护软件和信息的完整性;做好信息备份和网络安全管理,确保信息在网络中的安全,确保其支持性基础设施得到保护;建立媒体处置和安全的规程,防止资产损坏和业务活动的中断;防止信息和软件在组织之间交换时丢失、修改或误用。

（7）访问控制。制定访问控制策略，避免信息系统的未授权访问，并让用户了解其职责和义务，包括网络访问控制、操作系统访问控制、应用系统和信息访问控制、监视系统访问和使用，定期检测未授权的活动；当使用移动办公和远程工作时，也要确保信息安全。

（8）信息系统的获取、开发和维护。标识系统的安全要求，确保安全成为信息系统的内置部分；控制应用系统的安全，防止应用系统中用户数据的丢失、被修改或误用；通过加密手段保护信息的保密性、真实性和完整性；控制对系统文件的访问，确保系统文档、源程序代码的安全；严格控制开发和支持过程，维护应用系统软件和信息的安全。

（9）信息安全事故。报告信息安全事件和弱点，及时采取纠正措施，确保使用持续有效的方法管理信息安全事故。

（10）业务持续性管理。目的是减少业务活动的中断，使关键业务过程免受主要故障或天灾的影响，并确保及时恢复。

（11）符合性。信息系统的设计、操作、使用和管理要符合法律法规的要求，符合组织安全方针和标准，还要控制系统审核，使系统审核过程的效力最大化、干扰最小化。

4.3.2　IT 治理成熟度模型

IT 成熟度模型制定了一个基准，组织可能根据上面的指标确定自己的等级，从而了解自身目前的境界。在此基础上确定组织的关键成功因素，通过关键绩效指标进行监控，并衡量组织是否能达到关键目标指标中所设定的目标。成熟度模型从一般的质量模型开始，在各个层次以递增的方式增加了以下方面的惯例与原则：对风险和控制问题的理解与认识；适用于该问题的交流与培训；加工处理和实施的惯例；使过程更有效、更高效的技术与自动控制；与政策与法规的一致程度；专业技能的范围与类型。

平衡风险和收益后的 IT 治理和 IT 增值流程治理成熟度级别如下。

（1）不存在。完全不存在可辨识的信息治理流程。组织并没认识到这一问题，因此关于此问题并无交流。

（2）初始级。初始的、混乱的。有证据表明，组织已意识到存在 IT 治理问题并需要研究，尚无标准流程，但有些个人或在有些具体情况下进行了尝试。治理方法混乱，但对于问题和研究方法有零星的、不一致的交流。也可能意识到需要以产出为导向，在相关企业流程中追求 IT 的价值。没有标准的评价过程，只在组织中发生某些事件带来损失或不利时，IT 治理才得以应用。

（3）可重复级。重复的，但模糊。人们普遍对 IT 治理问题有所了解，IT 治理行为和效果处于未发展阶段，包括 IT 计划、交付和监控流程。其部分结果是，由于高层管理者积极的关注和参与，在组织改变管理流程时运用 IT 治理行为。选定的 IT 流程，因提高及控制企业核心流程，并且作为一种投资得到有效的治理，进而形成明确的 IT 架构。管理者认可基本的 IT 治理方法、评价技术，但整个组织并未采纳 IT 治理流程，组织中不存在与管理标准相关的正规培训和交流，仅凭个人反应。个人在不同的 IT 项目和流程中推行管理流程，他们选择并运用有限的管理工具收集相应信息，但由于缺乏专业知识，可能不能充分发挥 IT 治理的功能。

（4）已定义级。已定义流程。人们理解并接受 IT 治理。建立了一套基本的 IT 治理评价指标，绩效测量与绩效驱动之间的联系也得以确立、形成规范文档并贯穿到战略和运作计划以及管理流程中。流程被标准化、形成文档和实施，管理与标准流程相一致，开始了非正式的培训，对全部 IT 治理行为的表现进行记录、跟踪，促进企业整体提高。可以测定的流程并不复杂，却仅仅是现行实践的正规化。工具得以标准化，也采用现存技术。整个组织认同 IT 与商业利益平衡的观念。然而，只是个人接受培训、执行标准，只是偶尔分析问题的根本原因，大部分流程还是根据基本准则进行管理，出现的偏离很少被管理者发现，因为这些偏离主要由于个人原因造成。尽管存在一些问题，可以清楚地评价关键流程的绩效，并根据关键绩效指标对有关人员进行奖罚。

(5) 已管理级。已管理和可测量的。通过正规培训，各个层次全面理解了 IT 治理。人们清楚地知道谁是顾客，而且通过服务水平协议，来定义和监督相应的责任。责任清楚，也落实到流程中的具体人员。IT 流程与业务密切相关，与 IT 战略密切相关。IT 流程的进步主要建立在定量的理解基础之上，监督、评测规程和流程的情况是可能的。所有流程参与者了解风险，也了解 IT 的重要性和 IT 提供的机会。管理者明确必须对哪些无效的流程采取行动。必要时改进流程，并强制执行最佳内部实践（准则）；标准化根本原因分析程序；确定持续改进措施；以成熟的技术和强制性的标准工具为基础，有限制地、有策略地使用新技术；有所需要的各个方面的内部专家；IT 治理发展成公司范围级流程；IT 治理活动正与公司治理过程相结合。

(6) 优化级。对 IT 治理问题和解决方案有前瞻性的理解，并做好有关准备；利用先进的思想和技术进行培训和交流；通过持续改进，与其他组织的成熟度比较，业务流程已超越公司外的最佳实践；实施的这些政策已使组织、人和流程快速适应并全面满足 IT 治理的要求。深入分析所有问题和偏差的根本原因，并能方便地确定和启动有效的行动；以广泛的、集成和得到优化的方式使用 IT 自动化工作流，并提供工具提高质量和效果；定义和平衡 IT 流程的风险和收益，并传达给整个公司；重视外部专家的作用，使用标杆指导 IT 流程；在组织内监督、自我评价和交流对 IT 治理的期望，并使用最优的技术支持评测、分析、沟通和培训；公司治理和 IT 治理战略相关，平衡技术、人和资金以增强企业的竞争优势。

概述起来，IT 治理成熟度模型方法的优点与作用在于以下几个方面。

IT 治理成熟度模型涉及经营需求的各个方面，是一种进行实用性比较的等级制，能以简单方式测定差异，有助于确定有关信息技术管理、安全性。使管理部门相对容易地依据等级制对自己定位，通俗的做法是给 IT 管理打分，并找出需要改善管理的地方。组织对自身进行差距分析以确定需要做哪些工作来达到所选级别。0~5 等级是基于一个简单的成熟性量度，体现出一个处理如何从不存在级发展到优化级的管理过程，增加成熟度意味着增强风险管理与提高管理效率。

IT 治理成熟度是测量管理处理发展程度的一种方法，应该发展到什么程度取决于以上所提的经营需求。这些等级正是一个给定的管理处理的惯例，体现各个成熟层次的典型模式，有助于企业将主要精力投入到关键的管理方面。

IT 治理成熟度模型等级有助于专业人员向管理层解释 IT 管理存在的缺陷，并把他们组织的控制惯例与最佳惯例对照起来，从而确定组织的发展目标。

IT 治理成熟度模型将有助于解决以下在 IT 部门中普遍存在的问题。

(1) 在竞争如此激烈的市场环境中，您的公司或部门在 IT 应用中处于什么水平？

(2) 如果您认为有差距，究竟差在哪里？如何去改进？

（3）如果您觉得运作良好，那么您能说出好在哪里？好到何种程度？

（4）如何对 IT 管理进行绩效评估？

4.4　IT 治理的机制

IT 治理机制是指治理体系结构及其运行机理。

4.4.1　IT 治理结构

治理结构是界定组织中各相关主体在各自方面的治理范围、责权利及其相互关系的准则，它的核心是治理机构（如 IT 治理委员会等）的设置和权限的划分。各治理机构职权的分配以及各机构间的相互协调，它的强弱直接影响到治理的效率和效能，对 IT 治理效率起着决定性的作用。一个组织选择不同的治理体制，将决定其设置不同的组织机构和运行规则，相应地将会有不同的运行效果。确定现代化的治理体制是建立高效管理组织的基本条件。选择符合组织发展需要的治理体制，必须是在对组织所处行业领域、行业地位、行业特点、竞争状况、资本结构、产权结构、组织结构、人员结构、发展战略或阶段目标、政策环境和内外部资源条件等方面进行详细调查分析，并系统归纳组织的优势与劣势和现有管理体制存在问题的基础上进行。组织的治理体制，往往根据其所从事的事业来划分为集权治理体制、分权治理体制和联邦民主式治理体制。

1. IT 治理委员会

IT 治理委员会由组织的董事会及管理执行层包括 IT 管理和业务管理有关部门负责人、管理技术人员组成。IT 治理委员会定期召开会议，就企业战略与 IT 战略的驱动与设置等议题进行讨论并做出决策，为组织 IT 管理提供导向与支持，把 IT 治理的相关规范融入组织的内部控制中。

IT 治理委员会的主要职责是：遵守并贯彻执行国家有关信息化治理（管理）的法律、法规和技术标准，落实政府监管部门相关监管要求，负责开展信息化相关的合规工作。审查批准信息化战略，确保其与业务战略和重大策略相一致。评估信息技术及其风险管理工作的总体效果和效率。分析信息技术风险成因，掌握主要的信息技术风险，确定可接受的风险级别，确保相关风险能够合理管理。规范职业道德行为和廉洁标准，增强组织文化建设。统一全体人员对信息化治理的思想、认识和意识养成。设立一个由来自高级管理层、信息化部门和主要业务部门的代表组成的专门信息技术管理委员会，负责监督各项职责的落实，定期向董事会和高级管理层汇报信息化战略规划的执行、信息化预算和实际支出、信息化管理的整体状况。在建立良好的公司治理的基础上进行信息化治理，形成分工合理、职责明确、相互制衡、报告关系清晰的信息化治理组织结构。加强信息化专业队伍的建设，建立人才激励机制。确保内部审计部门进行独立有效的信息技术风险管理审计，对审计报告进行确认并落实整改。每年审阅并向政府监管部门报送信息化治理的年度报告。确保信息化治理工作所需资金。确保所有员工充分理解和遵守经其批准的信息化治理制度和流程，并安排相关培训。确保本法人机构涉及客户信息、账务信息以及产品信息等核心信息资产的安全。及时向政府监管部门报告本机构发生的重大信息技术事故或突发事件，按相关预案快速响应。

配合政府监管部门做好信息科技风险监督检查工作,并按照监管意见进行整改。履行信息化治理其他相关工作。

2. 首席信息官

首席信息官(Chief Information Officer,CIO)是负责一个公司信息技术领域的高级管理人员。首席信息官通过指导对信息技术的利用来支持公司的目标,具备技术和业务过程两方面的知识,具有多功能的概念,常常是将组织的技术调配战略与业务战略紧密结合在一起的最佳人选。

1981 年,美国波士顿第一国民银行经理 Synnott 和坎布里奇研究与规划公司经理 Grube 二人在其著作《信息资源管理:80 年代的机会和战略》中首先提出了 CIO 的概念:"CIO 是负责制定公司的信息政策、标准、程序的方法,并对全公司的信息资源进行管理和控制的高级行政管理人员。"

首席信息官是一个比较新的职位,只有在一些大企业才设立此职位,如可口可乐公司、帝斯曼公司等。但随着商业领域多极化的竞争与发展,越来越多的企业开始将 Innovation(创新)这一概念作为企业持续发展的动力和竞争优势,CIO 将成为未来企业最为重要的职位领导人之一。

CIO 的主要职责如下。

1) 战略层面

CIO 的职责是挖掘企业信息资源、制定企业信息化战略、合理布局企业信息化、评估信息化对企业的价值等。信息资源规划是 CIO 的首要职责,信息化的第一步是信息资源规划而不是产品选型。

2) 执行层面

负责信息流、物流、资金流的整合,完成信息系统的选型实施,收集研究企业内外部的信息为决策提供依据。更为重要的是,要担当起电子商务管理以及信息工程的监理工作。

3) 变革层面

协助企业完成业务流程重组,运用信息管理技术重建企业的决策体系和执行体系,同时要对信息编码和商务流程统一标准。不仅要推动企业信息化的软硬环境优化,而且要为 CEO 当好参谋,与各高层管理者一起促进企业内外部商务环境的改善。

4) 沟通层面

安排企业信息化方面的培训,发现信息运用的瓶颈,观察研究企业运作中的信息流及其作用。协调沟通上下级关系,打造优秀团队。

4.4.2　IT 运行机理

运行机理又细分为运行机制、动力机制、约束机制。运行机制是指组织 IT 相关基本职能的活动方式和运行关系;动力机制是指推动信息化可持续发展的内生动力产生与运作的机理;约束机制是指对 IT 治理行为进行约束与纠正的功能与机理。通过细分的运行机制、动力机制和约束机制,就比较容易理解什么是治理机制了。中国 IT 治理研究中心根据当前的国情和信息化发展所处的阶段,强调把建立完善信息化全生命周期风险管理控制体系作为构建落地的运行机制的主要内容,把信息化绩效评估作为信息化可持续发展的内在动力机制,把信息化风险管控体系和绩效问责共同作为约束机制。

IT 建设运行的管理机制。IT 治理的关键要素涵盖 IT 组织、IT 战略、IT 架构、IT 基础设施、业务需求、IT 投资、信息安全等,主要确定这些要素或活动中"做什么决策?谁来决策?怎么来决策?如何监督和评价决策?"。围绕着 IT 建设全生命周期过程,构建持续的信息化建设长效机制,是 IT 治理的一致目标,因此,整个 IT 建设生命周期都是 IT 治理的对象,包括 IT 组织与规划、IT 建设与交付、IT 运行与维护、IT 评估与优化。IT 治理的国际最佳实践就是基于各个对象治理的成熟的方法论和工具,包括 COBIT、ITIL、ISO 27001、Prince2 等。

4.5　IT 治理审计

4.5.1　IT 战略规划审计

IT 战略规划即信息化规划,是指在企业发展战略目标的指导下,提出企业信息化建设的远景目标和战略,制定企业信息化的系统架构,对信息化目标和内容进行整体规划,并进行可行性分析。

IT 战略规划是企业战略规划的重要组成部分。全面系统地指导企业信息化的进程,协调发展地进行企业信息技术的应用,及时地满足企业发展的需要,有效充分地利用企业的资源,促进企业战略目标的实现,满足企业可持续发展的需要。

IT 战略规划包括如下几个主要步骤。

(1) 业务分析,主要内容是理解业务部门的现在与未来,理解业务部门的政策,定义目标和优先权。

(2) 评估现行系统,主要检查当前的信息技术系统和信息技术体系结构,重点是评估信息系统支持业务部门的程度、信息系统计划是否适合业务部门、信息系统供应的效能与效率、指出信息系统能够提供的潜在业务机会。

(3) 识别机会,重点是定义通过信息系统改进业务的机会,消除那些不能够带来投资回报或对业务目标贡献较小的信息系统。

(4) 选择方案,主要任务是寻找和确定内在一致的机会和方案。

IT 战略规划审计目标:通过比较组织 IT 战略规划与组织战略一致性,保障 IT 战略规划制定及实施过程得到合理的控制、监督并持续改进,保持与业务目标的一致性。

IT 战略规划审计内容:审计机构通过与 IT 规划决策层、管理层访谈,查阅组织章程、中长期战略规划、发展计划、年度计划、管理流程等文件,对下列内容进行审计。

(1) 管理层对 IT 战略规划过程的重视和参与程度。

(2) 审计 IT 战略规划文件规范。

(3) 审计 IT 目标相关内容的可操作性。

(4) 审计对目标进行更新和沟通的需求。

(5) 审计监督和评价需求。

(6) 审计战略规划流程或框架是否完善。

(7) 审计 IT 目标与其管理控制流程符合度。

IT 战略规划常见问题和风险为:

（1）缺少 IT 战略规划目标。

（2）IT 规划目标与组织战略规划不一致或更新不及时。

（3）IT 规划目标与组织 IT 能力不符、缺乏实用性。

（4）IT 规划目标与其他管理控制流程不符、缺乏操作性。

（5）IT 规划目标缺少保障措施。

IT 战略规划审计可遵循以下程序。

（1）访谈组织管理人员，了解信息系统目标和业务目标是否一致。

（2）检查信息系统的建设方案、规划内容、实施内容与组织各主要业务的需要是否相符。

（3）审阅信息系统的可行研究报告设定目标，评估组织信息系统的能力是否能够支持信息系统设定的目标。

（4）对比分析信息系统建设与应用的内容与组织的主营业务目标是否一致，是否能够有效支撑主要业务目标。

4.5.2　IT 组织与制度审计

由于各个组织具有不同的规模和业务，组织间 IT 部门结构和职责会有不同的结构。组织应设置信息系统管理机构，规定相应的职责和权限，建立相关制度，规范业务流程运转机制。信息系统组织机构一般包括：①信息系统决策与规划机构；②信息系统执行与实施机构；③信息系统风险管理机构；④信息系统监督机构。

IT 组织与制度的审计目标是：通过对信息系统决策与规划、执行与实施、风险管理、监督机构的评价，向管理层提供信息系统组织工作得到控制、监督、持续优化的合理保证。

IT 组织与制度的审计内容如表 4-3 所示。

表 4-3　IT 组织与制度的审计内容

信息系统决策与规划机构	（1）制定的信息系统战略目标和信息系统的应用是否符合业务目标的要求，是否有效保证信息技术战略方针目标、绩效、自我评价等体系的持续有效性等。 （2）信息系统治理是否纳入决策层、管理层的议事日程，并定期讨论、定期出具信息系统治理工作的报告
信息系统执行与实施机构	（1）信息系统组织架构与相关职责是否符合组织信息系统现状，是否得到及时更新等。 （2）是否明确了信息系统部门和岗位职责。 （3）是否存在职责不明确或不相容职责分离控制未能落实的情况，是否采取了有效的控制措施防止岗位职责冲突
信息系统风险管理机构	（1）是否建立信息系统风险管理机构，并明确职能，是否设置信息系统风险管理岗位，是否建立向风险管理委员会报告工作的机制。 （2）是否制定了风险管理的策略制度及流程、实施持续信息系统风险评估、监控信息安全威胁和不合规事件的发生，并跟踪整改意见的落实等
信息系统监督机构	（1）是否明确信息系统监督职能，在信息系统监督部门设立信息系统监督岗位。 （2）是否建立了信息系统审计制度，是否按照组织的要求开展信息系统审计

IT 组织与制度审计的常见问题和风险有：

（1）未建立信息系统治理组织架构、信息系统的战略规划、未统一管理。

（2）信息系统决策层与管理层职责权限不清。

（3）信息系统组织架构、职责、权限分工、流程机制缺少必要的制度规范。

（4）重大信息系统决策未通过信息系统决策层审批。

（5）信息系统决策和管理层未发挥应有作用。

IT 组织与制度的审计可遵循以下方法和程序。

（1）信息系统审计人员通过访谈决策层、管理层、相关机构，查阅相关治理工作报告，对信息系统组织架构进行评价。访谈相关人员，了解决策层的相关工作机制，检查相关文件、资料，确认决策层在信息系统治理中的作用等，取得相关文件，检查信息系统管理层成员的构成及工作机制的建立情况。

（2）审核信息系统治理采用的报告路线，核对信息系统治理方面的问题是否向组织最高管理层报告，获取信息系统工作年度报告，了解信息系统工作开展情况，检查信息系统工作报告的收发记录，检查管理层对信息系统工作报告的审阅记录，取得并检查决策层及管理层的会议纪要等资料，确认管理层在信息系统治理中的作用。

（3）获取、审核信息系统组织架构图、信息系统部门工作职责资料，审核信息系统组织架构是否建立，信息系统部门的职责划分情况，是否采取了有效的控制措施防止岗位职责冲突。

（4）访谈决策层和管理层相关人员，了解风险管理机构职能的报告路线，访谈信息系统风险管理相关人员，获取信息系统风险管理职责等相关文件，获取信息系统风险管理相关记录，检查风险管理工作开展情况。

（5）访谈决策层、监督层及管理层相关人员，了解信息系统监督职能的确定及报告路线；访谈信息系统监督机构相关人员，获取信息系统监督管理相关记录，检查信息系统监督工作的开展情况。

（6）检查人力资源管理制度、信息系统人才选拔、培训、储备等关键岗位职责、绩效考核等制度，评价人力资源管理对信息系统架构的支持程度。

（7）检查主要业务流程如采购管理、资产管理、财务管理等制度，评价相关制度对信息系统架构的支持程度。

4.5.3　IT 风险管理审计

《新巴塞尔协议》指出：IT 风险是指任何由于使用计算机硬件、软件、网络等系统所发生的不利情况，包括程序错误、系统宕机、软件缺陷、操作失误、硬件故障、容量不足、网络漏洞及故障恢复等。这个定义侧重技术层面，导致对 IT 风险的认识不深刻、不全面。根据《光明日报》的统计，企业在防火墙、防病毒、入侵检测系统、虚拟专用网络设备等方面的投入占了整个安全产品市值的绝大部分，而花费在信息安全管理、咨询、安全意识、培训、教育方面的费用微乎其微，这说明许多企业管理者对 IT 风险的认识也停留在技术层面，企业花了绝大部分的费用保护了只占信息资产 20% 的数据资产，而且我们的技术手段还谈不上 100% 地有效保护这 20% 的数据资产。这说明大部分企业对 1T 风险的认识停留在技术层面，没有充分理解 IT 风险对企业的巨大影响，上述定义不利于我们对 IT 风险管理的全面认识。

乔治·韦斯特曼和理查德·亨特在《IT 风险》中指出："IT 风险引发的事故导致企业不得不承受远比以前更高的成本。它们在企业内外伤害我们的顾客和支持者；它们损害企业的名誉；它们将企业管理团队的弱点暴露无遗。而且，它们侵蚀企业的利润，削弱企业的竞争优势。"在此基础上，我们给出 IT 风险的定义：IT 风险是所有对信息资产破坏的可能性的统称。IT 风险管理就是围绕企业的发展战略，以 IT 风险为导向，动员和组织各类资源，综合采取各种技术手段和管理手段，对信息资产实施全员、全方位、全生命周期管控的过程。

IT 风险管理审计的目标是根据组织战略目标、风险管理策略及相应的固有风险，评价组织如何实施信息系统风险管理，将与信息系统有关的风险因素控制在实现组织目标可接受的范围内。

IT 风险管理审计的关注点是：系统风险的制度和流程是否建立和有效；组织是否开展了 IT 风险识别和评估，是否收集和建立信息系统风险清单，风险应对是否具有针对性和适用性；风险管理职责及人员分工是否合理等。

IT 风险管理审计的主要方法和程序如下。

（1）访谈决策层及信息系统风险管理部门及相关人员，了解组织信息系统风险管理机制建立健全的情况；了解风险管理工作的开展及人员配备等情况。

（2）获取信息系统风险管理相关资料，了解管理层风险偏好及风险容忍程度、风险管理目标、风险管理策略和原则、风险管理制度及流程、监控、评估及应对等。

（3）获取组织信息系统风险管理清单，选取组织的重点业务流程与风险清单对比，检查风险评估计划、风险评估实施记录、风险评估报告、风险处置计划，评价组织风险识别、评估的准确性、适当性、完整性。

（4）获取组织信息系统的测试及运行数据，选取组织的重点业务领域及重点工作环节，获取对应的数据，根据数据的内在联系，利用平行模拟法，查找异常点及可能存在舞弊的动机及机会，从而发现问题和风险。

表 4-4 和表 4-5 分别是信息系统战略规划风险和信息系统需求分析管理风险分析示例。

表 4-4　信息系统战略规划风险

风险定义描述	发生的条件	发生的可能性
信息系统开发缺乏战略规划或规划不合理，造成信息系统缺乏可开展性、形成信息孤岛或重复建设，导致公司经营管理效率低下	（1）系统开发没有经过规划 （2）规划没有经过充分调研 （3）规划没有经过充分论证	低

表 4-5　信息系统需求分析管理风险

风险定义描述	发生的条件	发生的可能性
系统需求分析不当，不符合业务处理和控制的需要；或需求文档的表述不能全面、准确地表达业务需求；或在技术上、经济上及合规上不可行，导致系统开发失败或应用价值下降，甚至引发法律纠纷或受到处罚	（1）系统需求不是由业务使用部门提出的 （2）系统需求没有经过充分论证 （3）需求文档文字表述不全面、不准确，没有准确表达业务需求 （4）对需求实现在技术、经济及合规上的可行性没有进行充分论证	中

4.6 某集团 IT 治理案例

如果一个企业的实践经验,能够成为全行业的指导规范,这势必是值得分享的事情。某集团实施的 IT 治理就是如此。作为集团 IT 治理的主导者,信息技术部总经理告诉记者:"过去几年,集团不断通过 IT 审计完善企业内部控制机制,在 IT 治理上逐渐摸索出了自己的经验,现在我们正配合审计署把这些经验进一步总结提炼。"

2009 年年底,审计署把某集团确定为企业 IT 审计的试点单位,通过把某集团在 IT 审计方面的成功经验总结提炼,最终融入审计署的相关指导规范中。

其实早在 2008 年上半年,审计署曾组织中国烟草总公司、中国石油化工集团开展了信息系统审计调查。2008 年下半年,审计署又组织某集团及天津公司开展了信息系统审计项目,这是审计署第一次独立组织的信息系统审计项目。某集团信息系统审计实践,成为审计署的典型案例之一。

1. 救火? 救火!

作为国内最重要的国有骨干企业之一,某集团业务包括石油、化工、化肥、金融以及房地产等多元化业务,下属有超过 100 家各种类型的大小公司,在海外还有四大集团。因此,支撑其运营的 IT 系统变得异常复杂。为了确保 IT 系统安全运行并使业务发展更加顺畅,相应的 IT 审计势在必行。

目前,某集团已经建立起一套完备的承担全球各个公司业务的信息系统,其中以 ERP 系统为核心,包括内部办公自动化系统、分销管理系统、内部门户等系统在内的企业信息化平台,可以进行有效的业务管理和流程控制。但是要监控这些系统对信息技术部来说是一个极大的挑战。

过去发生技术故障,总是要等事故发生后才从业务人员的反馈中得到信息,而且涉及大量人员,要进行电话逐一排查,不仅耗费大量的工作时间,还给相关部门造成了很大的被动,就像救火队员,火势最终是可以扑灭的,但是其带来的损失却难以估量。客观环境要求信息部门人员总是要守在电话旁边,寸步也不能离开,因为不知道什么时候业务人员或者财务人员就会打来电话。不管是业务人员下单发生问题,还是财务部报表生成不了,或者出现更严重的账目问题,都有可能造成全集团的重大损失。

2. 用 COBIT 分析决策

企业实施 IT 审计的必要性通常来源于两点。其一,信息化进程的迅速推进,信息系统成为许多被审单位内部管理与控制的关键工具,因此,信息系统的可靠性、安全性已经直接影响审计工作的效率和质量。《审计署 2006 至 2010 年审计工作发展规划》提出"逐步开展对关系国计民生的重大行业、部门的联网审计,全面提高计算机应用水平"的要求。

其二,信息技术作为企业发展的重要支撑,投资额度不断加大,投资失败的风险日渐成了企业难以承受之重。为了有效控制 IT 运营成本,更好地提升企业价值,势必需要对相关 IT 活动加以控制。

对于某集团这样规模庞大的集团企业而言,遍布全球的信息系统可能处处隐藏着一些盲点,它们随时都有可能成为企业的隐性漏洞而发生些许意外,如果发生大的意外,将可能造成无法挽回的损失。而企业的属性又决定了业务不允许被中断,并希望故障时间越短越好,越能提前预防越好。因此,如何在业务人员发现问题之前,对系统实施实时监控并预先对事故进行处理和解决,控制风险并治理好 IT,是某集团需要解决的战略问题。

"IT 治理的确有必要,它是一种完整的世界观和思维范式,它引导了企业正确的 IT 决策。"信息技术部负责人说,"IT 治理如同 ERP 一样是业界最佳实践的结晶,当然最终都需要落在具体的方法论和工具上,就像 ERP 最终会落在 SAP/Oracle 等厂商的系统产品上一样。IT 治理的落脚点是通过 COBIT 进行表现与实施的。"

作为一个全面的内部控制框架,COBIT 是一个在国际上公认的先进、权威的安全与信息技术管理和控制的标准。

把 COBIT 引入某集团后,情况的确有了改观。基于 COBIT 标准,某集团把 IT 目标总共定义为 24 个流程,然后对照自身企业需要达到的效果,从中确定其中 4 个流程的管理为实现目标,即确保连续性服务、管理服务台和事件、管理性能与容量、管理数据。

在整个分析和准备的过程中,每一份调研文档、每一次会议记录、每一个工作流程都严格按照 COBIT 的方法备案或执行。某集团经过一段时间的"自我诊治",将以上 4 个流程的管理转化成了某集团在 IT 系统管理方面最重要和紧迫的具体需求:其一是支持业务连续性的基本容灾能力;其二是应对日益复杂 IT 环境的基本治理能力,其中包括可靠的数据备份与恢复能力,初步的网络、系统和存储监控能力,初步的企业级 IT 综合监控台。归根结底是要保障某集团全球各个公司网络系统基础设施无障碍运行。

某集团北京总部监控图上出现了一个红点,工作人员在监控屏幕发现并找到发生异常的具体地点,迅速将问题锁定在新加坡公司,并确认了异常信息的性质。因为该公司具有独立的 Internet 出口,工作人员登录后在某集团出现了一个新的登录端口地址,所以系统即认为是异常。换句话说,改善后的系统可以完整地处理突发的跟踪流程,即感知、隔离、诊断、采取行动、评估。

"以前系统没有统一管理,一旦问题不能及时发现,就很有可能变成一个网络漏洞,进一步甚至会发生黑客攻击等未知的事件。"某集团的一位 IT 工程师感叹道。

因为引入了 COBIT 这个 IT 治理工具,同时又按照 ITIL 的指导建立起了 IT 服务流程,某集团的 IT 服务管理变得井然有序。

小　结

(1) IT 治理是公司治理的一部分,是公司治理在信息时代的重要发展。公司治理驱动和调整 IT 治理。同时,IT 能够提供关键的输入,IT 治理影响企业的战略竞争机遇。

(2) IT 治理的目标是完善 IT 风险控制体系,降低 IT 成本,实现 IT 与企业战略、管理、业务、安全的深度融合,使 IT 为企业持续地创造价值,有效率并有效果地进行信息化。IT 治理和其他治理活动一样,集中在最高管理层(董事会)和执行管理层。

(3) IT 治理领域涉及标准及规范众多,在国际上比较有名的标准有 ITIL、COBIT、BS7799、PRINCE2。

（4）IT 治理委员会由组织的董事会及管理执行层包括 IT 管理和业务管理有关部门负责人、管理技术人员组成。IT 治理委员会定期召开会议，就企业战略与 IT 战略的驱动与设置等议题进行讨论并做出决策，为组织 IT 管理提供导向与支持，把 IT 治理的相关规范融入组织的内部控制中。

（5）IT 战略规划的审计目标是通过比较组织 IT 战略规划与组织战略一致性，保障 IT 战略规划制定及实施过程得到合理的控制、监督并持续改进，保持与业务目标的一致性。

（6）IT 组织与制度的审计目标是通过对组织信息系统管理制度的评价，向管理层提供信息系统组织工作得到控制、监督、持续优化的合理保证。

（7）IT 风险管理审计的目标是根据组织战略目标、风险管理策略及相应的固有风险，评价组织如何实施信息系统风险管理，将与信息系统有关的风险因素控制在实现组织目标可接受的范围内。

复习思考题

一、单选题

1. 在一个组织内部，IT 安全的职责被清晰分配并强制执行，且 IT 安全风险和影响分析被一贯执行。这代表了以下安全治理的哪种成熟度模型？（　　　）

    A. 最优的　　　　　　　B. 可管理的　　　　　C. 定义级　　　　　　D. 重复级

2. 有效的 IT 治理需要组织结构和流程来确保（　　　）。

    A. 组织策略和目标扩充了 IT 策略

    B. 从 IT 策略中获得业务策略

    C. IT 治理不同于全部治理，与全部治理相分割

    D. IT 策略扩充了组织策略和目标

3. 评估 IT 风险被很好地达到，可以通过（　　　）。

    A. 评估 IT 资产和 IT 项目总共的威胁

    B. 用公司以前的真的损失经验来决定现在的弱点和威胁

    C. 审查可比较的组织公开的损失统计

    D. 审查在审计报告中可识别的 IT 控制缺陷

4. 检查 IT 战略规划过程时，信息系统审计人员应该确保这个规划（　　　）。

    A. 符合技术水平现状　　　　　　　　B. 匹配所需的操作控制

    C. 明晰 IT 的任务与远景目标　　　　　D. 详细说明项目管理实务

5. 在实施风险分析期间，IS 审计员识别出威胁和潜在影响后应该（　　　）。

    A. 识别和评定管理层使用的风险评估方法

    B. 识别信息资产和基本系统

    C. 揭示对管理的威胁和影响

    D. 识别和评价现有控制

6. 信息系统审计人员正在评估信息系统的管理风险。首先要查看（　　　）。

    A. 控制措施已经适当　　　　　　　　B. 控制的有效性适当

C. 监测资产有关风险的机制　　　　D. 影响资产的漏洞和威胁

7. 下列哪项 IT 治理最佳实践改进了战略方针？（　　）

　　A. 供应商和合作者风险管理

　　B. 有基于客户、产品、市场和流程的知识库

　　C. 有能够提供创建和分享业务信息的组织结构

　　D. 领导层在业务需求和技术部门之间的协调

8. 下面哪个选项对成功实施 IT 治理是最重要的因素？（　　）

　　A. 实施 IT 评分卡　　　　　　　　B. 确认组织策略

　　C. 进行风险评估　　　　　　　　　D. 创建正式的安全政策

9. 信息系统审计人员审查组织的 IT 战略计划时应该首先审查（　　）。

　　A. 现有的 IT 环境　　　　　　　　B. 业务计划

　　C. 现有的 IT 预算　　　　　　　　D. 当前的技术发展趋势

10. 在组织内实施 IT 治理框架时，最重要的目标是（　　）。

　　A. IT 价值实现　　　　　　　　　B. 可说明性

　　C. IT 与业务目标相一致　　　　　D. 增加 IT 投资回报

二、填空题

1. 根据 IT 系统运营阶段的特点，IT 管理可以划分为三大部分：①_____；②_____；③_____。

2. IT 治理体系保证总体战略目标能够从上而下贯彻执行。IT 治理和其他治理活动一样，集中在_____和_____。

3. IT 战略规划审计目标：通过比较_____与_____，保障 IT 战略规划制定及实施过程得到合理的控制、监督并持续改进，保持与业务目标的一致性。

4. 组织应设置信息系统管理机构，规定相应的职责和权限，建立相关制度，规范业务流程运转机制。信息系统组织机构一般包括：①_____；②_____；③信息系统风险管理机构；④信息系统监督机构。

5. IT 风险管理就是围绕企业的发展战略，以 IT 风险为导向，动员和组织各类资源，综合采取各种技术手段和管理手段，对信息资产实施_____、_____、_____管控的过程。

三、简答题

1. 简述 IT 治理的概念与目标。

2. 简述 IT 治理的 COBIT 标准。

3. IT 治理、IT 管理、公司治理之间有何关系？

4. IT 治理委员会的主要职责有哪些？

5. IT 战略规划审计内容有哪些？

6. IT 组织与制度的审计目标是什么？

7. 简述 IT 风险管理审计的主要方法和程序。

第5章 信息系统一般控制审计

本章主要介绍信息系统的一般控制及其审计,着重阐述一般控制的内容和审计程序。一般控制主要包括基础设施控制、系统访问控制、信息系统硬件控制、信息系统软件控制、信息系统安全控制、灾难恢复与业务持续性控制等。通过一般控制审计案例,介绍一般控制审计技术方法、一般控制审计重点内容及审计事项。

5.1 信息系统一般控制

信息系统一般控制作为内部控制的一个方面,是指对整个计算机信息系统及环境要素实施的,对系统所有的应用或功能模块具有普遍影响的控制措施。信息系统一般控制是应用于一个单位信息系统全部或较大范围的内部控制,其基本目标为保证数据安全、保护信息系统应用程序、防止系统被非法侵入、保证在意外中断情况下的继续运行等。有效的一般控制是保证应用控制有效的重要因素,提供应用系统运行和应用控制实施的环境。如果一般控制薄弱,将严重地削弱相关应用控制的可靠性。

审计人员应当采用合适的方法、合理的技术手段针对被审计信息系统的系统环境、访问控制、基础架构、数据保护及灾难恢复等方面的控制进行检查与测试,以评估信息系统一般控制的效力,也可以为数据审计提供审计线索和依据。

审计人员制定信息系统审计计划时,应当将注意力集中在那些直接影响信息系统的一般控制上,确定关键审计领域、重要审计事项及关键控制活动。在确定重要审计事项和关键控制活动时,审计人员既要考虑与审计目标直接有关的应用程序,也要考虑系统的架构,因为它们对于评估信息系统一般控制是否有效实施十分关键,审计人员还要考虑获取审计证据的方式,通过证据判断该审计事项的控制活动是否有效。

信息系统一般控制关注基础设施控制、逻辑的和物理的访问控制、配置管理、职责分离及灾难恢复与业务持续性等关键审计领域。

(1)基础设施控制。基础设施是保障信息系统工作所必需的设施与条件,信息系统的一般控制要针对基础设施,设计必要的控制措施,以保障信息系统安全、可靠运行。基础设施控制重点是信息系统环境及信息系统软、硬件的采购、配置、运行与管理。

(2)系统访问控制。限制或监控对计算机资源(数据、程序、设备和设施)的访问,防范计算机资源被未经授权的修改、丢失及泄露。

(3)系统配置管理。防止未经授权更改信息系统资源配置(如软件程序和硬件配置),有效保证系统配置合理,运行安全。

(4)职责分离。制定相关制度,成立相应的机构,确保信息系统关键岗位的有效隔离和对不相容岗位的分工控制,有效消除职务舞弊风险。

(5)灾难恢复与业务持续性。当出现紧急事件时,保护相关信息系统的关键数据,保证关键的业务迅速恢复并持续运行。

5.1.1　信息基础设施控制

1. 信息系统环境控制

信息系统环境风险可能来源于自然灾害,常见的自然灾害有闪电、地震、火山爆发、暴雨、台风、龙卷风、洪水;也可能来自电力故障、设备故障、温度、湿度、静电、接地、恐怖袭击等方面。其中对信息系统影响最大的就是计算机和支持系统的电力故障,根据故障的持续时间和严重性,这类故障分为电力完全中断、电压不足、电压不稳及电磁干扰四种情况。

针对信息系统环境风险,采用的控制设施和控制技术包括:

1) 安装与使用报警控制面板

信息系统物理环境必须设置报警控制面板,保证负责防火的部门员工随时可以访问;面板必须安装在保护盒中,使用单独的电源或专用电源供电,保障在特殊情况下能正常运行。

2) 水灾探测器

水灾探测器是用来预防信息系统的相关设备遭受水患,对于无人看管的信息处理设备来说,安装水灾探测器尤为重要。

3) 火灾控制

火灾是信息系统环境风险中产生威胁频率最高的风险之一,大部分的信息系统环境都需要充分考虑防范火灾的需要,设置有火灾控制系统或设备。

信息处理设施的环境中,墙壁、地板及天花板必须为防火材料,必须具备阻隔火灾、避免扩散的功能。所有供电线路应安装在防火线槽内,而防火线槽通常放置于计算机机房的防火地板下。另外,在信息处理设施中的常用办公设施(垃圾桶、窗帘、办公桌、文件柜等),都应当具备防火能力。

对于火灾的防范,最常见的控制设施是手控式火灾警报器及手提式灭火器,对于信息处理设施的环境来说,设置有效的火灾自动灭火系统是相当重要的。完整的自动灭火系统包括烟雾探测装置和自动灭火装置。

烟雾探测装置必须装置在整个设施的天花板上及计算机机房高架地板下,探测器启动警报时必须产生足够的警报声响,且能连接至监控室。在天花板上及高架地板下的探测器的位置必须加上记号,以利识别及维护。在自动灭火系统中,烟雾探测器报警时应启动自动灭火装置。

自动灭火系统在探测到火灾引起的高温时可自行启动,系统必须能产生足够的警报声响,且连接至中央保安监控室。理想情况下,系统必须自动触发其他装置以封闭火场,包括关闭防火门、通知消防单位、关闭通风系统及关闭非必要电力措施,然后释放灭火材料。

自动灭火系统自动释放的灭火材料要根据不同的信息处理环境进行选择,最常见的灭火系统采用水作为灭火材料,但因为会损害设备而在信息系统环境中不常用。二氧化碳作为灭火材料,在无人值守的信息系统环境中也是一种常见选择,由于高浓度的二氧化碳会威胁到人的生命,因此许多国家都规定二氧化碳自动释放是违法的。在保障人员和设备安全的前提下,采用惰性气体作为自动释放灭火材料成为一种选择。

为确保防火探测系统符合建筑标准,负责消防的部门每年应当定期检测消防设施。消防部门也必须知道计算机机房位置,以备火灾发生时,及时运来适当的设备扑救火灾。

4）电力供应相关风险的控制

针对短暂的电力中断的不同情况,可以采用不同的控制方法。例如,可以通过浪涌保护器加以保护;持续几秒到几十分钟的电力中断可以采取不间断电源(UPS)加以保护;持续几小时到几天的电力中断可以采用后备发电机供电。为了防止意外事件造成的电力中断,还可以采用来自不同电网的备份电力系统,当一套电力系统中断时,备份电力系统工作,不影响正常的电力供应。

在计算机机房发生火灾或要求紧急疏散时,必须立即切断计算机及周边设备的电力。

5）其他相关的控制

在信息处理场所中就餐、喝饮料及吸烟会增加污染、导致火灾、破坏敏感性设备(特别是液体洒在设备上时),所以必须禁止,例如,入口处贴上警示标语等。

紧急疏散计划必须强调人员安全,同时要兼顾信息处理设施的安全。在紧急情况下,如果时间允许,应当建立程序来控制关机。

2. 信息系统硬件控制

信息系统由计算机硬件、软件和操作计算机系统的人员组成。计算机硬件基础设施是信息系统的重要组成部分,是系统运行的重要保障。对于信息系统硬件设施的控制,是保证信息系统安全性的重要措施。对于硬件基础设施的内部控制及其审计,主要考虑硬件设施的获取、运行、维护、监控和能力管理等方面。

1）硬件设施的获取

招标是企业为确保系统硬件采购的成本、设备可用性与可靠性而采取的必要措施。根据信息系统需求选择计算机硬件环境,通常向设备供应商发布一个需求说明,并制定评估设备供应商建议的准则。这类需求以招标书或者需求建议书的形式送达供应商,必须尽可能全面说明所需设备的用途、任务和要求,并描述设备运行环境。

（1）招标书。为确保硬件获取的可用性与可靠性,从审计与控制角度分析,招标书或请求建议书应包括如下内容。

① 组织环境。按信息系统设施需求,组织的业务环境可以是集中式或分布式环境。

② 处理需求。定义组织的业务需求、计算机硬件负载与性能要求、计算机信息处理途径。

③ 硬件需求。说明招标所需要的硬件规格,包括 CPU 处理速度、外部设备、终端设备与数目、网络设备。

④ 系统软件。阐明系统软件环境及其需求,包括计算机操作系统、编译环境、数据库管理软件、通信软件及访问控制软件等。

⑤ 支持需求。说明对所采购硬件的技术支持需求,包括系统的维护、操作人员的培训及备份。

⑥ 适应需求。说明现有系统软硬件环境,对采购硬件的兼容性及对现有设备和装置的影响有明确定义。

⑦ 实施需求。招标书应规定设备的测试、实施与系统运转时间安排。

⑧ 约束条件。招标书在保证信息安全的基础上,可说明硬件采购的容量、现有员工及其操作水平,以及交付日期。

（2）硬件设施的招标评标。根据招标书需求，硬件供应商提供投标书，企业应安排对投标书从技术和商务层面进行评估分析。在评标过程中，除了根据竞争性报价、成本/效益和系统需求选择供应商，还应考虑供应商的财务状况、维护支持能力，还应了解其他用户对供应商设备的使用情况与评价，通常参考的技术指标有以下几种。

① 好转时间——发生故障时，厂商从登录系统到解决问题所需的时间。

② 响应时间——系统响应一个特定的用户查询所需的时间。

③ 吞吐量——单位时间内系统的有效工作量，吞吐量的衡量指标可以是每秒执行的指令数或其他性能单位。对于数据传输，吞吐量为有效的传输速率，通常用 kb/s、Mb/s 或 Gb/s 表示。

④ 负载——执行必要工作的能力，或系统在给定时间区间内能完成的工作量。

⑤ 兼容性——供应商提供的新系统对现有应用的运行支持能力。

⑥ 容量——新系统处理并发网络应用请求的数目，以及系统能够为每个用户处理的数据量。

⑦ 利用率——新系统可用时间与故障时间之比。

通过评标，确定硬件设备供应商后，需形成正式的书面报告，阐明对投标方案的分析过程与结果，并基于成本效益原则说明评标结果。在评标结果获高层批准后，应与设备供应商签订正式的合同，合同中应包括审计权利条款，以确保组织利益。

（3）硬件获取过程的控制与审计。硬件获取过程控制与审计时，关注硬件的获取是否基于业务需求，确保硬件获取符合企业的业务目标。通过审核企业的业务和招标书内容可以检查硬件需求是否在招标书中明确定义并反映了业务需求。此外，还应该检查硬件采购是否有适当的评标过程，在充分分析多个供应商的基础上，依据评标准则进行严格的比较，确定采购方案。

2）硬件设施的维护与监控

信息系统的硬件维护需求随系统复杂性和运行负载的不同而不同。应制定明确的维护计划，最大限度地满足供应商要求的维护规格。硬件维护的执行过程应形成文件，明确要求日常维护的硬件资源信息、维护日程表、维护成本，并记录可提供特殊设备维护的服务商信息。文件还应明确维护记录的保存，对维护执行历史，包括计划内的、计划外的、已执行的和例外的维护都要求有相应的审计轨迹。文件应要求管理层监视、标识和记录所有与供应商维护规格的偏离。在对该硬件维护过程进行审计时，应该确定已形成正式的维护计划并得到管理层的批准；确定已标出超出预算的或额外的开销，这些超额开销意味着没有遵守维护程序，或可能发生的硬件变更，此时应进行及时的调查并采取后续措施。

信息系统审计还要检查硬件监控过程，确保硬件的可用性与可靠性，通过分析硬件使用的相关报告监控硬件的使用。可参考的报告有以下几种。

（1）硬件错误报告——标识出 CPU、输入/输出、电源和存储故障。管理层应检查该报告以确定系统的工作状态，检测故障并启动纠错程序。

（2）可用性报告——指出系统工作正常的时间段。如果有过多的死机时间意味着硬件设施不完备、操作系统维护过度、缺乏预防性维护、环境设施（如电源和空调）不充分或缺乏有效的操作员培训。

（3）利用率报告——记录硬件设施的使用情况。一般通过监控软件捕获处理器、通道和存储介质的有效利用状况。一般来说,大型计算机的平均利用率应为 85%~95%,偶尔可达到 100% 或低于 70%。管理层利用该报告分析和预测当前处理资源的需求趋势,以便及时增减资源。如果利用率经常超过 95%,管理层就应该考虑对用户和应用模式进行审查以求释放空间,升级计算机硬件,或调研是否能通过杜绝不必要的处理或将非关键的处理移至较为空闲的时间以减轻系统的压力。如果利用率经常低于 85%,就有必要确认硬件是否已经超出了处理需求。

3) 硬件设施的能力管理

能力管理是对计算机资源的计划和监控,其目标是根据业务的变化动态地增减资源,以确保可用资源的有效利用。能力计划应由用户和信息系统管理部门共同参与完成,并至少每年进行审查和修改。

能力计划应包括被经验所证实的预测,并同时考虑现有业务的潜在增长和未来业务的扩充,重点应考虑 CPU 的利用、计算机存储的利用、远程通信和广域网带宽的利用、I/O 通道的利用、用户的数目、新的技术的运用和服务水平协议等。

对硬件能力管理的审计应当清楚上述需求的数量和分布具有灵活性,某个类别的特定资源可能会对其他类别的需求产生影响。例如,相对于普通终端,"智能"终端可以减少处理器的处理时间和通信带宽,因此,上述信息与正在使用或计划使用的系统部件的类型和质量密切相关。

4) 对硬件基础设施控制的审计

在对硬件基础设施的采购、运行、维护、监控和能力管理等方面的控制进行审计时,应重点检查和审核其控制的相关文档,必要时也可采用会谈等方法了解控制的有效性。

审查硬件获取计划可以了解信息系统环境设施是否足以适应当前的硬件,审核硬件获取计划是否和信息系统计划同步,并且考虑了现有设备及新设备的技术退化,还需要检查软硬件规格、安装要求及交货时间等说明的准确性。

审查硬件的能力管理程序和性能评估程序,可以确定是否对硬件和系统软件的性能和能力进行连续的审查;判断信息系统管理层的硬件性能监控计划中使用的标准是否基于历史数据和分析结果。

信息系统审计人员还需要审查变更管理控制,确定信息系统变更控制的存在性与有效性。

3. 信息系统软件控制

1) 信息系统软件组成

软件包括系统软件和应用软件,是信息系统审计需要关注的关键区域。系统软件是指控制和协调计算机及外部设备,支持应用软件开发和运行的系统,包括操作系统、数据库管理系统、通信软件、数据管理软件、作业调度软件、程序库管理系统和系统工具软件等,这些系统软件为业务系统的正确运行提供系统级的保障;应用软件是为满足用户不同领域、不同问题的应用需求而提供软件,它拓宽计算机系统的应用领域,放大硬件的功能,ERP 等企业应用系统属于应用软件。

(1) 操作系统。操作系统是系统软件中最重要的部件,它包含用户、处理器和应用程序间的接口,也是计算机中各种用户共享资源(如处理器、内存、辅存和 I/O 设备)的管理者和控制者。操作系统因其所管理的资源、管理的广泛性和采用的管理技术的不同而不同。计算机的类型、应用目标及其支持的连接设备和网络等均会影响操作系统的需求、特征和复杂性。大型计算机需要处理大量合并和分布交易，要求其操作系统能根据应用的输入和输出，极可靠地管理广泛的资源和无数的并发操作。小型计算机需要处理大量终端用户的数据和程序，或对批处理和交互处理进行混合处理，要求其操作系统能分配和隔离内存，实现多用户共享磁盘空间和 CPU 时间，并管理终端连接，如 UNIX 操作系统。网络环境中的计算机作为具有特定功能的服务器（如 DBMS、目录/文件存储、应用系统等），其操作系统也应具备和多个用户的数据和程序打交道的能力，以便通过网络为客户机工作站提供服务，如 Windows 操作系统。

（2）数据库管理系统。数据库管理系统（Database Management System，DBMS）是一种操纵和管理数据库的系统软件，用于建立、使用和维护数据库。它对数据库进行统一的管理和控制，以保证数据库的安全性和完整性。用户通过 DBMS 访问数据库中的数据，数据库管理员也通过 DBMS 进行数据库的维护工作。DBMS 提供数据定义语言（Data Definition Language，DDL）与数据操作语言（Data Manipulation Language，DML），供用户定义数据库的模式结构与权限约束，实现对数据的增加、删除等操作。常见的 DBMS 有 SQL Server、Access、Oracle 等。

2）软件获取与实施

信息技术的快速发展使得软件的功能也在不断提升，软件可以改进业务流程，以更有效的方式为业务和客户提供应用服务。管理层应保证使用的软件具有最新的版本，保证组织的竞争能力。非最新版本的软件可能逐渐过时，并不再被供应商提供技术支持；可能不具备最新的应用程序所要求的技术特征；同时开放互连系统的特征也使得非最新版本的系统更易于受到安全威胁。

管理层应制定短期和长期的计划，以便及时将操作系统及相关的系统软件迁移到更新、更有效率和效益的版本上。软件的获取同硬件一样，需要相应的招标与评标过程，充分考虑成本与效益，所以从审计角度，软件的获取过程也要得到相应的控制。

由于软件自身的特点及其与硬件的附着性，信息系统软件的采购、实施与通常的硬件同时进行。信息系统审计可以将其作为同一个审计对象加以评估，这也符合信息系统软硬件的集成性的特点。在这种情况下，信息系统审计要特别考虑系统软件采购中的业务和技术因素，包括业务需求、功能需求和技术需求规格，与现有系统的兼容性、安全性需求，对现有雇员的要求，操作人员的培训和聘用需求，对系统性能和网络的影响，组织未来发展的需要。

软件的实施需要制定使用的标准配置，包括功能特征、配置选项和控制方法。从信息系统审计角度，需要对软件在非生产环境下进行测试，在其投入正式运行前需完成相应的认证和使用授权等。

3）软件的变更控制

变更控制程序用来保证变更已经得到授权，管理层和相关人员清楚并参与变更过程，确保变更不会破坏现有处理流程。变更控制程序应保证变更已经得到适当的评估，保证有适当的备份/恢复程序，一旦变更安装失败，能使其影响最小化。

变更控制程序还应通知所有可能受变更影响的相关人员，并保证这些人员已经对变更在各自领域可能产生的影响做了适当的评估。变更后系统投入实际运行前，应确保所有测试结果已进行记录、审查并得到相关领域技术专家的认可。

4）软件的版权与许可

软件版权是国家立法予以保护,非授权软件是导致感染计算机病毒、木马,造成业务损失的不可忽视的因素,也使组织面临诉讼风险。为预防或检测对软件版权的侵犯,管理层或审计部门需要制定相应的政策与管理手段,保证信息系统部门建立了标准的计算机软件许可策略。

（1）审查用于防范非授权使用和复制软件的策略和程序文件。在某些情况下,企业会要求用户签署一个协议,保证不在没有软件许可协议并得到批准的情况下复制软件。

（2）审查所有软件列表。将该列表和网络内各种服务器中所安装的软件相比较。

（3）建立对软件安装的集中控制和自动分发(包括取消用户安装软件的能力)机制。

（4）定期扫描计算机,确保计算机中没有安装非授权的软件。

和软件供应商签署基于访问网的用户数目站点许可协议,防止在同一网络中的多台计算机非法复制软件。在考虑成本效益的情况下,企业可以选择并发许可协议,允许一定数目的用户同时访问网络中的软件,还可以帮助网络管理员确定软件的使用率,可以判断是否需要购买更多的许可。

5）数据库安全控制

数据库安全就是保证数据库信息的保密性、完整性、一致性和可用性。保密性指保护数据库中的数据不被泄露和未授权的获取;完整性指保护数据库中的数据不被破坏和删除;一致性指确保数据库中的数据满足实体完整性、参照完整性和用户定义完整性要求;可用性指确保数据库中的数据不因人为的和自然的原因对授权用户不可用。

数据库安全通常通过存取管理、安全管理和数据库加密来实现。存取管理就是一套防止未授权用户使用和访问数据库的方法、机制和过程,通过程序来控制数据的存取,防止非授权用户对共享数据库的访问。安全管理指采取安全管理机制实现数据库管理权限分配。

数据库系统提供的安全控制措施能满足一般的数据库应用,但对于一些重要部门或敏感领域的应用,仅有这些是难以完全保证数据的安全性的。因此有必要在存取管理、安全管理之上对数据库中存储的重要数据进行加密处理。数据库加密主要包括:库内加密(以一条记录或记录的一个属性值作为文件进行加密)、库外加密(整个数据库包括数据库结构和内容作为文件进行加密)、硬件加密等。

6）计算机病毒及其控制

计算机病毒是一种恶意计算机程序,它向被攻击的目标主机操作系统发出请求,向运行在操作系统中的其他程序复制自己,使得程序受到感染。有一种病毒变体称为蠕虫,蠕虫一般不会像病毒那样感染其他程序,它利用操作系统的漏洞,在计算机网络传播,占用网络资源,对联网环境下客户机/服务器系统造成了严重威胁。

浏览器和电子邮件已成为病毒和蠕虫传播的重要途径。有效的病毒防范方法一是要建立规范严谨的管理策略与程序,二是要采用一定的技术方法,如防病毒软件,来预防和检测计算机病毒。检测病毒的方法有两种,一种是检查计算机是否已感染病毒;另一种是用于监测异常指令的执行,可疑指令只有在得到用户确认后才能被执行。一旦发现病毒,扫描程序会报警,并将其从硬盘上清除或进行隔离。

防范病毒可以采用下面的技术手段:使用启动型病毒保护(内置的、基于固件的保护方法,如硬盘保护卡)可以保护计算机再重新启动后恢复到一个安全的状态;对于联网的工作站可以采用无盘方式的远程启动；对计算机等设备可以采用基于硬件的口令，阻断病毒入侵的路径；写保护的 U 盘也可以防止病毒传播；对于计算机网络可以利用防火墙阻止不安全的协议进入。

7）信息系统软件的控制与审计

审计人员可通过与系统技术人员和相关负责人的会谈等过程，得到软件获取的审查和批准流程、软件实施的测试程序、测试结果的审查和批准程序、系统软件实施程序等软件相关文档。审计人员要检查软件选择程序，确定软件的选择是基于信息系统计划和业务计划，满足信息系统和业务需求；审查软件的获取可行性研究和选择流程，确定建议的系统目标和目的与招标书是否一致，是否对所有标书采用了相同的选择标准；审查在软件采购、实施过程中，是否特别注意审计成本/效益分析，确认软件采购充分考虑了成本控制；审查软件的安装控制，确保实施新系统的变更过程有相应控制；审查软件维护与变更控制，确保其有效性；审查软件安全控制，检查其安装、参数设置及相关的逻辑设置是否遵循相应的安全控制制度。

信息系统审计要特别检查系统文档，关注文档中有关安装控制语句、系统参数表、系统退出的触发事件及系统日志。对软件的审计要认真检查系统的授权文档，检查对系统访问授权的增加、删除或修改是否进行了记录。在审计过程中，要审查软件实施中的控制的充分性，主要测试的区域包括变更程序、授权程序、访问安全控制、文档规范化控制、系统测试控制、对生产环境的访问控制及相应的审计轨迹。

对于有数据库支持的信息系统来说，要检查数据库控制。检查系统对共享数据的访问是否恰当，检查系统数据结构是否恰当，确认利用了充分的变更程序来保证数据库管理软件的完整性，确认数据库管理系统的数据字典的完整性得到维护，还需要检查数据库管理系统的数据冗余度，确认凡存在数据冗余的地方均已在数据字典或其他文档中进行了适当的交叉引用。

审计数据库的管理应检查所有用户的安全级别和角色在数据库中的标识，确认所有用户或用户组的访问权限应有正当理由。确认数据库具有备份和恢复程序以确保数据库的可靠性和可用性。具备并发访问时保证数据一致性和完整性的机制和程序。

最后为保证数据的完整性和私密性，验证数据库与系统接口，审查数据导入导出程序。

5.1.2　信息系统访问控制

信息系统访问控制可以分为逻辑访问控制和物理访问控制。逻辑访问控制是通过一定的技术方法去控制用户可以利用什么样的信息，可以运行什么样的程序与事务，可以修改什么样的信息与数据。逻辑访问控制内置在应用系统、数据库系统和网络设施中。物理访问控制的目的是限制人员进出信息敏感区域，如机房设备区、数据中心等。物理访问控制措施包括胸牌、内存卡、门锁、从地板到天花板的防护墙、生物测定设备等。

1. 逻辑访问控制

逻辑访问控制是信息系统的主要控制措施之一，通过逻辑访问控制把安全风险降到组织可接受的范围内。信息系统审计人员应当理解逻辑访问措施在保护信息安全方面的作用，并分析与评价逻辑访问控制的有效性。

逻辑访问控制中的身份识别与验证是证明用户身份的过程，用户向系统提交有效的身份证明,系统验证这个身份证明后向用户授予访问系统的能力。身份识别与验证是多数系统的第一道防线,是防止非授权用户(或进程)进入系统的技术措施。身份识别与验证技术可以分为三类:"只有你知道的事情",如密码;"只有你拥有的东西",如身份证、令牌卡;"只有你具有的特征",如指纹、声音、虹膜。这三种技术可以单独使用,也可以结合起来使用。

(1)账号与口令。登录账号与口令的控制是逻辑访问控制的最基本的手段,登录账号用于识别用户,每位用户有唯一的登录账号,登录账号的命名格式应当标准化。口令也叫密码,用于用户身份的鉴定。在识别和鉴定的确认过程中,先证实是合法的用户名,然后强制使用人工输入个人密码以确认身份。口令还应该符合一定的规则,一般要求采用字母与数字混合,长度不低于8位,不使用常见的单词等。

(2)生物测定技术。生物测定技术是将人体的物理或行为特征作为访问限制基准,如指纹、虹膜、语音等。识别系统通过比对人体特征,只有人体特征相符时才准予通行,与账号口令访问控制方式相比,是一种更加安全可靠的控制方式。把生物测定技术用于访问控制,首先采集生物特征样本,然后把样本特征转换为一组唯一的数学编码,作为初始模板存储在数据库中,并与后续的多个采样进行对比,形成一个用于验证用户的最终标准模板。在用户进行访问控制时,设备获得用户生物特征的采样。与标准模板进行比对,通过统计数字进行判断是否匹配,并决定是否授予访问权。

(3)逻辑访问授权。逻辑访问控制在正确识别用户身份后,要通过授权过程赋予用户对系统逻辑访问的能力,决定访问资源,并把授权内容正式记录在案,以便于在系统中执行及日后的检查审核。

2. 物理访问控制

物理访问控制是用来保护组织使其免受非授权访问的一种措施,在物理访问控制的限制下,只有经过管理层授权的人员才能进行访问。通用的物理访问控制包括门禁系统(更高的安全控制力可以采用组合门锁或电子门锁、生物特征锁等)、摄像监控、出入陪同、访问日志登记、自动报警系统等。

组织需要针对不同的物理访问控制区域,选择合适的安保措施,利用有效的物理访问控制技术,保障物理访问的安全。

信息系统的逻辑访问控制和物理访问控制应当建立在"知所必需"(need-to-know)的基础上,按照最小授权原则(least-privilege)和职责分离原则(segregation of duty)来分配系统访问权限,只对必须使用资源的人赋予必要的授权,并把这些访问规则与访问授权通过正式书面文件记录下来,作为信息安全的重要文件加以妥善管理。

5.1.3 职责分离控制

职责分离是指遵循不相容职责相分离的原则,实现合理的组织分工。组织内部某些相互关联的职责,如果集中于一个人身上,就会增加发生差错和舞弊的可能性,或者增加了发生差错或舞弊以后进行掩饰的可能性。职责分离关注组织如何将交易授权、交易记录及资产保管等职责分配给不同员工,以防范同一员工在履行多项职责时可能发生的舞弊或错误。

对于信息系统来说,有效的职责分离应当在系统层面和应用程序层面执行,确保某个岗位不会控制业务流程的所有关键阶段。例如,应当严格限制程序员对业务操作,或者不允许一个计算机程序员独立完成程序设计、测试和变更等关键环节,以减小舞弊风险。

职责分离控制的原则依据组织的规模及其面临的风险来确定。规模较大或舞弊风险较高的单位,应当设置更为严格的职责分离控制。信息系统审计人员应当关注重要的操作与编程活动之间的职责分离,如用户、程序员和数据中心员工等,还应当关注开发与生产、安全与审计、应付账款人员与应收账款人员、密码钥匙管理员与密码更改人员等关键人员岗位的分离情况。有效地实现职责分离,应关注以下几点。

(1)制定职责分离的管理制度。信息系统的安全管理控制的主要目标是实现职责分离和有效的人员管理。在计算机信息处理环境中,业务处理环境发生了重大的变化,业务流程处理是基于信息系统平台来完成的,同一笔业务的授权、处理、复核、记录等工作可以通过计算机程序来实现,整个工作可以由一个人单独操作计算机完成。所以在计算机信息系统环境中,职责分离原则在业务处理层次被削弱。信息系统需要从组织结构和人员管理上来实现信息系统环境下各种职务之间的职责分离。职责分离的目的在于保证不同的人员承担不同的职责,人员之间可以互相监督和检查,从而防止错误和舞弊行为。

(2)员工明确其岗位职责。在书面的岗位职责描述和关键岗位分离制度下,员工应当明确其岗位职责及行为准则,所有员工充分理解他们的职责,并且按照职位描述履行职责;被审计单位管理层应当提供足够的安全意识教育和培训,确保员工对职责分离原则的理解及在组织内部建立和实施职责分离制度,尤其在关键的业务操作和编程岗位,审计人员应当关注并检查相关控制。

(3)关键岗位监控。有效的职责分离控制需要对关键岗位人员的活动进行正式的监督和审查,组织应该制定详细的操作手册,指导员工履行其职责。在信息系统的运行中,这些手册对计算机操作人员尤其重要。例如,计算机操作员手册应当提供系统启动和关闭的程序、紧急事件处理程序、系统工作状态汇报程序及操作员禁止从事的活动等方面的规定。操作手册还应该为每个应用程序的操作员提供更多的指导,例如,对职位设置、控制台和错误信息、工作检查点及系统故障后重启和恢复步骤的指导。操作手册应该明确规定禁止操作员撤销文档标记或设备错误信息。

监督和审查员工在计算机系统中的活动,能帮助确保这些活动按照规定的手续来进行,有效纠正错误,并且确保只有在得到授权的情况下才会使用计算机。为了实施有效的监督,计算机系统上的所有用户活动都应当记录在活动日志上作为审计轨迹。监督人员应该定期审查这些活动日志,寻找不相容的活动,调查任何异常情况。对计算机系统活动的定期审查能确保员工按照既定政策来履行职责,并且在操作流程改变时明确更新的需求。

加强职责分离控制机制,包括交易授权、资产保管、数据访问、授权单、用户授权表等。

(1)交易授权是用户部门的职责。授权是将完成某项工作所必需的权力授给部属人员。管理层和审计师应当定期进行检查,以发现非授权交易记录。

(2)资产保护。组织必须确定并适当分配资产保管责任。数据所有人通常指定为特定的用户部门,其职责应当书面说明。数据所有人负责确定能充分保证安全所需的授权水平,而管理层通常负责实施和加强安全体系。

(3)数据访问。对数据访问的控制是通过在用户场所和计算机信息处理设施(IPF)综合采用物理层、系统层及应用层安全措施组成的。必须保护物理环境,以防止非授权人员访问与中央处理单元连接的各种物理设备(通过它们可以访问数据),系统层和应用层安全则可以预防非授权人员访问数据库。

（4）授权单。用户部门管理人员必须向信息系统部门提交正式的授权单，明确其员工的访问权限，授权单必须经过管理层的明确批准。在大型公司或远程站点中，应当保留签字授权单，也应当把申请表和签字单进行核对，应当定期审查访问权限以确保它们与用户工作职责是匹配的。

（5）用户授权表。信息系统部门应当使用授权单的数据来建立和维护用户授权表，明确谁有权更新、修改、删除和查看数据。用户授权表也是用户访问控制列表，必须通过额外的口令或数据加密加以保护，以防止非授权访问，应当采用控制日志记录所有用户的活动情况。管理层应定期对日志进行审查，并对所有例外事项进行调查。

管理层除了定期审查那些物理或逻辑访问控制之外的活动，职责分离的控制活动通常依靠监督和批准授权的文件来进行有效控制。

5.1.4　信息系统安全审计

随着信息技术的广泛应用，信息系统是否安全可靠对信息社会有着决定性的影响，信息系统安全问题成为信息化环境下的重要问题。企业实现信息化后，不仅要建立信息系统的安全管理控制体系，还要实施信息系统安全审计，以确保信息系统的各项安全管理控制措施合理、健全，并有效地发挥作用。

1. 信息系统面临的威胁

信息系统由于受到其自身的体系结构、设计思路及运行机制等限制，也隐含着许多不安全因素。常见的有：数据输入、输出、存取与备份，源程序及应用程序、数据库、操作系统等漏洞或缺陷，硬件和通信部分的漏洞、缺陷或者遗失，还有电磁辐射、环境保障系统、企业内部人的因素、软件非法复制、黑客与计算机病毒等，它们的具体表现如表5-1所示。

表 5-1　引发信息系统安全的各种因素

项　　目	面临的风险
数据输入	数据容易被篡改或输入虚假数据
数据输出	经过处理的数据通过各种设备输出，有被泄露和被盗看的可能
数据存取与备份	可能被非法用户侵入系统恶意存取数据，也可能由于没有备份数据而使系统发生故障后难以恢复
系统开发与源程序	系统开发设计中由于人为和自然原因，可能留下各种隐患和缺陷。用编程语言书写的计算机处理程序，容易被修改和窃取，并且程序本身也可能存在漏洞
应用软件	软件的程序被修改或被破坏，会损坏系统的功能，进而导致系统瘫痪；软件文档的遗失也会给软件升级与维护带来困难
数据库	数据库存有大量的数据资源，如果遭到破坏或失窃，其损失将难以估计
操作系统	操作系统是支持系统运行、保障数据安全、协调处理业务和联机运行的关键部分，如果遭到攻击和破坏，将会造成系统运行的崩溃
硬件系统	计算机硬件本身具有被破坏、盗窃的可能。此外，组成计算机的电子设备和元件也存在偶然故障的可能，有时这种偶然故障可能是致命的
网络和通信	网络可以将不同地点的计算机信息系统连接在一起，这样就有可能导致未经许可的数据存取、滥用、发生错误的可能性不仅局限于单个计算机，而且在网络的每一点上都可能发生。信息和数据通过通信系统进行传输具有被窃听的危险

续表

项　　目	面临的风险
环境保障	信息系统需要一个良好的运行环境,周围环境的温度、湿度、清洁度及一些自然灾害等,都会对计算机硬件、软件造成影响
企业内部人员	低水平的安全管理、人员素质低下、偶然的操作失误或故障的违法犯罪行为等,都会成为影响信息系统安全的因素
黑客与病毒	一些非法的网络客户,出于各种动机,利用所掌握的信息技术会进入未经授权的信息系统,恶意的黑客可能导致严重的问题。病毒会在计算机系统之间进行传播,会在某个特定的时刻破坏计算机内的程序、数据甚至硬件,损坏系统,甚至使系统瘫痪

　　针对上述信息系统面临的风险,必须加强信息系统的安全管理,并对信息系统的各项安全管理措施是否健全、有效进行审查与评价。

2. 信息系统安全管理

　　在信息化社会中,一方面信息已成为人类重要资产,在政治、经济、军事、教育、科技、生活等方面发挥着重要作用,另一方面信息技术的迅猛发展带来的信息安全问题日益突出。由于信息具有易传播、易扩散、易毁损的特点,信息资产比传统的实物资产更加脆弱,更容易受到损害,使组织在业务运作过程中面临大量的风险。其风险来源于组织管理、信息系统、信息基础设施等方面的固有薄弱环节,以及大量存在于组织内、外的各种威胁,因此对信息系统需要加以严格管理和妥善保护,保证信息处理和传输过程是可靠的、有效的,保证重要的敏感信息是机密的、完整的和真实的。为达到这样的目标,必须采取一系列信息安全控制措施,使信息避免威胁,保障业务的连续性,最大限度地减少对业务的损失,最大限度地获取投资回报。

　　1) 信息安全

　　信息安全一般包括实体安全、运行安全、信息资源安全和管理安全四个方面的内容。实体安全是指保护计算机设备、网络设施及其他通信与存储介质免遭地震、水灾、火灾、有害气体和其他环境事故(如电磁污染等)破坏的措施、过程。运行安全是指为保障系统功能的安全实现,提供一套安全措施(如风险分析、审计跟踪、备份与恢复、应急措施)来保护信息处理过程的安全。信息资源安全是指防止信息资源的非授权泄露、更改、破坏,或使信息被非法系统辨识、控制和否认。管理安全是指通过信息安全相关的法律法令和规章制度以及安全管理手段,确保系统安全生存和运营。

　　信息安全的目标是保证信息的机密性、完整性、可用性、真实性和有效性。信息的机密性是指确保只有那些被授予特定权限的人才能够访问到信息。信息的机密性依据信息被允许访问对象的多少而不同,所有人员都可以访问的信息为公开信息,需要限制访问的信息为敏感信息或秘密信息。根据信息的重要程度和保密要求将信息分为不同密级,例如,内部文件一般分为秘密、机密和绝密三个等级。信息的完整性是指要保证信息和处理方法的正确性。信息完整性一方面是指在使用、传输、存储信息的过程中不发生篡改信息、丢失信息、错误信息等现象;另一方面是指信息处理的方法的正确性,执行不正当的操作,有可能造成重要文件的丢失,甚至整个系统的瘫痪。信息的可用性是指确保那些已被授权的用户在他们需要的时候,确实可以访问得到所需要的信息。即信息及相关的信息资产在授权人需要的时候,可以立即获得。通信线路中断故障、网络的拥堵会造成信息可用性的破坏。信息系统必须能适当地承受攻击并在失败时恢复。另外,还要保证信息的真实性和不可否认性,即组织之间或组织与合作伙伴间的商业交易和信息交换是可信赖的。

2)信息安全管理

信息安全管理是从管理、技术、人员、过程的角度来定义、建立、实施信息安全管理体系,指导安全实践活动,通过维护信息的机密性、完整性和可用性,来管理和保护组织所有的信息资产。信息安全管理一般包括制定合理的信息安全方针与策略、风险评估、控制目标与方式选择、制定规范的操作流程、对员工进行安全意识培训等一系列工作,来保证组织信息资产的安全与业务的连续性。

信息系统的安全管理是一项复杂的系统工程,它的实现不仅需要技术方面的支持,还需要法律、制度和人的素质因素的配合。因此,信息系统安全管理的模型如图5-1所示。从图中可以看出各层之间相互依赖,下层向上层提供支持,上层依赖于下层的完善,最终实现数据信息的安全。

第7层	数据信息安全
第6层	软件系统安全措施
第5层	通信网络安全措施
第4层	硬件系统安全措施
第3层	物理实体安全环境
第2层	管理细则和保护措施
第1层	法律、规范、道德、纪律

图 5-1　信息系统安全管理的层次模型

有效的信息安全管理要尽量做到在有限的成本下,减少信息安全事故的发生,保障组织目标的实现。

3. 信息系统安全审计

1)信息系统安全审计的定义

信息系统安全审计就是对被审计单位的信息系统安全控制体系进行全面审查与评价,确认其是否健全有效,确保信息系统安全运行。

2)信息系统安全审计的目标

信息系统安全审计的目标一般包括:确认被审计单位的各项信息系统安全控制措施是否健全;确认信息系统的安全控制措施是否有效执行;确认被审计单位的信息系统安全策略与程序是否能最大限度地降低信息系统工程安全风险。

3)信息系统安全审计的内容

应从整体业务风险的角度,建立、实施、运行、监视、评审、保持和改进其信息安全管理体系。审计信息安全管理体系,就是要评估其建立、实施、运行、监视、评审、保持和改进信息安全管理体系的全过程,可重点关注以下七个重要审计事项。

(1)信息安全管理体系建设。

信息安全管理系统包括制度体系、组织体系、资产体系。

① 制度体系。安全制度体系包括组织信息安全方针和各层级信息安全实施方案。审计人员应审查被审单位信息安全方针的文件,是否由管理层批准;是否印发给内外部员工;是否明确了信息安全管理工作的总体目标、范围和原则。审阅信息安全实施方案时,应关注实施方案是否以文档形式记录在案;是否具有定期评审的记录,记录的日期间隔与评审周期是否一致;是否记录了相关人员的评审意见。抽查安全管理员对信息安全实施方案的认知程度。

(2)组织体系。安全组织体系是组织建立的信息安全管理机构和岗位。审计人员应查阅被审计单位成立信息安全工作领导小组的文件,是否正式印发;是否由管理层委派负责人；是否明确其职责。查阅被审计单位信息安全组织体系，应关注是否明确信息安全管理组织的职责；是否明确单位内各部门的职责和分工；各个岗位的职责范围是否清晰、明确；是否包括机房管理员、系统管理员、数据库管理员、网络管理员、安全管理员等重要岗位人员；是否明确应配备专职的安全管理员；是否明确对某些关键事务的管理人员应配备两人或两人以上共同管理；是否明确各个岗位人员应具有的技能要求。审计人员应查阅被审计单位信息安全领导小组和信息安全管理各部门工作记录，关注是否具有日常管理工作执行情况的工作记录；是否切实开展了职责范围内的工作。审计人员应查阅被审计单位内外部员工的信息安全职责和要求，关注被审计单位是否制定了相关文件，规范那些不直接从事信息安全管理工作的内部员工和外包人员的岗位信息安全职责。抽查某内部员工或外包人员对其岗位信息安全职责的认知程度。

③ 资产体系。资产管理体系是不断更新的完整的信息资产清单。审计人员应查阅被审计单位信息资产管理文件，是否明确了信息资产管理的责任部门、责任人；文件内容是否覆盖信息资产使用、传输、存储、维护等方面；是否明确了信息分类标识的原则和方法。审计人员还应查阅被审计单位信息资产清单，是否依据资产的重要程度对资产进行分类和标识管理；不同类别的资产是否采取不同的管理措施。审计人员应查看信息安全资产管理体系是否覆盖资产责任部门、责任人、所处位置和重要程度等方面。

（2）评估信息安全保护等级。

制定风险评估计划和方案，定期对信息资产进行风险评估，确定其安全保护等级。信息资产发生变化，应及时进行再评估。风险评估和安全等级保护定级结果应记录在案，并按要求向有关部门报备。

审计人员应查阅被审计单位信息安全风险评估方案，是否以文档形式记录在案；是否具有定期评审的记录；记录的日期间隔与评审周期是否一致；是否记录了相关人员的评审意见；是否按照评估方案制定了评估计划。查阅被审计单位信息安全风险评估报告，是否按照评估计划定期进行评估；评估过程中是否确定了信息安全的保护等级；保护等级是否经过定期评审；是否在信息资产发生变化的情况下进行过再评估。查阅重要信息系统等级保护定级报告，是否编制了等级保护定级报告；是否向所在地公安机关和上级主管部门进行备案；有主管部门的，是否经主管部门审核批准。查阅有关文件，确认被审计单位是否建立了信息资产安全等级保护测评机制。

（3）实施信息安全管理。

针对不同安全等级的信息资产，设定相应具体的控制目标和控制活动，经管理层批准后实施。各级各类信息资产的控制目标和控制活动应记录在案，定期评审，保持更新，并形成文件化的操作规程供员工使用。还应定期实施信息安全等级保护测评。

审计人员应查阅不同安全等级的具体控制目标和控制活动，是否以文档形式记录在案；是否经过了相应管理层的批准；是否具有定期评审的记录；记录的日期间隔与评审周期是否一致；是否记录了相关人员的评审意见。查阅控制活动的实施记录，是否严格按照操作规程实施。查阅信息安全等级保护测评报告，是否定期进行安全等级测评；测评周期是否符合等级保护办法规定。

（4）人员安全教育培训和管理。

人是信息安全管理体系的核心要素，人员的安全意识将决定组织信息安全管理的成败。

在信息安全教育、人员安全管理和信息安全培训三方面,提高人员的安全意识。

① 制定信息安全教育计划。审计人员应访谈安全管理员、系统管理员、网络管理员和数据库管理员,关注其对工作相关的信息安全基础知识、安全责任和惩戒措施等的理解程度。查阅信息安全教育及技能培训和考核管理文档,是否明确培训周期、培训方式、培训内容和考核方式等相关内容;是否具有不同岗位的培训计划;培训内容是否包含信息安全基础知识、岗位操作规程等。

② 制定人员安全管理政策,在人员录用、人员使用、人员考核和人员离岗四个环节,确保组织聘用的人员安全。人员录用环节,人力资源部门应制定明确的岗位(特别是信息安全岗位)的职责和技能要求,严格规范人员录用过程,对被录用人的身份、背景、专业资格和资质等进行不同程度的审查,与被录用人签订岗位安全协议和保密协议,使其了解所在岗位的信息安全职责,对于关键或敏感岗位的招聘,应尽量在内部人员中选拔;人员使用环节,对于接触被审计单位商业秘密或国家秘密的人员,应进行恰当的警示教育。人员授权使用信息系统或权限变更时,应履行审批手续。建立定期轮岗制度和强制休假制度。建立合理的薪酬体系,确保人员稳定。对于违反信息安全规章制度的人员,应给予必要的处理;在人员考核环节,应定期对各岗位(特别是信息安全管理岗位和关键或敏感岗位)人员的信息安全技能进行考核,并记录在案;在人员离岗环节,对于离岗或岗位变动人员,应敦促其交还原工作岗位的钥匙、工作证件、门禁卡,归还计算机等软硬件设备和其他信息资产,注销其在信息系统中的权限。关键或敏感岗位的人员离岗前,应承诺其调离后的保密义务。

③ 信息安全培训。应定期评估录用人员(特别是信息安全管理人员、信息技术人员、关键或敏感岗位人员)的技能,确保其能够满足岗位信息安全职责的需要,并根据评估结果,制定和不断更新对录用人员的信息安全培训计划。

(5) 测评信息安全工作的有效性。

信息系统建设完成后,运营、使用单位或者其主管部门应当定期对信息系统安全等级状况开展等级测评;也应当定期对信息系统安全状况、安全保护制度及措施的落实情况进行自查。

(6) 有效弥补信息安全缺陷。

经测评或者自查,信息系统安全状况未达到安全保护等级要求的,运营、使用单位应当制定整改方案,实施整改;还应查阅整改方案和整改报告,关注是否根据自查和测评发现的问题制定了相应的整改方案,整改方案是否有效实施。

(7) 确保由外部第三方执行的活动受到足够的控制。

信息安全不仅适用于组织内部的信息系统,同样也适用于由外包商或代表本单位的第三方操作的信息系统。因此,应当制定适当的政策和程序,严格执行和监控,保证那些被外部第三方访问、处理、管理或与外部进行通信的信息和设备的安全。在与外部第三方签订的涉及访问、处理或管理被审计单位的信息或系统的合同中,或在信息系统中增加产品或服务的采购合同中,应涵盖所有的安全要求。在允许客户访问被审计单位的信息系统之前,必须确保所有安全方面的需求都被充分地考虑。

4. 信息系统安全审计程序

信息系统安全审计程序通常包括:

(1) 询问被审计单位制定信息系统安全策略所依据的标准。

（2）获取被审计单位制定的各项信息系统安全控制措施。

（3）复核安全访问规则,确认是否符合企业运营目标,并合理划分职责。

（4）与安全管理人员、网管人员、数据库管理员、应用系统开发经理进行面谈,了解其工作职责及相应的安全管理过程。

（5）审查安全策略、标准、规程和指南的使用,并确认有关文档是否已发给相关员工。

（6）审查安全管理人员、网管人员、数据库管理员、应用系统开发经理是否有足够的经验和专业知识。

（7）检查被审计单位的实体安全控制、软件安全控制、数据安全控制、系统入侵防范控制、通信网络安全控制和病毒防范控制等安全控制措施,确认其是否健全。

（8）实地观察被审计单位的实体安全环境,确认其是否符合有关标准。

（9）实地观察计算机房中水及烟雾探测器的装置,检查其电力供应是否充足,观察这些装置的位置是否有明显的标识。

（10）查看灭火器的位置是否适当,是否显而易见,最近是否进行过检验。

（11）审查计算机房防火墙、地板和天花板的耐火能力。

（12）检查备份电力系统的配置和使用。

（13）观察电线是否配置在防火板槽里。

（14）查看监视器和警报系统。

（15）检查不间断电源的配置情况及测试报告。

（16）观察机房的进出控制,查看出入登记日志。

（17）取得一份应急计划,判断是否有信息处理设备保持安全的规定措施,询问负责信息系统的员工对这份计划是否熟悉。

（18）观察软件访问及操作运行情况。

（19）检查软件备份及保管情况。

（20）采集操作系统、数据库管理系统、应用系统和网络设备等的日志进行分析,确认各项安全控制措施是否有效执行。

（21）检查用户的数据存取权限表及数据读、写、修改和删除等存取控制表,确认是否合理授权。

（22）询问被审计单位对重要数据是否加密。

（23）检查备份数据的登记记录,确认所有数据备份是否都清晰登记,并妥善保管。

（24）试图访问没有访问权限的数据和交易,访问应不会成功,并且会记录在安全报告中,查看非法访问记录与报告。

（25）审查网络连接图,查看各计算机、终端设备及网络交换机和调制解调器等辅助系统间的通信传输连接点,盘点其数量以确保网络架构图的正确性。

（26）取得终端设备的存储位置清单,据此盘点终端设备的库存数,确认记录的正确性和终端设备在网络上确实存在。

（27）查阅访问权限文件样本,判断是否规定适当的权限,权限的取得要求是否合理。

（28）取得打印的计算规则报表并抽查该报表,判断实际发生的访问是否与核准访问的文件相一致。

（29）取得终端设备识别卡及钥匙,并谋划越过权限访问计算机数据,了解安全管理员是否追查越权的非法访问行为。

（30）建立一个不符合要求的密码，如太短、数字或字符使用不当等，对密码格式要求进行测试。

（31）抽查密码变更记录，判断用户是否在规定的时间内变更其密码。

（32）尝试登录终端设备，并故意输入数次错误密码，判断错误密码输入数次后，该登录账号是否被锁定。审查安全管理员是否在验证或核实相关人员身份后才进行解锁。

（33）登录终端设备并输入密码，观察密码是否屏蔽明文显示。

（34）检查系统是否安装实施防火墙，评估网络架构和防火墙的配置是否正确设计。

（35）审查所使用的加密机制和网络安全认证机制。

（36）模仿入侵访问报告系统，检查系统入侵防范控制是否有效。

（37）检查入侵访问报告，查看对入侵访问的追踪和审查记录。

（38）检查是否安装防病毒软件，查看计算机病毒检测和清除的记录。

（39）抽查安全控制措施进行测试，如果检查出严重的控制弱点，应扩大测试的范围，加大测试力度。

在信息系统安全审计过程中，审计人员在对单项控制的强弱进行测试时，要考虑其对资产保护和信息保护的有效性及信息系统总体安全的影响，不断对信息系统安全性做出全局性的判断。

5.1.5 信息系统业务连续性审计

1. 业务连续与灾难恢复

信息系统的灾难恢复和业务持续计划是企业中总的业务持续计划和灾难恢复计划的重要组成部分。信息系统几乎支持企业所有的业务过程，需要建立恢复设施，保证灾难发生时，信息系统仍然能够正常运行。

1）灾难与业务中断

灾难可能是由自然灾害引起的，如地震、洪水、龙卷风、雷暴和火灾等，这些灾害可能对信息处理场所与设施造成严重危害；当不能正常提供预期的服务时，就会引起业务中断与损害，如供电、通信、燃气、空调、运输等；人为的破坏也会引起灾难，如恐怖袭击、黑客网络攻击、计算机病毒等。从企业内部系统故障、用户的操作错误到火灾、地震等，都可能造成系统业务中断。

如果没有灾难恢复与业务持续计划，上述风险将给企业造成致命的打击。必须采取必要的程序，使系统服务恢复到正常的运行状态。灾难恢复涉及硬件、软件和数据，为有效地恢复业务，需要对相关的风险进行评估，确定其对业务的影响程度，然后以此为基础，建立灾难恢复与业务持续计划，当灾难发生时，能够快速而有效地响应使系统恢复正常运行。其意义在于：

（1）当灾难发生时，最大限度地保护企业数据的实时性、完整性和一致性，降低数据的损失，快速恢复操作系统、应用和数据。

（2）提供各种数据恢复策略选择，尽量减小数据损失和恢复时间。

（3）保证在发生各种不可预料的故障、破坏性事故或灾难情况时，能够持续服务，确保业务系统的不间断运行，降低损失。

2）灾难恢复与业务持续计划

灾难恢复（Disaster Recovery，也称灾备），指自然或人为灾害后，重新启用信息系统的数据、硬件及软件设备，恢复正常商业运作的过程。

灾难恢复计划（Disaster Recovery Planning，DRP）是通过有序的计划，帮助企业控制灾难恢复活动，使系统从灾难中恢复过来。灾难恢复计划是业务连续计划的一部分，核心是对企业的灾难性风险做出评估、防范，特别是对关键性业务数据、流程予以及时记录、备份、保护。

业务持续计划（BCP）是为避免关键业务功能中断，减少业务风险而建立的一个控制过程，包括对支持组织关键功能的人力、物力需求和关键功能所需的最小级别服务水平的连续性保证。BCP 关注的是组织日常风险管理程序所不能完全消除的剩余风险，BCP 的目标就是要把组织的剩余风险和因意外事件产生的风险降到组织可接受的程度。

3）业务持续计划生命周期

业务持续计划按其生命周期可分为以下几个阶段：业务影响分析，运行分类和重要性分析，制定业务持续计划和灾难恢复计划，培训与意识教育程序，测试与实施计划，监测。

（1）业务影响分析（Business Impact Analysis，BIA）。业务影响分析确定影响组织业务连续运行的事件，揭示了每种风险可能对业务造成的损失，评估其对组织的影响。在业务影响分析过程中应该注意考虑以下几方面。

① 关键业务流程。评估每个流程，确定其重要性；流程的中断会引起组织无法接受的收入减少、成本增加；流程中的业务处理所采用的技术和方法，必须满足法律、法规的要求；流程是否是关键流程，还取决于运行时间和运行模式。

② 与关键业务流程相关的关键信息资源。信息资源出现故障并不一定引起灾难，除非它与特定的关键业务流程相关。例如，某个信息资源的失效将影响组织产生利润的业务流程，那么这个资源就是重要资源。

③ 关键恢复时间周期。中断的业务在一定的时间周期内必须恢复，否则将引起组织的重大损失。恢复的时间长短取决于被中断业务的性质，需要考虑恢复成本和停机成本，恢复时间与成本如图 5-2 所示，应当综合考虑停机成本与恢复成本，使总成本最小化。停机成本随着时间的推迟而增加，恢复成本随着时间的推迟而减少，总成本曲线成 U 型，U 型曲线上可以找到成本最低点。

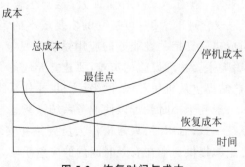

图 5-2　恢复时间与成本

（2）重要性分类。制定业务持续计划的重要依据就是对应用的重要性进行分类，分类的尺度与系统的风险大小有关，系统的风险级别取决于重要业务发生中断的可能性，以及关键恢复时间周期对业务运行的影响。一个典型的风险排序系统应当包含如表 5-2 所示的分类标准。

表 5-2 风险排序系统包含的重要性分类标准

重要性分类	描　述
关键的(Critical)	因灾难停机后,除非使用同样能力的系统进行替代,否则这些功能不再起作用。关键应用只能是计算机系统控制的全自动方式。不能使用人工方式替代,组织对系统中断的忍耐力非常有限,所以停机的成本很高,必须对系统立即恢复(通常是几小时到 1 天)
重要的(Vital)	因灾难停机后,这些功能可以由人工方式完成,但只能维护一段时间,与关键的系统相比,此级别的系统可以对系统中断有更强的忍耐力,所以可以降低中断成本,在一定时间范围内恢复系统(通常是 1~5 天)
敏感的(Sensitive)	因灾难停机后,这些功能可以由人工方式完成,可以允许有一个较长时间的恢复期(一周以上),因此恢复成本较低。虽然可以人工完成,但流程较困难,需要增加额外的员工
不敏感的(Nonsensitive)	因灾难停机后,对业务流程没有什么影响,恢复期可以延长到更长时间,对组织来说,基本没有什么恢复成本

(3) 恢复操作。灾难恢复系统的操作方式分为全自动恢复和人工恢复。

① 全自动恢复。通过一些高可靠性软件的控制,在灾害发生时使生产系统的应用切换到灾难备份系统,并把生产系统的数据切换到灾难恢复站点,在生产系统修复后,把在灾难恢复站点运行的应用返回给生产系统,很好地保证了重要业务应用的连续性。这种方法的优点是:切换速度快,大大地减少了系统管理员在灾难发生后的工作量。缺点是:成本高;一些次要因素,如服务器死机、通信联络中断等,也随时有可能引发主生产系统切换到灾难恢复站点的操作。

② 人工恢复。利用人工方式在灾难恢复站点把应用加载到服务器上,同时以人工方式将存储在备份介质上的生产系统备份数据输入恢复站点。这种方法的优点是:操作人根据实际情况做出判断并采取相应行动;系统恢复的安全性好,不会出现自动恢复系统中因为服务器或网卡损坏而发生误切换的情况;人工恢复的成本较低。缺点是:对操作人员的技能水平与反应能力有较高要求;操作人员工作量加大;会产生较长时间的业务应用中断。

(4) 恢复策略。应当采取合理的、具有可接受的恢复成本的策略,恢复关键信息系统,即恢复成本不应大于停机成本。支持关键业务的应用系统恢复策略,对于那些使组织遭受较大损失的中断,特别是影响主要物理设施的灾难,要建立异地备份方案。

① 热站(hot site)。热站提供从机房环境、网络、主机、操作系统、数据库、通信等各方面的全部配置,灾难发生后,一般几个小时就可以使业务系统恢复运行。热站提供的硬件设施与系统软件必须与原有系统一致,启用时,只需操作人员到位并安装应用程序、数据与文件即可运行。热站主要是为组织提供一个在有限时间内的应急手段,并不适合长期使用,应当看作灾难或中断发生后,为保证重要业务连续运行所采取的一种临时性的方法,使用时间不要超过几周。在使用热站的同时,要做好下一步的计划,尽快恢复主系统的运行。主系统恢复后,服务商将把组织的恢复策略从热站转移到温站或冷站中,以空出热站供其他申请者使用。

② 温站(Warm Site)。温站只配备了部分设备,通常没有主机,只提供网络连接和一些外部设备(如存储设备、UPS 设备等)。使用温站是基于这样一个前提,计算机很容易获得,并可以快速安装使用,平时不提供计算机是为了节约成本,降低温站的费用。安装计算机或其他缺少的设备可能要花几天时间,但一旦所需组件安装完毕,温站可以在几小时内提供服务。

③ 冷站(Cold Site)。冷站只提供支持信息处理设施运行的基本环境(如电线、空调、场地等)。灾难发生时,所有设备都必须运送到站点上,要从基础设施开始安装,因此故障恢复时间可能会很长。

④ 冗余信息处理设施。冗余信息处理设施是企业自己配备的、专用的恢复站点,用来对关键应用系统进行备份与恢复。建立冗余的信息处理设施有一个前提:两套系统的软件、硬件之间必须具有兼容性和可用性。采用这种备份方式,要注意以下问题:选择的恢复站点不能像主站点那样面临同样的自然灾难;应当在双方之间建立一个软件、硬件的协调策略,备份系统应当与主系统有充分的兼容性作为备份的基础;备份与恢复过程中需要用到的资源要有保证;即使是冗余信息处理设施与主机系统属于同一个所有者,处在同样的管理之下,也要对其备份与恢复操作进行经常性的测试。

⑤ 移动站点(Mobile Site)。移动站点是一种特别设计的拖车式计算设备,它可以快速地转移到业务部门或者恢复站点。移动站点是一个已做好充分准备的信息处理设施,可以提供满足特定条件的恢复服务。

⑥ 组织之间签订互惠协议(Reciprocal Agreement with Other Organization)。组织之间签订互惠协议是指具有相同设备与应用系统的两个组织或多个组织之间互相为对方建立备份的方法。通过签订协议,承诺当任何一方发生应用中断时,另一方必须为其提供计算机供对方作为备份系统使用。

(5) 制订灾难恢复与业务持续计划。业务持续计划和灾难恢复计划应当涉及业务流程中断后所有的相关问题,应当简洁并正式成文,便于理解,并在异地备份场所存放一份计划的副本。当灾难发生时,明确恢复工作中的任务与职责。

灾难恢复计划的负责人组建团队实施灾难恢复策略,确定与各个团队相关的关键决策者、信息部门和终端用户的相关职责。建议通过团队类型和恢复工作相关关系矩阵图,明确相关团队的责任。团队的成员都应该得到培训,并时刻准备在突发事件发生时启动灾难恢复计划。

业务持续计划的最终目标是保护业务的持续运行。业务持续计划不仅要考虑信息系统的服务需要,还要考虑整个组织的业务需要。业务持续计划主要组成部分有:业务持续计划关键决策人员、对所需软硬件系统的备份、组织、职责分配、通信网络和保险。

(6) 业务持续计划(BCP)的测试。

业务持续计划的测试应当完成下列任务:验证 BCP 的完全性或准确性;评价 BCP 测试中个人的绩效;评价对非 BCP 团队成员的其他员工的教育与培训;评价 BCP 团队与外部供应商之间的协调性;通过实施预定的程序来测试备份站点的能力与容量;评估重要记录的检索能力;评价要转移到恢复站点的设备的状态、数量及供应情况;评价与维护业务实体有关的运行活动和信息系统处理活动的绩效。

实施 BCP 测试。在 BCP 测试实施前,为正式测试做一系列必要的准备工作,这些恢复准备工作应当在灾难发生前就做好安排,一旦灾难发生,就可以快速启动 BCP,缩短恢复时间;在真正 BCP 测试阶段,通过实际的运行活动来测试 BCP 的特定目标,评估人员审核相关人员的操作活动,测试的目的就是衡量组织是否可以对可能出现的紧急情况进行有效响应。在测试后续阶段,对 BCP 计划进行正式的总体评价,并提出进一步完善的建议。

建立测试文档。在测试的每个阶段,应当对观察到的现象、出现的问题和提出的解决方案建立详细的文件,每个团队都应当把日常工作中的重要步骤与信息记录在日志文件中,这些文件应当成为重要的历史信息,以对将来的灾难恢复工作提供参考指南,同时这些文件也可成为分析 BCP 优劣的重要依据。

分析测试结果。通过基于实际观察的、量化的评价来判断 BCP 计划是否成功,是否达到预定的目标。

维护测试计划。定期对业务性连续性计划和策略进行审核与更新,持续跟进需求变化。

(7) 异地备份。

异地存储是为了保证组织的重要盈利活动不在灾难事件中被中断,采用存储介质将重要的程序及数据存储在异地,以备恢复系统使用。

数据备份有多种方式:完全备份、增量备份、差分备份等,组织可以根据实际情况,灵活使用,采用多种方式结合的备份策略。完全备份是将系统中所有的数据信息全部备份;增量备份是只备份上次备份后系统中变化过的数据信息。差分备份是只备份上次完全备份以后变化过的数据信息。

由于数据备份的方式不同,恢复数据时需要的备份介质数量也不一样:如果使用完全备份方式,只需上次的完全备份数据就可以恢复所有数据;如果使用完全备份+增量备份方式,则需要上次的完全备份数据+上次完全备份后的所有增量备份数据才能恢复所有数据;如果使用完全备份+差分备份方式,只需上次完全备份+最近的差分备份数据就可以恢复所有数据。

2. 灾难恢复与业务持续计划的审计

1) 业务持续计划的审计任务

在灾难恢复与业务持续计划审计时,信息系统审计人员的主要任务是理解与评价组织的业务持续策略及其与组织业务目标的符合性;参考相应的标准和法律法规,评估业务持续计划的充分性和时效性;审核业务持续计划测试结果,验证计划的有效性;审核异地备份设施和环境,评估异地备份站点的适当性;审核应急措施、员工培训、测试结果,评估紧急情况下的有效反应能力;审核业务持续计划的维护措施有效性。

2) 业务持续计划的审计步骤

信息系统审计人员验证业务持续计划的基本要素,应该审核业务持续计划的测试结果,并检查是否把相关纠正措施纳入整个计划中。信息系统审计师应该评估测试结果的完备性与准确性。判断测试结果是否被组织中的相关管理人员复核,是否达到了预期的目标,是否发现了问题的趋势及提出了可能的解决方案。

信息系统审计师应当对异地存储设施进行评价,以检查重要的介质和文档是否存在,并保持与原始介质的同步。应该评估异地存储场所的安全性,检查是否对其建立了适当的物理和环境访问的控制措施,以保证只有授权人员访问存储设施。

信息系统审计师应该访问业务连续性计划的重要参与人员，了解他们的职责，并且检查详细描述其职责的最新文件。

审计师应当检查与业务持续计划有关的厂商所签订的合同，以及厂商的相关记录及信用情况，厂商的承诺都应当有正式的书面记录并进行验证。

信息系统审计师还应当审核灾难恢复计划中的保险事务，判断保险费用的合理性。并检查组织在存储介质的损失、业务中断、设备更换和业务连续性等方面的保险项目的充分性。

5.2　一般控制审计程序

一般控制主要包括基础设施控制、系统访问控制、网络架构控制、数据及数据库安全控制、灾难恢复与业务持续性控制等。对一般控制进行审计，需要对上述控制分别进行审计。

5.2.1　基础设施控制审计

（1）物理环境的检查。审计人员可以从以下四个方面检查机房设施：机房的防水、防火系统是否满足消防要求；机房设备是否有浪涌（超出正常工作电压的瞬间过电压）和备份电力设备；机房的温度、湿度是否合规；机房建设是否考虑灾难恢复。

（2）逻辑环境的检查。主要检查信息系统对防杀病毒的措施；信息系统对外界的网络攻击屏障。

（3）硬件基础设施的检查。主要检查硬件的配置对业务的支持程度和硬件的采购是否合规。

（4）软件设施的检查。主要检查软件采购的效益性和合规性；软件的配置是否符合系统的总体规划；软件的维护和变更情况。

5.2.2　系统访问控制审计

（1）逻辑访问控制审计。逻辑访问控制是主要的控制措施，审计人员应分析、评价逻辑访问控制在实施组织信息安全目标过程中的有效性，并对信息系统处理设施的技术、管理、安全环境进行了解。具体应做到以下几点。

① 验证逻辑访问路径。审计人员应验证所有可能的访问路径已被正确识别，并采取了有效的控制措施。

② 检查逻辑访问控制软件。在信息系统所有架构层面上都应实施有效的访问控制措施。

③ 检查身份识别与验证。检查账号、口令。

④ 检查逻辑访问授权。检查系统是否能识别并区别出不同类型的用户，且按级别进行了正确的授权。

⑤ 检查远程访问控制。对远程访问和移动设备的管理进行检查。

（2）利用审计日志检测系统访问。

（3）物理访问控制审计。到现场实地察看对敏感区域、敏感文件的物理访问控制，以确保只有经授权的人才能访问，如门锁、日志、监控、警报等。

5.2.3　系统网络架构控制审计

（1）局域网风险与控制审计。对局域网进行全面了解的基础上，检查局域网软件与访问控制管理。

（2）客户机/服务器架构安全审计。检查访问节点及其相互间的关系，确保任何路径都不存在暴露风险，同时检查客户机/服务器架构控制措施的有效性。

（3）互联网安全控制审计。了解风险及安全因素，检查是否采取了必要的安全控制措施。

（4）网络安全技术应用的审计。包括网络防火墙、入侵检测系统、加密技术与网络安全协议、虚拟私有网络、防病毒技术等。

（5）网络基础架构审计。主要包括：

① 审核网络拓扑图，确定网络结构及设施。

② 审核对局域网的控制，保证体系结构的设计和选择遵循了适当的标准，以及获取和运行成本不超过其效益，包括：物理控制审核、环境控制审核、逻辑控制审核。

③ 远程访问审核。重点对来自非信任网络环境的授权用户进行的远程访问的安全控制措施进行审核，并检查所有远程访问进入点，测试拨号访问控制。

④ 网络穿透测试。

⑤ 网络变更控制审核。

5.2.4　数据安全控制审计

（1）审核信息系统在数据处理、传输过程中的数据加密、数字签名、数字信封、数字证书认证等安全策略控制是否完整有效，评价系统数据的机密性、完整性和可靠性。

（2）审核数据库的存取管理、安全管理和数据库加密技术，评价数据库的安全性。

（3）审核数据库用户的角色、权限管理、身份验证和访问控制等安全控制，评价数据库的安全性。

（4）审核数据库的备份和恢复策略，检查备份数据存放、安全、维护管理，确保数据库的可用性。

5.2.5　灾难恢复与业务持续性审计

企业必须有完善的信息系统的灾难恢复和业务持续计划来保证发生灾难时，信息系统仍然能够正常运行。具体应该做到以下几点。

（1）评价被审计单位的业务持续性策略及其与业务目标的符合性、充分性和有效性。

（2）审核信息系统和终端用户以前所做测试的结果，验证业务持续计划的有效性。

（3）审核异地应急措施及其内容、安全和环境控制，评估异地存储站点的适当性。

（4）审核应急措施、员工培训、测试结果，评估信息系统和终端用户在紧急情况下的有效反应能力。

（5）审核被审计单位对业务持续计划的维护措施。

5.3　一般控制审计案例——社保信息系统审计

5.3.1　案例摘要

在社保信息系统审计项目中,审计人员从一般控制到应用控制进行了全面审计,本案例涉及的一般控制审计事项名称及所属审计事项类别如表 5-3 所示。

表 5-3　审计事项列表

审计事项类别	审计事项子类	审计事项名称	审计事项编码
一般控制审计 （GC）	总体 IT 控制环境审计	IT 规划及组织结构审计	GC-1
		IT 管理政策审计	GC-3
	基础设施控制审计	机房物理环境控制审计	GC-4
	信息系统生命周期控制审计	系统开发和变更控制审计	GC-7
	信息安全控制审计	逻辑访问控制审计	GC-10
		网络安全控制审计	GC-11
		操作系统和数据库系统安全控制审计	GC-12
	信息系统运营维护控制审计	系统操作管理控制审计	GC-15
		系统变更管理控制审计	GC-16
		系统灾难恢复控制审计	GC-17

5.3.2　审计技术方法

(1) 问卷调查法。审计人员设计调查问卷,从组织管理情况、数据资源管理、系统环境安全管理、系统运行管理等几个方面进行审计调查,通过分析问卷反馈信息,总体把握信息系统一般控制和应用控制的基本情况。

(2) 业务流程图法。审计人员详细了解社保业务办理流程和系统数据流程,绘制相应的业务流程图与数据流程图,便于熟悉信息系统构架和各业务表之间的关联关系。

(3) 人员访谈法。审计人员针对信息系统的各控制点,对相关部门人员进行访谈,了解信息系统的使用情况,从不同的层面发现存在的信息系统问题。

(4) 现场观察法。审计人员对被审计单位的机房等地进行现场观察和实地了解,掌握被审计单位计算机机房的建设和管理情况,发现被审计单位在机房管理方面存在的不足;审计人员现场观察业务人员实际办理社保业务时,使用系统进行操作的情况,从而直观了解系统功能是否满足业务需求,发现系统存在的问题。

(5) 资料查阅法。审计人员通过查阅被审计单位信息化建设相关的文档资料,详细了解了被审计单位的信息化规划和建设情况;通过查阅社保系统的软件开发文档和使用手册等资料,了解该信息系统的业务需求、主要功能和业务流程等。

(6) 工具检测法。审计人员利用软硬件工具对被审计单位的主要服务器和主机等设备进行扫描检测,收集并分析技术数据,发现其操作系统和数据库系统存在的安全隐患。

(7) 测试用例法。审计人员通过编写相应的用户测试用例,对系统访问控制及信息系统的输入、处理、输出控制进行实质性测试,检查系统安全可靠程度及信息系统功能对用户需求的满足程度,测试信息系统处理数据的正确性和真实性。

(8)程序代码检查法。审计人员获取系统核心业务程序代码,结合相关政策进行检查,发现系统数据处理逻辑方面存在的问题。

(9)平行模拟法。审计人员对信息系统的后台数据,编写 SQL 语句,模拟系统的业务处理逻辑进行分析处理,将计算的结果与实际结果比照,提取疑点,进行延伸,发现系统处理逻辑方面的问题及利用系统进行违法违规业务操作的问题。

(10)综合测试法。审计人员在被审计单位的测试系统中建立一个虚拟实体,由系统处理该虚拟实体的测试数据,将处理结果同预期结果进行比较,确定该系统的处理控制是否恰当、可靠。

5.3.3　审计发现和建议

1. 审计发现

审计发现社保信息系统的一般控制总体情况较好,机房设施配置基本齐备,性能良好,系统总体运营情况良好,功能基本满足业务需求,但还存在以下问题。

(1)组织管理存在风险。每个子系统均由同一人负责数据库维护和应用系统的开发、测试、运行维护等工作,岗位职责不分离,关键性业务缺乏后备人员,这种管理模式有潜在风险。

(2)系统安全存在漏洞。机房物理环境不符合规范要求,网络系统缺少入侵检测、漏洞扫描、业务审计等网络安全措施,信息安全存在隐患。主服务器等设备的操作系统和数据库系统存在漏洞。

(3)无灾难恢复计划与方案,没有进行灾难恢复测试。

(4)系统开发和变更缺乏过程控制;部分系统变更无测试,系统变更后文档资料没有及时更新。

2. 审计建议

针对以上问题,审计组提出了纠正和改进建议。

(1)建议该单位加强职责分离控制,加强培训,对关键技术岗位配备后备人员。

(2)建议该单位尽快更换老化和超负荷运载设备、规范机房环境控制,加强网络安全措施,排除安全隐患。

(3)建议该单位建立完善而可行的灾难恢复方案,并定期进行恢复测试,记录并分析测试结果。

(4)建议该单位加强系统开发变更过程控制,补齐系统开发及变更资料;加强系统变更测试,及时更新系统变更后文档资料。

5.3.4　被审计单位信息系统一般控制情况

在一般控制方面,主要建立和完善了组织管理、机房物理环境、网络安全、服务器及数据库、软件开发变更等方面的制度控制及管理机制。社保信息系统一般控制情况如图 5-3 所示。

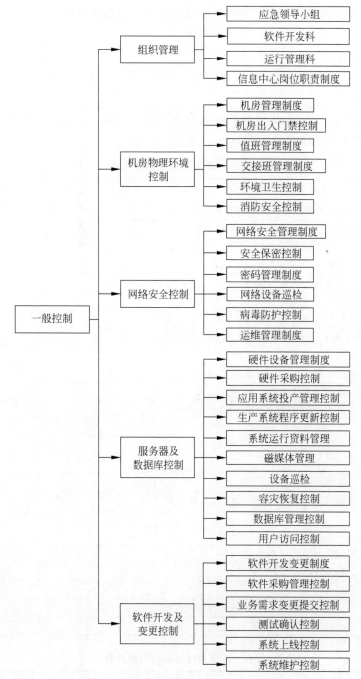

图 5-3　被审计单位社保信息系统一般控制

5.3.5　一般控制审计重点内容及审计事项

1. IT 规划及组织结构审计

1）具体审计目标

检查被审计单位 IT 规划情况和 IT 组织结构情况,有无符合其业务需求和信息需求的长远发展规划和执行计划,组织流程和组织架构是否满足控制要求,岗位分工和职责划分是否合理合规。

2)审计测试过程

(1)要求被审计单位提供信息系统规划文档、IT组织结构图、重要岗位的职能和业务流程等资料。

(2)对信息中心发放"组织管理控制调查表"(表5-4)和"数据资源管理的控制调查表"(表5-5),并对被审计单位填写的内容逐一核对、落实。

表 5-4　组织管理控制调查表

序号	控制措施调查问题	是	否	不适用	备注
1	是否成立了专门的组织机构对信息系统进行管理	√			信息中心
2	是否对未来几年信息化建设有统一的规划	√			
3	是否成立网络安全领导小组,对计算机信息系统网络安全和信息使用工作进行统一领导	√			
4	是否制定了职责分离的规章制度	√			
5	业务人员的工作职责明确清晰	√			
6	信息技术部门只负责信息系统的开发和维护工作,日常的业务操作只能由相关业务部门的工作人员来进行	√			
7	是否有规范的数据备份和恢复程序步骤	√			
8	系统的输入人员与复核人员不能相互兼任	√			
9	业务操作人员不能保管除操作手册以外的系统技术文档	√			
10	业务操作人员不能管理系统产生的重要的业务档案	√			
11	聘用人员与工作岗位是否相符	√			
12	对因工作需要接触秘密数据的工作人员签订保密协议书	√			
13	对关键性业务配备了后备人员		√		
14	定期对工作人员的工作进行考核	√			
15	定期对信息系统人员进行培训	√			
16	关键技术有多人掌握		√		
17	人员离岗后,信息系统中的账号和口令及时删除	√			
18	人员离岗后,及时归还所有的报告、文档和书籍	√			

表 5-5　数据资源管理的控制调查表

序号	控制措施调查问题	是	否	不适用	备注
1	定期备份重要的数据	√			实物
2	在对数据资源进行重要的处理之前,对数据进行备份	√			计算机使用管理规定
3	备份的数据异地存放	√			实物
4	备份的数据由非技术人员的专人保管		√		
5	信息技术人员未经批准不能接触备份数据			√	

序号	控制措施调查问题	是	否	不适用	备注
6	数据库备份和恢复工作需要在有监督的情况下进行	√			计算机使用管理规定
7	系统的维护工作需要在有监督的情况下进行	√			计算机使用管理规定
8	由专人负责重要数据的备份和恢复工作	√			计算机使用管理规定
9	备份数据的存放和领用要有相应的记录	√			
10	需要授权才能领取备份的数据	√			专人负责
11	对备份或恢复工作日志进行了记录		√		
12	明文规定了数据备份和恢复工作的规范步骤		√		
13	备份数据的恢复工作需要得到批准	√			专人负责
14	对系统的操作人员实施密码控制,防止无关人员使用系统	√			计算机使用管理规定
15	业务报告或报表要经过批准才能产生	√			系统内已设定权限
16	对系统的操作人员实施权限控制,保证不同权限的人员只能操作权限规定的功能或只能访问权限规定的数据	√			系统实际应用
17	对操作人员的管理建立日志,记录有关操作人员的增加、删除及对操作人员的口令或权限的更改的详细情况		√		
18	对操作人员的工作建立审计日志,记录进入系统工作的人员、时间、调用的功能模块、访问的数据、所做的操作等情况		√		
19	操作人员未经批准不能擅自复制数据	√			计算机使用管理规定
20	对高度敏感的数据以加密的方式存储和传输			√	
21	存放数据的房间能够防潮、恒温、防毒和防止强磁场干扰	√			
22	定期检查并记录存放数据的介质是否存在故障		√		

3）审计发现问题和思考

（1）岗位职责分离方面存在漏洞。审计发现该单位没有按照职责分工为系统设置相应的管理岗位,每个子系统均由一人既负责数据库维护,又负责软件系统的开发、测试、运行维护等工作,存在舞弊行为的潜在风险。

（2）关键性业务缺乏后备人员。某些关键技术仅依赖一到两个核心人员,人员离、缺岗将影响业务正常进行。

2. IT 管理政策审计

1）具体审计目标

检查被审计单位 IT 管理政策情况,是否制定了完善可行的 IT 管理政策,政策执行是否顺利。

2）审计测试过程

（1）要求被审计单位提供机房管理制度、人员管理制度等 IT 相关管理政策。查阅被审计单位提供的"机房管理制度""人员管理制度""软硬件管理制度""网络安全制度""保密制度"等，检查其管理政策是否完善合理、有效可行。

（2）走访信息中心和业务部门的部分员工，询问他们对于上述政策制度的了解程度，现场观察员工的操作是否符合管理制度。

3）审计发现问题和建议

在 IT 管理政策方面控制较为严格，各项管理政策比较完善合理，员工执行情况良好。

3. 机房物理环境控制审计

1）具体审计目标

检查被审计单位基础设置控制情况，重点审查其机房物理环境的安全控制措施是否健全，能否保证信息系统的软硬件和数据资源受到妥善保护，能否保证信息系统能够持续正常地运行。

2）审计测试过程

（1）发放"机房物理环境控制调查表"（表 5-6），并对其填写的内容逐一核实。

表 5-6　机房物理环境控制调查表

序号	控制措施调查问题	是	否	不适用	备注
1	计算机房或数据存放中心应远离加油站、储气站、蓄水池	√			实际情况
2	机房安装温、湿度环境传感器		√		
3	计算机房制定了防止火灾、水灾、防尘和防潮的规章制度	√			机房管理规定
4	计算机房或数据存放的房间配备了干粉灭火器	√			气体
5	计算机房或数据存放的房间设置了火灾警探测器和水灾探测器	√			实物
6	计算机房或数据存放的房间设置了火灾警报和水灾警报	√			
7	定期对计算机房空气进行净化处理		√		
8	计算机房具有防潮和恒温设备	√			实物
9	计算机房配置了备用电源或独立的备份供电	√			实物
10	计算机房配置了电源稳压装置	√			实物
11	计算机设备的电源与空调、照明和其他动力用电的电源相互独立	√			实物
12	制定了人员出入机房的制度	√			机房管理规定与登记表
13	机房和数据存放地设置了门禁系统和门卫	√			
14	人员出入机房和数据存放地时使用门禁卡并进行登记	√			

序号	控制措施调查问题	是	否	不适用	备注
15	安装了闭路电视或成像系统等监视装置	√			
16	安装了自动报警系统		√		
17	重要的设备使用了电磁屏蔽,防止重要数据通过电磁辐射泄漏	√			
18	重要数据的备份由专人负责存放	√			

（2）审计人员亲临现场对机房进行实地观察,以确认各项机房物理环境控制的有效性。

（3）对机房管理人员访谈,详细调查了解部分机房设备不能满足系统运行需要的实际情况并分析原因。

3）审计发现问题和建议

（1）机房内未安装温、湿度环境传感器;空调设备老化,功率较低,不能满足机房温、湿度控制需要;机房监控未安装自动报警系统。

（2）专用配电柜较小,已不能满足配电需要,部分电源空气开关安装在配电柜外;机房门禁未采用 UPS 供电;UPS 单机运行,负载已达 76％;UPS 电池组满载供电延时时间仅为半小时。

（3）没有办公楼综合布线图、测试报告;存在线槽外走线且强、弱电未完全分开现象。

4. 系统开发和变更控制审计

1）具体审计目标

检查被审计单位在系统开发过程中,对系统分析、系统设计和系统实施过程所进行的控制措施情况,能否保证信息系统的质量及安全可靠性;确定系统开发的各个阶段是否都经过严格审核与批准;确认系统文档是否准确完整;确认系统实施之前是否经过全面测试,而不存在重大错误和舞弊。

2）审计测试过程

（1）与管理人员、业务人员、软件开发人员座谈进行询问,了解系统开发和变更的流程、授权控制情况和质量控制情况。

（2）要求被审计单位提供可行性研究报告、项目开发计划、软件需求规格说明书、数据需求规格说明书或数据表 E-R 模型图、概要设计说明书或程序设计说明书、详细设计说明书或模块设计说明书、测试计划、测试分析报告、开发进度月报、项目开发总结报告、维护修改日志或软件开发变更说明、操作手册或用户使用手册等。被审计单位仅提供了可行性研究报告、项目开发计划、软件需求规格说明书、数据需求规格说明书、概要设计说明书、详细设计说明书、开发进度月报、项目开发总结报告、操作手册。审计人员审阅所提交的系统文档。

3）审计发现问题和建议

开发文档不齐全、不系统,缺少数据流图、数据库 E-R 模型图、系统测试计划、测试分析报告、系统开发变更的说明文档。

5. 逻辑访问控制审计

1）审计具体目标

检查被审计单位在逻辑访问控制方面的措施是否完善可行,能否有效地保证系统软件和数据的安全。

2）审计测试过程

（1）检查系统管理人员的权限是否清晰，不同人员访问和修改不同的数据；当人员离职、终止工作或调离工作岗位时，其账户密码是否及时废除；使用系统的人员口令是否合乎规范，是否定期更换。

（2）检查系统操作日志，从而发现逻辑访问控制方面的违规行为。

3）审计发现问题和建议

（1）操作人员对系统的操作没有日志记录。

（2）未修改 Oracle 数据库账号默认密码，非授权人员可利用账号默认密码进入数据库操控数据。

（3）数据库管理员及软件开发人员混合使用账号操作 Oracle 生产数据库，未按岗位职责设置账号。

6. 网络安全控制审计

1）审计具体目标

检查被审计单位的网络安全控制措施是否健全有效，确定能否保证信息资产的安全。

2）审计测试过程

（1）对网络运行专管员进行访谈，了解网络系统运转情况的日常监督情况、网络设备实施、配置情况等。

（2）获取该单位"生产中心拓扑图"，通过对拓扑图分析，检查网络拓扑结构是否满足业务需求和工作流程的需要；审阅办公楼综合布线测试报告和综合布线验收意见；取得 VLAN 划分列表，对照该单位各部门的分布，分析 VLAN 划分的合理性、有效性；现场观察是否配备了网络防火墙、入侵检测、安全审计、漏洞扫描、网络管理等。

（3）设计"网络安全审计部分测试用例"（表 5-7）对防火墙情况进行实质性测试。

表 5-7　网络安全审计部分测试用例

类别	子类	要 求 内 容	检 测 方 法		是否合格
			检测操作步骤	判定条件	
防火墙	日志配置	配置防火墙规则，记录防火墙拒绝和丢弃报文的日志	查看是否配置了对防火墙拒绝和丢弃报文的日志记录	应已开启	否
防火墙	日志配置	配置记录防火墙管理员操作日志，如管理员登录，修改管理员组操作、账号解锁等信息。配置防火墙将相关的操作日志送往操作日志审计系统或者其他相关的安全管控系统	（1）查看是否配置记录防火墙管理员操作日志。（2）查看是否配置将相关的操作日志送往操作日志审计系统或者其他相关的安全管控系统	（1）应已开启防火墙管理员操作日志记录功能，如管理员登录，修改管理员组操作、账号解锁等信息。（2）如有操作日志审计系统或者其他相关的安全管控系统，应配置发送相关的操作日志	否

续表

类别	子类	要 求 内 容	检 测 方 法		是否合格
			检测操作步骤	判定条件	
防火墙	告警配置	配置告警功能,报告对防火墙本身的攻击或者防火墙的系统内部错误	查看是否配置告警功能,报告对防火墙本身的攻击或者防火墙的系统内部错误	应已开启	是
防火墙	告警配置	配置告警功能,报告网络流量中对 TCP/IP 网络层异常报文攻击的相关告警	查看设备是否启用报告网络流量中对 TCP/IP 网络层异常报文攻击的相关告警检测	应已开启	是
防火墙	安全策略配置	防火墙在配置访问规则列表时,最后一条必须是拒绝一切策略	查看设备策略列表,检查最后一条是否为拒绝一切策略	在策略列表最后一项应为拒绝一切策略	是
防火墙	安全策略配置	配置 NAT 地址转换,对互联网隐藏内网主机的实际地址	从外网使用 NAT 地址访问内网主机	在外网使用 NAT 地址能正常访问提供服务的内网主机	是
防火墙	攻击防护配置	配置访问控制规则,拒绝对防火墙保护的系统中常见漏洞所对应端口或者服务的访问	检查设备策略设置,检查是否有对常见漏洞端口进行访问控制	常见漏洞端口应在策略设置上设置禁止访问	是
防火墙	其他	对防火墙的管理地址做源地址限制	检查设备管理地址设置	应已设置	是

3) 审计发现问题和建议

没有建立全面、有效的信息系统安全防范体系,安全方案中无防火墙设置方式及控制策略,防火墙无操作日志,网络系统缺少入侵检测、漏洞扫描、业务审计等网络安全措施。

7. 操作系统和数据库系统安全控制审计

1) 审计具体目标

检查被审计单位重要主机和服务器的操作系统和数据库系统安全控制措施,能够有效保证操作系统和数据库系统不受软硬件失灵、软件差错、人为故障和病毒侵蚀等因素干扰,是否有重大漏洞,是否能保证数据安全。

2) 审计测试过程

(1) 针对操作系统和数据库系统安全控制点,审计人员设计了"主机及操作系统安全审计测试用例"(表 5-8)和"Oracle 数据库测试用例"(略),进行实质性测试,评估操作系统和数据库系统安全控制情况。

(2) 审计人员利用 X-SCAN 等工具软件对该单位 10 台主服务器等关键设备的端口、文件系统等进行了安全性扫描,依据 ISACA"信息资产保护"中关于逻辑访问风险与控制的有关规定,对扫描检测数据进行综合性分析。

表 5-8　主机及操作系统安全审计测试用例

子类	要求内容	检测方法		是否合格
		检测操作步骤	判定条件	
账号	按照用户分配账号。根据系统的要求,设定不同的账户和账户组、管理员用户、数据库用户、审计用户、来宾用户等	进入"控制面板"→"管理工具"→"计算机管理",在"系统工具"→"本地用户和组"查看根据系统的要求,设定不同的账户和账户组、管理员用户、数据库用户、审计用户、来宾用户	结合要求和实际业务情况判断符合要求,根据系统的要求,设定不同的账户和账户组、管理员用户、数据库用户、审计用户、来宾用户	是
口令	最短密码长度为 6 个字符,启用本机组策略中密码必须符合复杂性要求的策略。即密码至少包含以下四种类别的字符中的三种: • 英语大写字母 A,B,C,…,Z • 英语小写字母 a,b,c,…,z • 西方阿拉伯数字 0,1,2,…,9 • 非字母数字字符,如标点符号,@,#,$,%,&,∗等	进入"控制面板"→"管理工具"→"本地安全策略",在"账户策略"→"密码策略"查看是否"密码必须符合复杂性要求",选择"已启动"	"密码必须符合复杂性要求"选择"已启动"	是
口令	对于采用静态口令认证技术的设备,账户口令的生存期不长于 90 天	进入"控制面板"→"管理工具"→"本地安全策略",在"账户策略"→"密码策略"查看是否"密码最长存留期"设置为"90 天"	"密码最长存留期"设置为"90 天"	是
口令	对于采用静态口令认证技术的设备,应配置当用户连续认证失败次数超过 6 次(不含 6 次),锁定该用户使用的账号	进入"控制面板"→"管理工具"→"本地安全策略",在"账户策略"→"账户锁定策略"查看是否"账户锁定阈值"设置为小于或等于 6 次	"账户锁定阈值"设置为小于或等于 6 次	是
授权	在本地安全设置中从远端系统强制关机只指派给 Administrators 组	进入"控制面板"→"管理工具"→"本地安全策略",在"本地策略"→"用户权利指派"查看是否"从远端系统强制关机"设置为"只指派给 Administrators 组"	"从远端系统强制关机"设置为"只指派给 Administrtors 组"	是
授权	在本地安全设置中关闭系统仅指派给 Administrators 组	进入"控制面板"→"管理工具"→"本地安全策略",在"本地策略"→"用户权利指派"查看"关闭系统"设置为"只指派给 Administrators 组"	"关闭系统"设置为"只指派给 Administrators 组"	是

续表

子类	要求内容	检测方法		是否合格
		检测操作步骤	判定条件	
授权	在本地安全设置中配置指定授权用户允许本地登录此计算机	进入"控制面板"→"管理工具"→"本地安全策略",在"本地策略"→"用户权利指派"查看是否"从本地登录此计算机"设置为"指定授权用户"	"从本地登录此计算机"设置为"指定授权用户"	是
授权	在组策略中只允许授权账号从网络访问(包括网络共享等,但不包括终端服务)此计算机	进入"控制面板"→"管理工具"→"本地安全策略",在"本地策略"→"用户权利指派"查看是否"从网络访问此计算机"设置为"指定授权用户"	"从网络访问此计算机"设置为"指定授权用户"	是
日志配置操作	设备应配置日志功能,对用户登录进行记录,记录内容包括用户登录使用的账号,登录是否成功,登录时间,以及远程登录时用户使用的 IP 地址	进入"开始"→"运行"→"控制面板"→"管理工具"→"本地安全策略"→"审核策略"审核登录事件,双击,查看是否设置为成功和失败都审核	审核登录事件,设置为成功和失败都审核	是
设备其他配置操作	安装防病毒软件,并及时更新	进入"控制面板"→"添加或删除程序"检查是否安装防病毒软件。打开防病毒软件控制面板,查看病毒库更新日期	已安装防病毒软件,病毒库更新时间不早于 1 个月,各系统病毒库升级时间要求参见各系统相关规定	是
设备其他配置操作	列出所需要服务的列表(包括所需的系统服务),不在此列表的服务需关闭	进入"控制面板"→"管理工具"→"计算机管理",进入"服务和应用程序"查看所有服务,不在此列表的服务是否已关闭	系统管理员应出具系统所必要的服务列表。查看所有服务,不在此列表的服务需关闭	是

3) 审计发现问题和建议

(1) 对该单位 10 台主服务器进行隐患扫描,发现操作系统和数据库系统漏洞 18 个、警告 64 个、提示 442 个。操作系统和数据库系统的补丁没有及时打上,不必要的端口地址没有封死,易被人利用对系统实施攻击。

(2) 未修改 Oracle 数据库账号的默认密码,非授权人员可利用上述账号进入数据库操控数据;没有开启数据库审计功能,无法记录和跟踪对数据库的操作。

8. 系统变更控制审计

1) 审计具体目标

检查系统变更控制机制,是否存在未经授权擅自变更系统的问题。

2）审计测试过程

（1）审查系统变更流程，是否存在未经授权擅自变更系统的风险。

（2）抽查系统变更申请单，查看主管部门的授权签名，检查是否存在未经授权而变更系统的情况。

（3）检查系统变更测试文档，确认系统变更是否经过严格的测试；检查文档资料，确认系统变更后相关的文档资料是否及时更新。

3）审计发现问题和建议

系统变更流程相对较为严密，审批和验收手续完善，但系统变更测试不严格，部分系统变更无测试，系统变更后文档资料未及时更新。建议加强系统变更测试，系统变更后文档资料及时更新。

9. 系统灾难恢复控制审计

1）审计具体目标

检查被审计单位是否有完整的灾难恢复计划和方案，审核灾难恢复的流程和步骤，能够保证在信息系统受到灾难性毁损后，迅速恢复系统，并使损失降至最低。

2）审计测试过程

（1）发放调查问卷"数据资源管理的控制调查表"（表 5-9），并对被审计单位填写的内容逐一核对、落实。

表 5-9　数据资源管理的控制调查表

序号	控制措施调查问题	是	否	不适用	备注
1	定期备份重要的数据	√			实物
2	在对数据资源进行重要的处理之前，对数据进行备份	√			计算机使用管理规定（暂行无文号）
3	备份的数据异地存放	√			实物
4	备份的数据由非技术人员的专人保管		√		
5	信息技术人员未经批准不能接触备份数据			√	
6	数据库备份和恢复工作需要在有监督的情况下进行	√			计算机使用管理规定（暂行无文号）
7	系统的维护工作需要在有监督的情况下进行	√			计算机使用管理规定（暂行无文号）
8	由专人负责重要数据的备份和恢复工作	√			计算机使用管理规定（暂行无文号）
9	备份数据的存放和领用要有相应的记录		√		
10	需要授权才能领取备份的数据	√			专人负责
11	对备份或恢复工作日志进行了记录		√		
12	明文规定了数据备份和恢复工作的规范步骤		√		
13	备份数据的恢复工作需要得到批准	√			专人负责

序号	控制措施调查问题	是	否	不适用	备注
14	对系统的操作人员实施密码控制,防止无关人员使用系统	√			计算机使用管理规定(暂行无文号)
15	业务报告或报表要经过批准才能产生	√			系统内已设定权限
16	对系统的操作人员实施权限控制,保证不同权限的人员只能操作权限规定的功能或只能访问权限规定的数据	√			系统实际应用
17	对操作人员的管理建立日志,记录有关操作人员的增加、删除及对操作人员的口令或权限的更改的详细情况			√	
18	对操作人员的工作建立审计日志,记录进入系统工作的人员、时间、调用的功能模块、访问的数据、所做的操作等情况	√			系统有记录
19	操作人员未经批准不能擅自复制数据	√			计算机使用管理规定(暂行无文号)
20	对高度敏感的数据以加密的方式存储和传输			√	
21	存放数据的房间能够防潮、恒温、防毒和防止强磁场干扰		√		
22	定期检查并记录存放数据的介质是否存在故障		√		

(2) 审阅灾难恢复计划和操作手册,确认其是否为最新的计划和操作手册,检查所制定的灾难恢复计划是否为处理受灾的现实解决方案。

(3) 查看备份现场,评估现场的安排是否恰当;检查异地备份情况。

(4) 对有关人员进行访谈,检查灾难恢复小组成员是否为在职人员,分担的职责是否恰当;询问灾难恢复人员是否熟悉灾难恢复流程和步骤。

(5) 检查关键数据文件是否依据灾难恢复计划进行备份;检查灾难恢复计划的测试文档,确认是否经过灾难恢复测试,测试结果是否达到预期目标。

3) 审计发现问题和建议

(1) 审计发现没有制定灾难恢复计划规范的测试流程和计划。

(2) 没有实施灾难恢复测试的情况说明和分析,没有发生故障后应急预案和处理流程,无法确定 BCP 的有效性。

小　结

(1) 信息系统内部控制是一个单位在信息系统环境下,为了保证业务活动有效进行,保护资产的安全与完整,防止、发现、纠正错误与舞弊,合理确保信息系统提供信息的真实、合法、完整,而制定和实施的一系列政策与程序措施。

(2)信息系统内部控制审计是对信息系统各项内部控制措施的健全性和有效性进行审查和评价。只有健全有效的内部控制,才能确保信息系统安全、可靠和有效运行。

(3)信息系统内部控制分为一般控制和应用控制。

(4)信息系统一般控制是指对整个计算机信息系统及环境要素实施的,对系统所有的应用或功能模块具有普遍影响的控制措施。

(5)信息系统安全审计就是对被审计单位的信息系统安全控制体系进行全面审查与评价,确认其是否健全有效,确保信息系统安全运行。

(6)业务持续计划(BCP)是组织为避免关键业务功能中断,减少业务风险而建立的一个控制过程。

复习思考题

一、单选题

1. 下面哪位对有效的业务连续和灾难恢复控制负有根本责任?(　　)

　　A. 股东　　　　　　B. 安全管理员　　　C. 网络管理员　　　D. 执行官

2. 授权最主要的特性是(　　)。

　　A. 按照最小权利的原则授予资源访问的权限

　　B. 用户提供用户名和口令

　　C. 授予用户的用户名和口令

　　D. 证明用户被授权

3. 拒绝服务攻击损害了下列哪种信息安全的特征?(　　)

　　A. 完整性　　　　　B. 可用性　　　　　C. 机密性　　　　　D. 可靠性

4. 采取热站异地处理设备的特点是(　　)。

　　A. 高的实施和维护成本　　　　　　B. 减少恢复时间

　　C. 减少灾难准备成本　　　　　　　D. A 和 B

5. 某企业欲处置若干曾用于保存机密数据的计算机,该企业应首先(　　)。

　　A. 将硬盘消磁　　　　　　　　　　B. 低级格式化硬盘

　　C. 删除硬盘所有数据　　　　　　　D. 对硬盘进行碎片处理

6. 下面哪种控制最有效地保护软件和敏感数据的访问?(　　)

　　A. 安全政策

　　B. 物理控制对服务器房间的访问

　　C. 对整个系统和数据冗余的容忍度

　　D. 对操作系统、应用数据的逻辑访问控制

7. 对于所有的计算机系统来说,存在的最大威胁是(　　)。

　　A. 没有经过培训和粗心大意的人　　B. 供应商和承包商

　　C. 黑客或解密高手　　　　　　　　D. 员工

8. 下面哪条措施不能防止数据泄露？（　　）

　A. 数据冗余　　　　B. 数据加密　　　　C. 访问控制　　　　D. 密码系统

二、填空题

1. 信息系统的内部控制分为_____和_____。

2. _____控制重点是信息系统环境及信息系统软硬件的采购、配置、运行与管理。

3. 信息系统访问控制可以分为_____和_____。

4. 信息系统访问控制应当建立在"知所必需"的基础上，按照_____和_____来分配系统访问权限，只对必须使用资源的人进行必要的授权。

5. _____是指遵循不相容职责相分离的原则，实现合理的组织分工。

6. _____是指自然或人为灾害后，重新启用信息系统的数据、硬件及软件设备，恢复正常商业运作的过程。

三、简答题

1. 信息系统一般控制包括哪些内容？

2. 信息系统面临的威胁有哪些？

3. 信息系统安全审计的定义是什么？

4. 一般控制审计程序包括哪些内容？

5. 什么是业务持续计划？什么是灾难恢复计划？

第6章　信息系统应用控制审计

应用控制是与具体应用系统相关的内部控制，目的是确保数据处理完整、准确。信息系统应用控制审计是信息系统审计的重点、难点之一，应用控制涉及各种类型的业务，每种业务及其数据处理有其特殊流程的要求，因此应用控制的审计需要从具体的核心业务流程进行。但另一方面，由于数据处理过程一般都由输入、处理和输出3个阶段构成，从这一共性出发，可将应用控制划分为输入控制审计、处理控制审计和输出控制审计。最后本章结合案例介绍如何开展信息系统应用控制审计。

6.1　信息系统应用控制概述

6.1.1　应用控制的概念

信息系统应用控制是为了适应各种数据处理的特殊控制要求，保证数据处理完整、准确完成而建立的内部控制，它针对的是与信息系统应用相关的事务和数据，目的是确保数据的准确性、完整性、有效性、可验证性、可靠性和一致性。

一般控制是应用控制的基础，可以为应用控制的有效性提供有力的保障，某些应用控制的有效性取决于计算机整体环境控制的有效性。当计算机环境控制薄弱时，应用控制就无法提供合理保障。如果一般控制审计结果很差，应用控制审计就没有必要进行。

6.1.2　应用控制的关键活动

信息系统应用控制的关键活动主要包括自动控制、系统报表、自动计算、访问控制、系统接口5个方面。

1. 自动控制

系统自动控制是通过计算机应用系统后台逻辑或参数设置强制执行的控制。系统自动控制由于是系统自动实现的，少有人为干预而具有高度的一致性和稳定性。一旦设定成功，在系统没有发生变更并且运行维护正常的情况下，往往能持续地保证该功能和控制的正常有效运行。例如，在采购过程中的三单匹配控制。系统自动进行采购、收货和付款三单匹配操作，符合系统设定逻辑的匹配才能顺利通过到下一步操作处理，否则系统提出警告生成例外数据报告或拒绝操作的下一步流转。

2. 系统报表

系统报表是指通过程序设定由系统自动进行信息归集、逻辑处理和展示的符合一定逻辑的数据集合。系统报表可以通过前台应用界面或基于Web的网页进行展示，也有部分企业的报表是通过批处理程序从后台运行得出的。这些报表通常被用于执行手工控制或进行下一步业务流程操作使用，从而直接或间接成为财务报表上数字的来源或支撑。例如，典型的系统报表是例外报告。对于顺序编号的文档,系统将丢失的或者重复的文件编号,自动生成一份例外报告数据,用于后续手工跟进解决。这里的例外报告就是一份系统生成报表。

3. 自动计算

系统自动计算是指通过系统程序按照预先设定的逻辑由程序自动完成的计算、分类、预测等业务处理过程。

自动计算这一应用控制的有效设计和运行往往涉及其他应用控制(如自动控制和访问控制)设计及运行的有效性。审计人员在依赖相关计算的时候需要综合考虑,防止某一环节的设计或运行不当导致自动计算的失效。

4. 访问控制

信息系统访问控制即保证系统由合适的人进行合适的操作,从而确保系统按照设定的方式运转的应用控制。让合适的人对系统做合适的事就是我们所说的访问控制。也就是说,访问控制约束的是人和系统的交互。人与系统交互是通过一定的账号和权限来实现的,因此这个过程需要通过系统账号和权限设定来实现。要实现这样的预期,实际上涉及两个层面的问题。

一是权限的设计问题。即系统的权限设计能帮助访问者正确实现操作功能。权限设计一般需要满足以下条件:①实现必要的权限要素/单元的定义和分割,符合最小权限要素/单元原则;②权限设计正确,符合业务预期;③对相互冲突的权限进行了职责分离。

二是权限赋予问题,即"让正确的人做正确的事"。权限赋予的正确性包括下列含义:①将正确的权限赋予正确的岗位以确保权限与岗位职责相符;②权限赋予要符合"知所必需"的原则,防止赋予过多不必要的权限;③权限赋予实现了职责分离的要求,避免将冲突权限赋予同一个账号。

5. 系统接口

系统接口是系统之间的信息交互渠道。数据从源系统通过一定的通道(如应用系统层、数据库层、操作系统层和网络层等)流转到目标系统,这个过程就是系统接口实现的功能。如果把系统比喻成城市,系统接口就相当于城市之间的道路、桥梁等交通基础设施,帮助各个城市间的资源流转和交互。

在信息技术高速发展的今天,一个企业只使用一个单一的信息系统,即所谓的信息孤岛的情形已经比较少见。取而代之的是各种高聚合、低耦合的不同系统,在企业运营中进行各种实时、半实时或定时的信息交互,对实现信息的增值和企业正常高效运作起到至关重要的作用。如何保证系统接口传递的信息/数据的准确性和完整性,自然成为企业管理者和审计人员要考虑的一个重要议题。

6.1.3　应用控制的目标

应用控制的目标是一套与信息处理相关的管理目标体系。这一套目标体系为业务层面控制活动设计有效性的评估提供了有用的框架。对于各个业务流程及相关的交易流而言,控制活动的设计和执行需要能确保经授权的交易被准确完整地记录和处理,并且一旦记录处理完成,能避免被非授权地修改,如此才能达到业务按管理层预期方式运行的效果。由于信息处理目标是业务层面交易控制目标,因此,这套目标仅适用于业务层面的控制活动。在系统审计中,信息处理目标与应用控制相关。由于信息系统一般控制活动不是业务流程或交易层面的控制,因此,信息处理目标与信息系统一般控制不相关。

具体而言,信息处理目标可以概括为四个目标(表 6-1)。

表 6-1　应用控制信息处理目标

目　标	说　明
完整性(Completeness,C)	所有发生的交易都在合适的期间被录入和处理一次,且仅一次例如,重复的日记账被识别且拒绝;所有的异常/拒绝都被处理和解决了
准确性(Accuracy,A)	交易金额在合适的期间被准确地记入正确的科目(数据录入是正确的)。这个数据包括交易处理过程中的关键数据要素及主数据。主数据指的是在交易处理过程中长期或半长期的、被重复使用的数据,例如,计算薪资的比例等
有效性(Validity,V)	仅被授权的且与企业相关的真实交易被记录
访问限制(Restricted Access,R)	数据是受保护的,以防止被非授权修改;对于保密数据和物理资产的访问权限仅授权给恰当的人员。如果访问控制目标无法实现,其他几个信息处理目标(完整性、准确性和有效性)将很难得到保证

对于四个信息处理目标(即 CAVR),企业有一些常见的控制技术来确保相关信息处理目标的实现。下面分别进行举例。

完整性常见控制技术举例如表 6-2 所示。需要说明的是,完整性相关的这些控制技术需要管理层及时复核并跟进异常情况,以确保控制执行的有效性。

表 6-2　完整性常见控制技术举例

目　标	说　明
批量汇总(batch totalling)	交易被分组/分批统计。在录入和处理后,比对交易的总数量与处理前的批量汇总数,异常情况被汇报给管理层进行跟进处理。例如,比对按订单统计的收入及应收表中记录条数与订单表中记录条数
顺序校验(sequence checking)	交易被按顺序录入或处理,缺失或重复的编号被汇报给管理层跟进处理。例如,销售订单的连续编号的复核及跟进处理
自动匹配(computer matching)	每条录入处理的记录都与控制文件进行比对。无法匹配成功的记录被汇报给管理层进行跟进处理。例如,员工工时记录表与员工主数据的比对
逐个检查(one-for-one checking)	比对源文件和交易报表以确保每条交易都被处理且仅被处理一次。这种控制技术成本较高且耗时,可以在量小价值高的处理情形下使用

准确性常见控制技术举例如表 6-3 所示。在很多完整性控制技术中,这些控制技术在提供完整性保证的同时,也提供了准确性。例如,批量汇总、自动匹配、逐一检查等。

表 6-3　准确性常见控制技术举例

目　　标	说　　明
合理性检查（reasonableness check）	确保数据符合预先设定的限制。例如，系统如果预先设定数量必须为正数，则录入的负数会被系统自动拒绝
依赖性检查（dependency check）	确保系统中的数据之间的关系是有逻辑的。例如，录入收货地址是上海，则下一级区县的录入必须是在上海行政区之内的而非其他城市的区县
存在性检查（existence check）	录入的数据自动与系统中存在的文件数据进行比对检查。这一技术通常被用于确保顾客编号、零部件编号的准确性
格式检查（format check）	确保录入的数据符合预先设定的格式要求。例如，系统预先设定的格式为数字，则录入字母会被自动拒绝
计算准确性（mathematical accuracy）	系统根据预设逻辑对录入数据准确计算。例如，系统根据录入的单价和数量，准确计算总价
校验位验证（check digit verification）	数据的校验位自动校验数据的准确性，对于不符合校验逻辑的交易被自动拒绝
历史数据匹配（prior data matching）	系统自动比较录入数据与历史数据，确保录入的正确性。这种控制技术比较多用于密码修改
预录入（prerecorded input）	数据被预先录入系统以确保使用的时候可以选择。应用系统中下拉框的选择数据/信息的方式就是这种控制技术的一种常见例子

有效性常见控制技术举例如表 6-4 所示。

表 6-4　有效性常见控制技术举例

目　　标	说　　明
人工授权（manual authorization）	每笔交易的有效性都经过了适当的管理人员人工复核和审批。复核和审批都通过手工进行记录
应用授权（application security authorization）	每笔交易都需要经过授权的人员录入或审批
自动有效性检查（programmed validity check）	应用系统可以自动检查交易的有效性。例如，三单匹配自动控制能自动拒绝不能匹配上收货或采购订单的付款

访问限制常见控制技术举例如表 6-5 所示。

表 6-5　访问限制常见控制技术举例

目　　标	说　　明
数据安全（data security）	大部分的业务数据都存储在一定的数据环境中（如数据文件、数据库或云）。一般而言，数据安全作为系统一般控制的一部分进行测试，但是，审计人员需要注意将一般控制测试的内容与特定业务目的数据安全进行关联，以确保特定数据的访问安全
文件核对（file reconciliation）	管理层定期核对文件总数与独立维护的控制总数以确保没有发生未经授权的修改。控制总数可能是手工维护的一个清单，例如，手工记录的总账中的 AR 余额与 AR 系统中的应收金额的比对
例外报告（exception report）	例外报告在完整性、准确性中都有广泛使用，这一控制技术在访问限制中也可以被使用。例如，一份主数据修改的报告可以被用于管理层复核，以便确认主数据没有被非授权修改

在信息处理的某个阶段,如果某一信息处理目标没有被实现,那么在后续的业务过程中产生的数据和信息将是不可靠的。这些数据和信息可能反映的是没有发生的、不完整的或者是逻辑不准确的交易和事件,也可能反映的是不存在的资产或负债。

因此审计人员需要考虑验证交易的有效性;数据录入和处理的完整性和准确性;在录入、处理和记录过程中的访问限制。评估实现某一信息处理目标的控制活动缺失是否可能造成财务报表重大错报。

6.2 应用控制审计的主要内容

应用控制涉及各种类型的业务,每种业务及其数据处理有其特殊流程的要求,这就决定了具体的应用控制的审计需结合具体的业务。但另一方面,由于数据处理过程一般都是由输入、处理和输出三个阶段构成的,从这一共性出发,可将应用控制划分为输入控制、处理控制和输出控制,如图 6-1 所示。

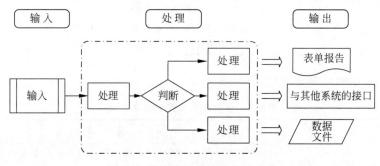

图 6-1 信息系统应用控制的分类

6.2.1 输入控制审计

数据处理中有句名言,叫作"垃圾进,垃圾出"(garbage in,garbage out),意即如果输入数据出错,以后的处理环节再正确,也只能输出错误的信息。一个信息系统如果没有严格的控制措施,未经批准的、不合法的、不完整的、不正确的"垃圾"就可能被输入系统,希望系统据此提供可靠的信息是不可能的。因此,要提高信息系统的可靠性,必须设计有效的输入控制措施。

输入控制的目的是要保证只有经过授权批准的业务才能输入信息系统;保证经批准的业务数据没有丢失、遗漏,也没有增加、重复或被做了不恰当的修改,完整、准确地输入并转换为机器可读的形式;被计算机拒绝的错误数据能正确改正后重新向系统提交。

常见的输入控制主要内容包括数据录入和导入控制、数据修改和删除控制、数据校验控制、数据共享与交换控制等。

输入控制审计就是通过审查输入权限、输入格式、输入范围及自动处理等系列输入控制措施,判断系统是否对输入数据的合规性、完整性、准确性和唯一性进行了适当控制,分析数据输入是否符合规定流程并经过合理授权、审批,从而对系统输入控制情况做出评价。

输入控制审计的目标是检查如下项目。

（1）合规性。系统的数据输入控制是否符合国家、行业或组织自身规范，是否制定数据输入控制的制度规范；是否在系统中建立用户账号和权限管理机制，并在用户使用系统时，根据设定的权限使用数据输入控制功能，以及监督操作的规范性。

（2）安全性。系统是否存在未经许可的数据输入控制功能，以及是否能阻止非授权用户的数据输入控制操作，同时具备日志记录功能。

（3）完整准确性。系统是否具备数据输入控制检查功能。审查数据唯一性控制、必填字段控制、数据格式和范围控制、数据精度控制、钩稽关系控制等方面；审查审计应用程序数据输入错误处理功能是否健全有效，包括错误提示、跟踪、报告和处理等方面。

输入控制审计的常见问题和风险如下。

（1）数据输入控制的系统账号与权限管理机制不存在或不健全。

（2）系统功能不完善，无法记录用户的输入控制操作，或日志功能未开启，造成记录信息缺失。

（3）系统的数据输入控制接口不符合国家、行业或组织规范标准，或存在未经许可的数据输入控制接口。

（4）数据输入控制结果不准确、不完整，或错误的数据被输入系统中。

（5）输入的数据文件格式不符合要求或数据类型不符合规范标准。

输入控制审计可采用如下程序与方法。

（1）查阅被审计单位制定的涉及输入控制的政策文件。审查系统开发文档、组织制度流程、岗位职责和用户授权文档，确认涉及输入控制的相关岗位及其职责与权限；检查系统的访问控制列表，了解系统对输入控制功能权限的设定与规定是否相符；对比国家、行业或者单位规范，检查组织设置的输入控制设置是否符合国家、行业或者单位规范。

（2）设定不同权限的测试用户，对系统进行穿行测试，检查系统是否严格限定只有满足权限要求的用户使用相应的输入控制功能；检查系统日志是否按照规定记录了用户的数据输入控制操作；检查系统是否存在未经许可的输入控制功能。

（3）访谈数据库管理员和应用系统开发人员，了解数据输入控制的需求定义及算法实现，判断其有效性和完备性。

（4）检查系统关键输入项控制情况，得出审计结论。

6.2.2　处理控制审计

处理是信息系统按程序指令实行的内部功能，包括数据验证、计算，比较、合并、排序等内部处理活动。处理控制就是对信息系统进行的内部数据处理活动的控制措施，这些控制措施往往被写入计算机程序，因此，处理控制往往又是自动控制。处理控制是应用控制的关键环节之一，直接影响信息系统数据的完整性与准确性。因此处理控制审计是应用控制审计的核心与难点，目的是通过对系统处理控制措施进行审查，判断控制措施是否能够确保系统能完整准确地处理数据，保障业务的正常运行，从而对应用控制的有效性做出评价。

处理控制审计包括以下内容。

（1）数据转换控制审计。检查系统采集外部数据和转换过程中的各项控制是否符合国家、行业或组织的数据转换标准、格式规范及安全保护等方面的要求。

（2）数据整理控制审计。检查采集数据的分类入库、数据库中相关数据的清洗、数据库间和数据表间的数据抽取与合并、数据库或者数据表的生成与报废等功能的控制是否符合系统需求和设计要求。

（3）数据计算控制审计。检查系统中经济业务活动的计量、计费、核算、分析及数据平衡等计算功能的控制是否符合国家、行业或组织的相关规定与规范。

（4）数据汇总控制审计。检查系统中经济业务活动的财务科目汇总、报表汇总和相关业务汇总等功能实现的控制是否符合国家、行业或者组织的相关规定和规范。

处理控制审计的常见问题和风险是：系统的处理控制功能不符合国家、行业或组织的规范；系统功能不完善，造成无法记录用户的处理控制操作，或虽有日志功能但未正常使用，造成处理控制操作的相关信息缺失，导致无据可查；数据处理控制结果不准确。

处理控制审计的主要方法与程序如下。

（1）熟悉国家、行业相关法律法规制度，审阅组织制度流程、岗位职责和用户授权文档，确认涉及处理控制的岗位及其职责与权限。

（2）审阅信息系统的开发文档，了解被审计单位信息系统的处理控制功能的需求、设计实现情况；对系统进行穿行测试，检查系统是否严格限定只有满足权限要求的用户使用相应的处理控制功能。

（3）设定不同权限的测试用户，对系统进行穿行测试，完成处理控制流程，检查结果是否符合业务逻辑、是否符合预定的处理控制逻辑；抽取一部分已处理过的真实业务进行核对，以证实处理控制的完整性、准确性。

6.2.3　输出控制审计

输入的业务和数据经系统处理后，绝大部分是以机器可读的形式存储在肉眼不可见的存储介质上的。单位的管理人员要利用这些信息时，可以以肉眼可见的形式由系统打印输出，也可以直接进行数据检索。因此，系统不但要定期或不定期地将各种信息输出到肉眼不可见的存储介质上，还要打印输出各种报告、报表或其他有关资料。输出控制的目的就是要保证输出资料的准确、可靠，并能按要求及时送到指定的人手中，而未经批准的人不能接触到系统的输出资料，以防止重要信息的泄密、滥用。

输出控制审计包括以下内容。

（1）数据外设输出控制审计。检查计算机显示、打印和介质拷贝等数据输出功能的身份与权限控制是否符合标准规范及组织自身业务的相关要求。

（2）数据检索输出控制审计。检查利用单项检索、组合检索等检索工具对系统中部分数据或者全部数据的检索输出功能的身份与权限控制，是否符合标准规范及组织自身业务的相关要求。

（3）数据共享输出控制审计。检查系统内部相关子系统之间、系统与外部系统之间通过信息交换或信息共享方式数据输出功能的身份与权限控制，是否符合标准规范及组织自身业务的相关要求。

（4）备份与恢复输出控制审计。检查运行系统向备份系统、备份系统向恢复系统数据输出的身份与权限控制是否合理、有效。

输出控制审计检查以下三个目标。

（1）合规性：组织是否在信息系统中建立了用户身份与权限体系，是否制定了控制数据输出的制度规范；用户在使用系统时，是否按照制度规范操作。

（2）安全性：系统能否发现并阻止非授权用户使用数据输出功能；是否有日志记录；对于敏感的数据的输出操作，是否有日志记录，并有数据控制责任人的监督、签字。

（3）准确性：系统是否能够保证用户通过输出控制功能获取数据的准确性。

常见问题和风险如下。

（1）数据输出控制的身份与权限控制不存在或不健全，未根据用户需要约束其使用数据输出功能，或虽然建立了权限控制但未建立相关约束用户数据输出控制的制度规范。

（2）系统功能不完善，造成无法记录用户数据输出操作或虽有日志功能但未正式使用，造成数据输出操作的相关信息缺失，导致无据可查。

（3）敏感数据的输出控制失控，缺失相关人员的许可与监督。

（4）数据输出结果不准确。

输出控制审计可以遵循以下方法与程序。

（1）审阅组织制度流程、岗位职责和用户授权文档，确认涉及数据输出控制的岗位及其职责与权限，检查系统的访问控制列表，了解系统对数据输出功能权限的设定与规定是否相符。

（2）设定不同权限的测试用户，对系统进行穿行测试，测试系统是否严格限定只有满足权限要求的用户才能使用数据输出功能；对数据信息进行输出的操作是否有日志记录；抽取敏感数据的输出记录进行分析核对，确定是否存在数据控制责任人的监督、签字。

（3）测试系统提供的数据输出的数据结果是否完整准确。

6.3　应用控制审计的步骤

从本质上来看，应用控制属于企业内部控制的一种特殊形态，即应用控制是被赋予了信息系统参与完成属性的一类内部控制。因此，了解和识别应用控制的基本方法和过程与其他内部控制是一致的。应用控制的了解和识别是伴随着整个内部控制的了解和识别的完成而完成的。

审计人员一般通过对业务流程从起始点到结束点整个过程的了解来识别被审计单位的应用控制。应用控制审计一般包含以下 4 个步骤：业务流程分析、应用控制识别、应用控制测试和控制缺陷分析与报告，如图 6-2 所示。

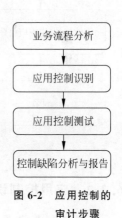

图 6-2　应用控制的
　　　　审计步骤

6.3.1　业务流程分析

在该步骤中，需要通过访谈和现场观察等方法了解被审计应用系统的业务流程，理清业务流程中的信息流、资金流和文档流。业务流程描述与业务流程图是目前审计人员用于了解审计环境、把握审计重点的主要文档。

在了解端到端的业务流程/循环过程中，审计人员可以通过流程描述文档详细记录被审计单位的业务流转过程，通过文档梳理出流程的详细过程和细节。通过业务流程描述文档，审计人员可以清楚地梳理出被审计单位从始至终的完整流程,有助于发现和识别其中的风险点及应对。这种文档没有固定的格式要求,常见的流程描述文档以 Word 文本方式进行记录。

流程图是一种与流程描述文档配套的图形化记录方式,审计人员可以使用流程图的方式分解流程的层次结构,如一级流程图、二级流程图和三级流程图,记录业务流程中的各个流程、控制活动及相关风险。一份完整的流程图通常包括图例说明、流程总览、子流程几个部分。对于子流程,通常会记录流程中的流程所有者、流程内容、实现方式、流程编号等。对于控制活动,与流程记录的要素基本相同,最大的区别在于,控制活动与风险相应而生,因此,控制活动与风险在图中往往成对出现。常见的流程图以 Visio 软件制作,图 6-3 是采购流程的业务流程分析示例。

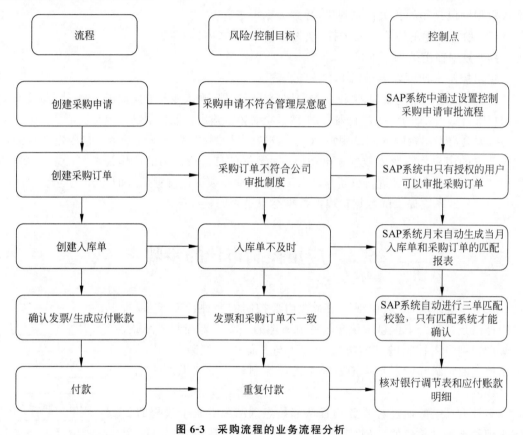

图 6-3　采购流程的业务流程分析

6.3.2　应用控制识别

在该步骤中,根据之前了解的业务流程识别控制活动,并根据控制活动的类别识别出应用控制或手工控制,同时确定这些应用控制的关键程度。该步骤的主要文档是风险与控制矩阵。

风险控制矩阵,顾名思义就是风险和控制组成的一个矩阵式表格。这一表格列出了一个流程/子流程中的风险点及应对(控制)。这个表格往往和流程图配套使用。

通常情况下,风险控制矩阵主要包括子流程、风险编号、风险描述、控制目标、控制编号、控制描述、控制频率、控制类型、财务报表对应科目/交易、信息处理目标、财务报表认定等关键要素。通过这个矩阵,审计人员可以很清楚地看出各个业务流程中的内部控制点及对应的财务报表科目,并根据该控制点所应对的风险、实现的信息处理目标及与财务报表认定之间的关系,评估被审计单位是否对相关风险点建立了足够的内控应对机制,以确保该交易的相关认定目标的实现。表 6-6 是收入与应收账款流程常见应用控制示例。

表 6-6　收入与应收账款流程常见应用控制示例

子流程	控制目标	控制活动举例	财务报表认定
订单处理	订单被完整准确记录	系统自动检查预先自动顺序编号的销售订单,以确保销售订单没有丢失、重复或者编号落在预订的范围之外。所有被拒绝、挂起或者丢失的项目都被及时调查、更正并及时重新录入	完整性
订单处理	重读订单没有被记录	编辑检查拒绝已经存在的订单编号的录入。被拒绝的订单被放入一个例外文件用于及时地调查、复核及跟进	完整性 计价或分摊
订单处理	会计过账权限仅授权给特定人员	对特定会计记录的访问权限仅授权给恰当的人员。管理层定义复核系统中的账号权限清单,以确保只有授权的个人有会计记录的访问权限	存在和发生
发货	商品被完整准确记录	系统自动根据审批完成的销售订单生成拣货单。系统根据销售订单信息自动执行编辑检查以确保相关信息的完整和准确	完整性 计价或分摊
发货	发货被记录在合适的会计期间	一旦发货成功,发货文档自动标记为"已发货",并正确记录发货日期和时间	计价或分摊 存在和发生
收款	收款被记录于正确的客户账户	系统自动根据客户名称、客户编号和发票编码等信息自动进行收款数据与客户的应收账款匹配。未匹配的收款被及时跟进并进行人工匹配	完整性 计价或分摊 存在和发生
主数据维护	职责充分分离	主数据维护的冲突权限得到了恰当的分离。例如,维护权限、审核权限、核对权限等	存在和发生

6.3.3　应用控制测试

应用控制和手工控制具有共同点,都属于内部控制,因此两者适用于通用的控制测试原则和方法,采用的审计程序主要包括询问、观察、检查、重新执行和穿行测试等。另一方面,应用控制与手工控制相比,又具有其独特性:应用控制是依赖于信息系统实现的控制活动。在信息系统一般控制持续有效的前提下,应用控制因为少有人工干预和判断而具有持续有效性、稳定性和连贯性。因此,这一特点又赋予了应用控制测试原则和方法的独特性。信息技术处理具有内在一贯性,除非系统发生变动,一项自动化应用控制应当一贯运行。对于一项自动化应用控制,一旦确定被审计单位正在执行该控制,审计人员通常无须扩大控制测试的范围,但需要考虑执行下列测试以确定控制持续有效运行。

(1)测试与该应用控制有关的一般控制的运行有效性。

(2)确定系统是否发生变动,如果发生变动,是否存在适当的系统变动控制。

(3)确定对交易的处理是否使用授权批准的软件版本。

例如,审计人员可以检查信息系统安全控制记录,以确定是否存在未经授权的接触系统硬件和软件,以及系统是否发生变动。

在该步骤中,根据识别的应用控制属性和控制活动描述,对其进行控制测试,一般测试样本只要选择一组即可。该步骤的主要文档为应用控制测试文档,表 6-7 是某企业集装箱修理流程控制测试表示例。

表 6-7　集装箱修理流程控制测试表示例

测试事项	事 项 描 述	涉 及 系 统	涉及部门	涉及岗位	测试评估初步
集装箱修理流程	集装箱运输中发生损坏,委托供应商进行修理,并支付修理费。流程为"报价→审批→修理→支付费用"	报价及审批通过集装箱修理系统进行,修理费支付则依托航运主业务系统工作模块	箱管部、全球单证中心	信息录入、修理审批	人员审批权限设置和调整缺少制度规定;同时公司规定修理审批时和集装箱动态系统状态进行对比,但该系统未做控制,存在一定的控制风险

6.3.4　应用控制缺陷分析与报告

在该步骤中,对测试结果发现的控制缺陷进行汇总和分析,确定这些控制缺陷所造成的影响及关键程度,并向被审计单位确认。在此基础上,撰写审计报告。该步骤的主要文档有控制缺陷报告和审计报告。

6.4　应用控制审计案例

6.4.1　审计案例背景

在互联网金融时代,银行要快速应对客户使用习惯。从柜面银行,到网上银行、电话银行、手机银行、直销银行,再到微信银行,银行业的信息科技正经历快速的发展。本案例以某商业银行微信银行系统为例,来分析如何开展应用控制审计,该商业银行微信银行系统的功能结构如图 6-4 所示。

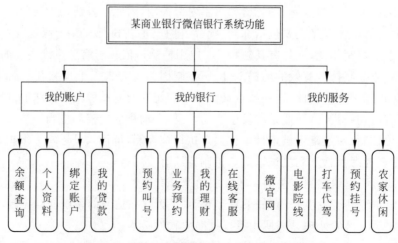

图 6-4　某商业银行微信银行系统的功能结构

6.4.2　审计过程分析

以该微信银行系统中的"预约叫号"功能为例,来分析如何开展应用控制审计。

1. 业务流程分析

通过访谈和查看该微信银行系统,了解该商业银行微信银行系统"预约叫号"功能操作流程,如图 6-5 所示。

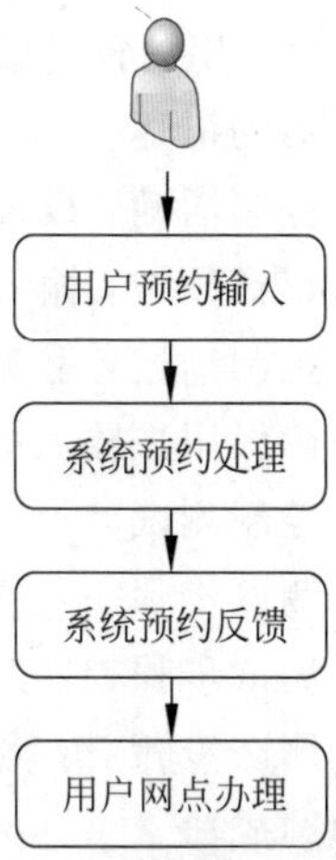

2. 应用控制识别

根据上一步分析的业务流程,识别"预约叫号"的控制活动,其关键的应用控制点如下。

(1) 用户预约输入。是否有用户身份信息控制、是否设置了必需选项保证预约叫号关键数据的输入、是否设置了预约叫号关键数据的输入限定范围。

(2) 系统预约处理。"预约叫号"功能中系统能否预防重复预约取号(例如,存在同一个网点、同一个时间段、同一个手机号进行预约叫号);系统是否具有同一个时间段内预约取号人数的限制功能;系统是否提供"更改预约"功能;是否具有对同一个手机号"预约叫号"申请次数的限制功能。

(3) 系统预约反馈。"预约叫号"成功的业务是否能给用户一个合理的短信反馈。

(4) 用户网点办理。"预约叫号"成功的业务是否能在网点方便、顺利地办理业务。

图 6-5　某商业银行微信银行系统"预约叫号"功能操作流程

3. 应用控制测试

根据上一步分析的"预约叫号"流程中关键的应用控制点,主要控制活动描述及相关测试如下。

1) 用户预约输入

(1) 用户预约输入控制(一)。

活动描述

控制活动:用户身份信息控制。

审计领域:输入控制。

控制描述:预约叫号的录入界面中必须输入用户身份信息,从而预防非法分子随意录入手机号进行预约叫号。

控制测试

测试步骤一:进入预约叫号的录入界面。

测试步骤二:查看"预约叫号"申请时系统是否需要用户输入身份信息。

(2) 用户预约输入控制(二)。

活动描述

控制活动:设置必需选项保证预约叫号关键数据的输入。

审计领域:输入控制。

控制描述：预约叫号的录入界面中某些字段必须强制输入，某些字段可以选择性地输入，从而确保关键的预约叫号信息均被录入。

控制测试

测试步骤一：进入预约叫号的录入界面。

测试步骤二：测试当关键的预约叫号信息未被录入时，预约叫号能否成功。

（3）用户预约输入控制（三）。

活动描述

控制活动：设置预约叫号关键数据的输入限定范围。

审计领域：输入控制。

控制描述：系统可以对预约叫号录入界面中必需选项关键数据的输入范围进行限定，从而确保用户输入的关键预约叫号信息在合理的范围内。

控制测试

测试步骤一：进入预约叫号的录入界面。

测试步骤二：查看每个字段选择组中的字段输入范围是否符合银行的实际要求。

测试步骤三：测试当字段选择组中的字段输入范围不符合银行的实际要求时，是否仍能预约成功。

2）系统预约处理

（1）系统预约处理控制（一）。

活动描述

控制活动：能预防重复预约取号（存在同一个网点、同一个时间段、同一个手机号进行预约叫号）。

审计领域：处理控制。

控制描述：系统可以对同一个网点、同一个时间段、同一个手机号的"预约叫号"申请进行限定，使申请次数不能超过1次，从而预防用户重复预约取号。

控制测试

测试步骤一：进入预约叫号的录入界面。

测试步骤二：测试当用同一个手机号选择同一个网点和同一个时间段时，是否仍能预约成功。

（2）系统预约处理控制（二）。

活动描述

控制活动：具有同一个时间段内预约取号人数的限制功能。

审计领域：处理控制。

控制描述：系统可以对同一个网点、同一个时间段的"预约叫号"申请人数进行限定，使同一个时间段内预约取号人数控制在网点柜台在该时间段内能处理的能力范围内，从而保证预约叫号功能的有效性。

控制测试

测试步骤一：通过访谈和查看相关文档，了解系统是否有预约叫号人数的限制功能。

测试步骤二：若有，进入预约叫号的录入界面。

测试步骤三：根据一个网点某一时间段的处理能力，对该网点的同一时间段的"预约叫号"以超过处理能力的申请次数进行申请时,测试是否仍能预约成功。

（3）系统预约处理控制（三）。

活动描述

控制活动：提供"更改预约"功能。

审计领域：处理控制。

控制描述：对于提交成功的预约叫号申请,系统提供"更改预约"功能,即用户可以修改叫号申请,也可以删除提交成功的预约叫号申请,从而保证"预约叫号"功能的合理性。

控制测试

测试步骤一：进入预约叫号的界面。

测试步骤二：检查系统是否提供"更改预约"功能,测试是否可以删除提交成功的预约叫号申请。

（4）系统预约处理控制（四）。

活动描述

控制活动：具有同一个手机号的"预约叫号"申请次数进行限制功能。

审计领域：处理控制。

控制描述：系统可以对同一个手机号的"预约叫号"申请次数进行限定,从而防止利用预约叫号功能进行骚扰行为。

控制测试

测试步骤一：通过访谈和查看相关文档,了解系统是否有"预约叫号"申请次数的限制功能。

测试步骤二：若有,进入预约叫号的录入界面。

测试步骤三：根据限制申请次数,用同一个手机号进行"预约叫号",测试超过限定次数时是否仍能预约成功。

3）系统预约反馈

活动描述

控制活动："预约叫号"成功业务的短信反馈控制。

审计领域：输出控制。

控制描述："预约叫号"成功的业务能给用户一个合理的短信反馈,从而保证用户知道"预约叫号"成功。

控制测试

测试步骤一：选择某一"预约叫号"业务。

测试步骤二：测试该"预约叫号"成功的业务能否给用户一个合理的短信反馈。

4）用户网点办理

活动描述

控制活动：预约叫号业务和网点叫号机的对接控制。

审计领域：输出控制。

控制描述："预约叫号"业务必须能和网点的叫号机方便、顺利地对接,从而保证"预约叫号"成功的业务能在网点方便、顺利地办理业务。

控制测试

测试步骤一：选择某一"预约叫号"成功的业务。

测试步骤二：到对应的网点查看"预约叫号"成功的业务是否能在网点顺利办理业务。

4. 控制缺陷分析和审计报告撰写

通过以上测试，对发现的一些相关应用控制缺陷需要和被审计单位进行沟通确认。

对于本实例，经被审计单位确认后，主要存在的相关应用控制缺陷如下。

1）系统"预约叫号"功能输入控制存在一些问题

"预约叫号"功能中，预约的时间范围在 9：00～23：30，和银行的工作时间不一致，当选择下班时间进行预约叫号时，系统仍然显示预约成功。经深入了解发现，"预约日期"输入框中，"预约日期"的选择范围没有做好最晚时间的设置。

2）系统"预约叫号"功能处理控制存在一些问题

（1）不能预防重复预约叫号（存在同一个网点、同一个时间段、同一个手机号进行预约叫号）。

（2）"预约叫号"功能中，系统缺少对同一个网点、同一个时间段的"预约叫号"申请人数限定控制，不能做到使同一个时间段内预约取号人数控制在网点柜台在该时间段内能处理的能力范围内，不能保证预约叫号功能的有效性。

（3）系统对同一个手机号只能同意预约 3 次，但系统没有提供"更改预约"功能，当用户删除一个已预约时，不能再增加一个，在功能上不够友好。

3）系统"预约叫号"功能输出控制存在一些问题

"预约叫号"成功的业务能给用户一个短信反馈，但短信内容没有考虑到对误发或恶意短信的友好提醒内容。

基于以上确认的问题，审计人员可以完成审计报告的撰写。

小　　结

（1）信息系统应用控制审计是信息系统审计的重要内容之一。

（2）信息系统应用控制是为了适应各种数据处理的特殊控制要求，保证数据处理完整、准确而建立的内部控制，它针对的是与信息系统应用相关的事务和数据，目的是确保数据的准确性、完整性、有效性、可验证性、可靠性和一致性。

（3）一般控制是应用控制的基础，可以为应用控制的有效性提供有力的保障，某些应用控制的有效性取决于计算机整体环境控制的有效性。当计算机环境控制薄弱时，应用控制就无法提供合理保障。如果一般控制审计结果很差，应用控制审计就没有必要进行。

（4）信息系统应用控制的关键活动主要包括自动控制、系统报表、自动计算、访问控制、系统接口 5 个方面。

（5）应用控制涉及各种类型的业务，每种业务及其数据处理有其特殊流程的要求，这就决定了具体的应用控制的设计需结合具体的业务。但另一方面，由于数据处理过程一般都是由输入、处理和输出三个阶段构成，从这一共性出发，可将应用控制划分为输入控制、处理控制和输出控制。

（6）从本质上来看，应用控制属于企业内部控制的一种特殊形态，即应用控制是被赋予了信息系统参与完成属性的一类内部控制。应用控制审计一般包含以下 4 个步骤：业务流程分析、应用控制识别、应用控制测试和控制缺陷分析与报告。

复习思考题

一、单选题

1. 公司通过银行办理每周的薪水发放。时间表和薪水调整表单完成并送交银行,银行准备现金或支票并分发报告。最好的确保分发工资数据准确性的方法是(　　)。

    A. 工资报告应该与输入表单进行比较　　B. 手工计算发放工资总数

    C. 现金或支票与输入表单比较　　D. 现金/指标应符合产生的报告

2. 一个组织使用 ERP,下列哪个是有效的访问控制?(　　)

    A. 用户级权限　　B. 基于角色　　C. 细粒度　　D. 自主访问控制

3. 在评估 EDI 应用控制时,IS 审计员应该主要关注的风险是(　　)。

    A. 额外的交易响应时间　　B. 应用接口错误

    C. 不恰当的交易授权　　D. 无效的分批总数

4. 在对一个企业资源管理系统进行追踪审计期间,IS 审计人员最有可能(　　)。

    A. 检查访问控制设置　　B. 评估界面测试

    C. 检查详细设计文档　　D. 评估系统测试

5. 数据保护最重要的目标是以下项目中的哪一个?(　　)

    A. 识别需要获得相关信息的用户　　B. 确保信息的完整性

    C. 对信息系统的访问进行拒绝或授权　　D. 监控逻辑访问

6. 哪项控制通过在每个数据段结尾附加一个可计算位来校验传输错误?(　　)

    A. 合理性校验　　B. 奇偶校验　　C. 冗余校验　　D. 校验位

7. 当两个或者多个系统整合时,审计人员必须在哪里检查输入/输出控制?(　　)

    A. 接收其他系统输出的系统　　B. 发送输出到其他系统的系统

    C. 输入/输出数据的系统　　D. 在两个系统之间的分界处

8. 下面哪个选项是应用系统控制有效性的最大风险?(　　)

    A. 移除手工处理步骤　　B. 不完整的流程手册

    C. 雇员间的勾结　　D. 未解决的规章制度符合性问题

9. 信息系统审计人员在一个客户/服务器环境下评审访问控制时,发现用户能接触所有打印选项,在这种情况下,信息系统审计人员最可能归纳出(　　)。

    A. 信息被非授权用户使用,信息泄露很严重

    B. 任何人在任何时候都可以打印任何报告,运行效率得到提高

    C. 信息容易被使用,使工作方法更加有效

    D. 用户中信息流动通畅,促进了用户的友好性和灵活性

10. IS 审计员从客户的数据库中导入了数据。为确认数据的完整性,下一步操作应该是(　　)。

    A. 匹配导入数据和原始数据的控制总数

    B. 排序数据以确认数据是否与原始数据有相同顺序

    C. 比对打印出的原始数据和导入前 100 条记录

    D. 用不同的分类方式过滤数据并与原始数据匹配

11. 一家公司部署了一套新的 CS 企业资源管理(ERP)系统。本地分支机构传送客户订单到一个中央制造设施,下列哪个流程最好地保证了订单准确地输入和相应的产品被生产了?( )

    A. 验证产品和客户订单   B. 在 ERP 系统中记录所有的客户订单

    C. 在订单传输过程中使用 Hash 总数   D.(产品主管)在生产前批准订单

12. 当评估系统参数时,IS 审计员最关注的应该是( )。

    A. 被设置为满足安全性和性能要求

    B. 变更被记录到审计轨迹里并能被周期性评估

    C. 变更被授权并有适当的文档支持

    D. 访问系统中的参数被限制

13. 当审计访问权限时,审计人员应该合理怀疑下列哪项分配给计算机操作员的权限?( )

    A. 读数据权限   B. 删除传输数据文件的权限

    C. 读日志/执行访问程序   D. 更新存取业务控制语句/脚本文件

14. 一个职员为一个贷款主文件修改利率,这个利率已经超过这笔贷款的正常范围,为确保这项变动经过授权,下面哪项是最有效的控制?( )

    A. 系统不执行修改,除非职员的主管输入授权码来确认

    B. 系统产生所有利率异常的周报清单,并得到职员主管的审阅

    C. 系统要求职员输入一个授权码

    D. 系统对职员显示警告信息

15. 几个税收计算程序保持了几百种不同的税率,确保输入程序的税率准确性的最好的控制是( )。

    A. 对于交易清单的独立审查

    B. 程序防止编辑输入无效数据

    C. 程序检查 20% 以上的数据输入范围的合理性

    D. 处理部门直观核实数据输入

二、填空题

1. 组织业务数据处理过程一般都由输入、处理和输出 3 个阶段构成,从这一共性出发,可将应用控制划分为_____、_____和_____。

2. 应用控制涉及各种类型的业务,每种业务及其数据处理有其特殊流程的要求,因此应用控制的审计需要从具体的_____进行。

3. 人与系统交互是通过一定的账号和权限来实现的,因此这个过程需要通过_____和_____来实现。

4. 应用控制信息处理的完整性目标常见控制技术有_____、_____、和_____。

5. 应用控制信息处理的访问限制目标常见控制技术有_____、_____和_____。

6. 应用控制审计一般包含以下 4 个步骤:_____、_____、应用控制测试和控制缺

陷分析与报告。

三、简答题

1. 什么是应用控制？为什么说一般控制是应用控制的基础？
2. 简述应用控制的关键活动及其主要内容。
3. 简述应用控制信息处理的目标。
4. 输入控制审计的目标是什么？
5. 处理控制审计主要包括哪些内容？
6. 列举输入控制的常见问题和风险。
7. 简述应用控制审计的一般步骤。

第7章 信息系统生命周期审计

本章学习的主要目的是正确评估信息系统开发、实施的技术和过程,确保信息系统满足企业的经营目标。本章的主要内容是信息系统生命周期过程审计,包括对信息系统开发风险的评估,信息系统开发审计计划的制订,对信息系统开发过程的审计,对信息系统项目管理的审计,如何与开发人员沟通及向管理层提交审计报告和建议等内容。

7.1 信息系统生命周期

任何事物都有产生、发展、成熟、消亡或更新的过程。信息系统也不例外。信息系统生命周期审计,涉及信息系统生命周期的各个阶段,是对信息系统的综合审计。

信息系统的生命周期包括系统规划、系统分析、系统设计(系统获取)、系统编程(系统配置)、系统实施、系统运行与维护等阶段,如图 7-1 所示。在信息系统生命周期的每个阶段都要形成一套文档,成为信息系统审计证据。上述信息系统生命周期可以简单分为系统开发和系统运行维护两个阶段,因此信息系统生命周期审计也可以分为信息系统开发审计和信息系统运营与维护审计。

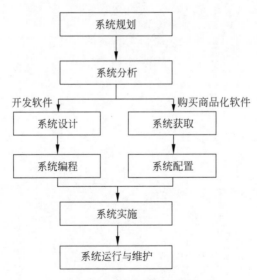

图 7-1 信息系统生命周期

任何系统的开发都存在最终的软件产品不能满足业务需要的风险,其原因可能是最初需求分析就不准确,也可能是软件的开发过程存在问题。从信息系统审计人员的角度来看,根据生命周期各个阶段的特征进行检查和评价,这种方法有以下好处。

(1) 信息系统生命周期的每个阶段被严格定义,审计人员可以深入了解每个阶段开发过程中的风险,显著增加了信息系统审计人员对开发的控制作用。

（2）信息系统审计人员可以评价系统开发项目的所有相关阶段和领域,并独立地报告项目预定目标的完成情况和相关程序的遵守情况。

（3）有助于信息系统审计人员评价识别信息系统各部分应当具有的属性,进一步从技术层面去发现存在的问题。

（4）信息系统审计人员可以对信息系统生命周期各阶段所使用的方法和技术进行评价。

信息系统生命周期法是一种系统的、顺序式的软件开发方法,从系统规划开始,通过系统分析、系统设计（系统获取）、系统编程（系统配置）、系统实施、系统运行与维护等阶段而逐步发展。如表 7-1 所示,这一系列的步骤或阶段都有预定义的目标和活动,并建立了相应的责任、预期的结果和完成目标的日期。使用这种方法时必须牢记直到前一阶段的所有任务都完成后,才能进入后一个阶段,当开发过程已经进入下一个阶段时,不能再返回到前一个阶段。

表 7-1　信息系统生命周期

信息系统生命周期各个阶段	基 本 内 容
第一阶段——系统规划	系统规划是将组织目标、信息、信息系统等诸要素集成的信息系统方案,是信息系统发展远景的系统开发计划。确定实施系统在提高生产率或未来降低成本方面的战略利益,确定和量化新系统可以节约的成本,评价新系统的成本回收期。信息系统的规划是系统生命周期中的第一个阶段,也是系统开发过程的第一步,其质量直接影响着系统开发的成败
第二阶段——系统分析	一是定义需要解决的问题,二是定义所需的解决方案及方案应当具有的功能和质量要求。这个阶段要决定是采用定制开发的方法,还是采用供应商提供的软件包,如果要购买商品化软件,就需要遵循一个预定义的、文档化的获取过程。完成系统分析报告
第三阶段 A——系统设计（开发软件）	以系统分析为基础,建立一个系统基线和子系统的规格说明,以描述系统功能如何实现,各个部分之间接口如何定义,系统如何使用已选择的硬件、软件和网络设施等。系统设计也包括程序和数据库规格说明,以及一个安全计划。另外,建立一个正式的变动控制程序来预防将不受控的新需求输入开发过程中,完成系统
第三阶段 B——系统获取（购买商品化软件）	以系统分析为基础,向软件供应商发出请求建议书。商品软件的选择除了要考虑软件功能性的需求,操作性的支持和技术需求外,还要考虑软件供应商的财务生存能力,并与供应商签订软件源代码第三方保全协议。在综合以上各种因素的基础上,选择最能满足组织需要的软件供应商
第四阶段 A——系统编程	使用设计规格说明书来设计编程和规范化系统的支持操作过程,在这个阶段,要进行各个层次的测试,以验证和确认已经开发的内容。包括所有的单元测试、系统测试,也包括用户接受测试涉及的迭代工作
第四阶段 B——系统配置	如果决定选用商品化软件,需要按照组织的要求对其进行剪裁。这种剪裁最好是通过配置系统参数来实现,而不是通过修改程序源代码。现在的软件供应商提供的软件一般都较灵活,通过对软件包中参数表进行配置或控制某些功能的开关,就可以使软件满足组织的特定需要。但可能需要建立接口程序以满足与已有系统进行连接的需要

续表

信息系统生命周期各个阶段	基 本 内 容
第五阶段——系统实施	把新系统投入实际运行中。系统实施的主要内容包括购置和安装硬件设备、程序设计(购买)与调试、系统操作人员的培训、系统有关数据的准备与录入、系统调试和转换。这个阶段是在最终用户验收测试完成、用户签署正式文件后进行的。系统还需要通过一些认证和鉴定过程,来评价应用系统的有效性,这些鉴定过程的主要目标有:评价业务应用系统是否将风险减轻到一个适当的水平;在符合预定目标和建立一个适当的内部控制水平方面,是否提供了管理层为确保系统有效性而应负的责任
第六阶段——系统运行与维护	随着一个新系统或彻底修改的系统的成功实施,应当建立正式的程序来评估系统的充分性和评价成本效益或投资回报。系统维护是为了应付信息系统的环境和其他因素的各种变化,保证系统正常工作而采取的一切活动,它包括系统功能的改进和解决在系统运行期间发生的一切问题和错误

7.2 信息系统开发审计

信息系统开发审计的目的:一是要检查开发的方法、程序是否科学,是否含有恰当的控制;二是要检查开发过程中产生的系统文档资料是否规范。

本节主要介绍信息系统生命周期前五个阶段的审计,了解信息系统生命周期主要阶段开发文档的组成内容(需求分析报告、系统分析报告、系统设计报告、系统实施报告)。分析每个阶段中信息系统审计人员审计的控制点,重点掌握信息系统生命周期各阶段的审计。系统运行与维护审计将在 7.3 节介绍。

7.2.1 信息系统审计人员在信息系统开发中的职责

对于系统开发过程中的审计,重点是帮助企业规范开发系统过程。在系统开发过程中,信息系统审计人员对系统的影响力将取决于系统开发过程中是否有规范的流程及信息系统审计人员的参与程度,主要任务有:

(1) 赢得用户信息系统专家的支持与合作。

(2) 审查用户需求。

(3) 审查人工控制与程序控制。

(4) 审查所有技术说明文档是否符合标准、规范。

(5) 审计系统开发过程中是否实施项目管理,采用项目管理工具。

(6) 对每个开发阶段进行检查,并在每次检查之后提出书面建议。

(7) 在下一阶段开始之前,保证审计建议被采纳。

(8) 每个阶段结束后进行项目审查。

(9) 审查测试计划。

(10) 评估实施准备。

（11）向管理层提交审计发现。

（12）保持审计过程的独立性。

这些任务有助于在系统运行之前控制系统的弱点与问题,使之最小化,而不至于系统实施之后再出现类似问题。为更多地参与系统开发,信息系统审计人员首先需要分析系统开发过程的风险;然后建立审计计划,包括与开发进度相关的审计进度;最后需要与项目管理人员沟通,确定信息系统审计人员的参与程度,并将系统开发过程中发现的问题向管理层汇报。

信息系统审计人员的任务还包括:

（1）信息系统审计人员需要审查所有相关领域及信息系统生命周期的各个阶段,并报告系统开发阶段目标的完成情况与流程的执行情况。

（2）信息系统审计人员应该判断所有相关人员是否各司其职。

（3）信息系统审计人员应在系统开发过程中,提供方法与技术方面的评估。

（4）通过系统调查,信息系统审计人员应该判定系统的主要组成部分、系统功能、系统目标及系统用户的使用需求,以进一步决定系统的哪些区域需要加以系统控制。

（5）通过向权威人士咨询,与系统开发人员和用户项目组成员讨论,向项目组提出控制措施的设计与实施等方面的建议。

（6）通过定期会见系统开发人员和用户项目组成员、审查文档和交付系统等方式,监控系统开发过程是否实施了控制,用户的业务需求是否得到满足,是否遵循了系统开发与实施的规范。同时对应用系统的审计轨迹进行审查和评价,确保检查控制措施的落实。审计轨迹作为追溯机制,能够帮助信息系统审计人员实现程序变化的追踪和查验机制。在一个动态的系统环境中,应保存作为审计轨迹的信息有:所有的工作活动日志;程序员登录和退出的历史记录;程序变更的记录。

（7）参与安装后审计。

（8）通过审查文档、与关键人员会谈、观察等方式,评估与测试信息系统维护作业程序,判定是否依据标准执行。

（9）通过分析测试结果和其他审计证据,评估系统维护流程是否实现了控制目标。

（10）通过识别和测试现有的控制,判定对程序库的安全控制是否充分适当,以确保程序库的完整性。

7.2.2　与软件开发相关的风险

信息化项目在建设的过程中存在许多风险,如缺少规范的软件开发过程文档,不能按时、按预算完成项目,不能满足企业业务需求等。信息系统审计人员应该发现信息系统开发、获得、运行和维护过程中的审计证据;审核信息化项目的方针和程序,确保企业战略计划实现;审核开发过程,确保相应阶段目标和企业业务流程实现。

软件系统设计和开发过程中可能会存在很多潜在的风险。风险之一就是系统不符合用户的业务需求,不能达到用户的期望值。如果新系统不能满足用户的业务需求,大量开发新系统所用的资源被浪费。在这种情况下,即使系统被勉强实施,最终也只能面临无法使用和维护的结局,可能在很短的时期内就会被废弃。

另外一个风险就是项目风险,设计和开发系统的项目活动如果超出了必要的财务资源

限制,项目就会推迟完成。软件项目可能会面临各种各样潜在的风险,例如:

(1) 在项目内部——没有识别处理业务问题的正确需求或时机,没有在规定的时间内和在成本约束的条件下管理要交付的项目。

(2) 和供应商之间——没有与供应商明确地进行沟通需求和期望,导致供应商没有或不能按时以预期的成本交付合格的产品。

(3) 在企业内部——利益相关者(如股东、员工等)不能提供项目所需要的输入和承诺的资源,而且改变了原定的组织优先级和政策。

(4) 和外部环境之间——客户、竞争者、政府部门等外部实体的相关活动对项目的影响;经济条件的变化对项目造成的影响。

出现上述风险,最重要的原因是在软件开发过程中缺乏必要的规则来避免这些问题。如果没有一个定义良好的流程来规范软件开发,即使组织某次成功地实施了项目,成功的经验在下一次也是无法重复的。只有通过有效的软件过程管理与项目管理,信息系统生命周期的活动才能被控制和改善。

信息系统审计人员应当知道仅遵循软件开发生命周期管理方法并不能确保一个开发项目的成功完成,信息系统审计人员应当评价与项目相关的以下管理要求。

(1) 项目符合公司的业务目标。

(2) 制订了包括有效的资源和时间管理的项目计划。

(3) 实行软件基线管理,控制开发范围,防止用户需求的不断变化使得开发过程失去控制。

(4) 管理层追踪与监控软件设计和开发活动。

(5) 高级管理层支持软件项目的设计和开发。

(6) 在每个项目阶段进行阶段性审核和风险分析。

7.2.3　信息系统开发过程审计

在系统开发过程中,信息系统审计人员重点关注和审计的内容包括:对风险的评估,制订审计计划,对开发过程的审计,对项目管理的审计,如何与开发人员沟通及向管理层提交审计报告和建议等内容。

1. 系统开发过程的风险评估

信息系统审计人员需要评估系统开发过程中可能的过程风险与项目风险。典型的风险包括:

(1) 缺少战略方向。

(2) 缺少开发标准。

(3) 缺少正规开发目标。

(4) 组织的环境差。

(5) 资源不可用。

(6) 项目复杂;没有经验丰富的员工。

(7) 缺少终端用户的参与。

(8) 缺少管理层的承诺。

风险级别要根据应用复杂性、重要决策的依赖程度、应用时间、使用者的数量等因素综合权衡,审计范围包括项目管理、设计与测试结果的审查、开发控制、应用控制、操作控制、安全问题管理、变更控制、安装后审计等。

2. 制订审计计划

审计计划主要阐述审计目标与步骤,包括长期和短期计划,其内容如下。

(1) 理解系统目标、过程、技术。

(2) 信息系统风险分析。

(3) 信息系统内部控制审查。

(4) 确定审计的范围和目标。

(5) 信息系统开发审计方法和策略。

3. 系统规划阶段的审计

信息系统规划是对企业管理使用计算机信息技术进行长远计划,是信息系统开发成功的条件。信息系统规划的目的是使信息系统能为企业战略提供必要的信息技术支持,有助于企业战略目标的实现。由于信息系统开发周期长、投资大且复杂,制订合适的规划可以降低信息系统开发的风险,避免人力、物力和财力资源的浪费。信息系统规划的主要内容是:确定信息系统的总目标、总体结构,制订人力、物力、财力的需求计划等。

在信息系统规划阶段,审计人员需要明确系统要实现的目标进而确定和了解涉及的主流技术、选择和确定软件开发公司的主要指标,另外还要了解单位组织结构,建立与用户、供应商、咨询师、程序员、分析员、数据库管理员、测试团队、操作员、实施组、产品支持组等各部门的关系,在各职能部门之间进行沟通,审阅《系统规划说明书》,从而发现可能影响信息系统开发质量和进度的问题。

4. 可行性分析阶段的审计

可行性分析和需求分析是系统分析阶段的重要内容。可行性研究也称可行性分析,是指在当前组织内外部的具体条件下,系统开发工作必须具备的资源和条件,看其是否满足系统目标的要求。由于新系统开发是一项耗资多、耗时长、风险性大的工程项目,因此,在新系统开发的大规模行动之前,要对系统开发的可能性和必要性进行初步分析。可行性研究的目的是避免盲目投资,减少不必要的损失。

在可行性研究阶段,审计人员的主要工作包括审查该阶段产生的文档的合理性,判断是否所有的成本收益都是真实的,识别并判断系统需求的必要程度,判断所选解决方案的可行性,如果现有的系统不能解决问题,则判断替代方案的合理性和可行性。

5. 需求分析阶段的审计

需求分析是为最终用户所看到的系统建立一个概念模型,是对需求的抽象描述。需求分析是软件生命周期中最重要的一个阶段,需求分析工作的质量将直接影响软件产品的最终质量;同时,对于软件项目的风险防范和成本控制都具有十分重要的影响。

在需求分析阶段,审计人员主要工作是围绕需求分析和管理的过程展开,重点审查需求阶段的各类需求文档及需求管理过程文档(包括各类评审报告等),关注其规范性、完备性及需求工作的一致性。同时,通过各种方法了解系统的业务需求,以及各种主要业务的处理流程,为后期开展系统应用控制审计和各种系统测试做好准备。

6. 软件获取过程的审计

软件获取过程从确定需要获取的系统、软件产品或服务开始,接着就是制定和发布标书,选择供方和管理获取过程,直到验收系统、软件产品或服务。具体包括:启动、招标的准备、合同的准备和修改、对供方的监督、验收和完成。

在软件获取阶段,审计人员的主要工作包括分析可行性研究的文件,判断购买方案的决策是否适当;判断在发给供应商的各种文件中,是否对供应商的选择有倾向性;在与供应商签订合同之前,审查合同并确定没有遗漏;保证合同在签订之前由法律顾问审查过。

7. 系统设计和编码阶段的审计

系统设计是把分析阶段产生的软件需求说明转换为用适当手段表示的软件设计文档。系统设计是把需求转化为软件系统的最重要的环节,通常分为两个阶段:一是概要设计阶段,包括结构设计和接口设计,并编写概要设计文档;二是详细设计阶段,确定各个软件组件的数据结构和操作,产生描述各软件的详细设计文档。编码是产生能在计算机上执行的程序,是软件开发的最终目标。在系统设计和编码阶段,审计人员的主要工作包括:

(1) 审查系统流程图是否符合总体设计,确认所有变更均事先与相关的用户讨论过并获得其认可,这些变更均经适当的批准。

(2) 审查系统中所设计的输入、处理及输出控制是否适当。

(3) 审查系统关键用户是否理解系统如何操作,并确定出他们在对屏幕格式及输出报告上参与设计的等级。

(4) 评估审计轨迹是否能够充分跟踪系统事务处理。

(5) 确认关键计算及处理程序的正确性。

(6) 确认系统能识别错误的数据并能够适当处理。

(7) 审查本阶段所开发程序的质保结果。

(8) 证实所有对程序错误所提出的修正建议已被执行,所建议的审计轨迹或嵌入式审计模块已嵌入适当的程序之中。

(9) 核对源代码与编程规范的一致性,检查测试结果,对程序进行再测试。

(10) 审查可能的控制漏洞,每个设计的控制是否进行,如果控制需要确定,审计人员需要提出建议,确保控制的有效性。

8. 系统测试阶段的审计

系统测试是信息系统编程阶段一个十分重要的部分。系统开发过程中难免留下差错。如果在系统测试阶段没有被发现并纠正,在正式运行中会逐渐暴露出来,带来的损失可能会更大。审计人员对测试阶段的审计主要工作包括:

(1) 检查用户参与测试的数据,如测试用例的开发,考虑重新运行关键测试。

(2) 检查错误报告,判断报告对错误资料的识别和解释能力。

(3) 审查的周期性作业处理(如月末、年末的报表处理等)。

(4) 询问终端用户,了解他们是否理解新方法、步骤和操作指令。

(5) 审查系统和终端用户文档,判断其完整性与正确性。

(6) 审查并行测试结果的正确性。

(7) 进行访问测试,判断系统安全措施是否按设计要求有效执行。

（8）检查单元测试和系统测试计划，判断计划是否完整，是否已包含内部控制测试。

（9）审查记录的使用过程及错误报告。

9. 系统安装阶段的审计

系统实施阶段的一个重要内容是系统安装。系统安装阶段在成功的测试过程结束之后进行。必须按照组织的变更控制程序安装系统。信息系统审计人员必须确认：

（1）在安装前，已取得适当的移交文件。

（2）审查系统安装转换程序及用来执行作业的参数。

（3）审查所有系统文档，判断其完整性及所有最近在测试阶段所做的更新均能够反映在文档中。

（4）在系统投入日常作业前确认所有数据的转换，保证其准确性和完整性。

10. 系统安装后的审计

新系统在日常作业环境中稳定下来之后，需要进行安装后审计。安装后审计是对系统实际运行状况进行集中分析和评价，审计是在平时管理工作基础上进行的。安装后审计和系统评价的内容相似，但目的不同，进行的时间不同。系统评价是在系统开发项目完成时进行的，是对系统的验收；安装后审计是在系统投入运行后定期或不定期进行的审计，其目的有以下几个方面。

（1）确定系统的目标和需求是否已经达到。在安装后审计中，必须特别注意终端用户的使用情况及对系统的总体满意度，这些是系统目标和需求是否已达到的指标。

（2）确定可行性研究中的成本收益是否已经衡量、分析并报告给管理层。

（3）审查已执行的程序变更需求，评估系统变更的类型。从变更的类型可以看出在设计、编程等方面的问题或进一步理解用户需求。

（4）审查系统中各种资源的利用率，包括计算机、外部设备、软件、人力、信息资源的利用情况，是否得到充分利用。

（5）审查系统内部控制确定它们在按设计要求运作。如果系统中已嵌入审计模块，则使用该模块去测试关键作业。

（6）审查操作人员的错误日志，决定系统是否存在固有的操作或者资源问题。日志可指出在安装前系统不适当的设计或测试程序。

（7）审查输入及输出的数据并进行报告，证实系统准确地处理了数据。

（8）指出系统改进和扩展的方向。根据分析结果，对系统状况进行综合评价：系统对业务管理起到了什么作用，还有哪些缺点和问题，应该从什么方面改进，扩充哪些功能等。

7.3　信息系统运行与维护审计

信息系统进入使用阶段后，这时的任务就是对信息系统进行管理和维护，使信息系统真正发挥提供管理信息和支持企业决策的作用。信息系统的运营管理是对信息系统的运行进行控制，记录其运行的状态，进行必要的修改和扩充，使信息系统在其生命周期内保持良好的可运行的状态，保证其功能的发挥，真正符合管理决策的需要，为管理决策服务。

7.3.1　信息系统的运行与维护

信息系统的运行与维护工作是信息系统生命周期的重要组成部分,当组织信息系统的数量到达一定程度的时候,就会出现两个问题:一是如何管理、控制和维护这些系统;二是如何在资源有限的条件下协调这些系统。一旦这两个问题没解决好,就会产生另外两个问题:一是IT部门成了"救火队员",而且往往是吃力不讨好;二是业务部门烦躁不已,虽然不断进行大量IT投资,却不但感觉不到信息系统带来的效益,还经常碰到系统出现各种问题,有时甚至还会影响企业的业务工作。从上述分析可以看出,在企业信息化过程中,存在两种现象,一方面试图利用信息系统实现更多功能,以支持业务运营;另一方面却不注重对信息系统本身的有效支持和维护。信息系统不能充分发挥其应有的效用,加之信息系统本身也存在诸多问题,在信息系统和业务的相互跌跌撞撞之中,企业目标无法实现。

IT管理大致经历了以下三个阶段。

(1)设备管理阶段。设备管理主要是管理设备本身的运行状况,如计算机网络管理软件、PC服务器的设备管理软件和远程管理控制卡。这类管理主要集中在对硬件进行管理、报警等。

(2)系统和网络管理阶段。随着信息系统的兴起,计算机设备在企业中的应用越来越广泛,IT管理的任务除了设备管理阶段的硬件管理之外,增加了对信息系统本身的管理,如系统运行的性能、趋势、对资源的消耗、信息内容的管理。

(3)服务管理阶段。如果说第一阶段人们关注的是硬件管理,第二阶段关注的是软件和技术管理,那么第三阶段即是服务管理,人们对IT管理的关注点转移到IT服务的管理上。

我们可以从信息系统生命周期来看,无论是硬件还是软件,从时间上看,80%的时间基本上是对系统进行运营管理。如果IT的运营管理做得不好,那么花费大笔投资建立起来的信息系统,即使功能再强大也不能发挥作用,其对企业的价值贡献甚微,甚至为负,不能带来预期效果反而为企业增加不必要的成本。

7.3.2　信息系统软件维护审计

软件维护的目的是保证软件在一个相当长的时期能够正常运行,这样对软件的维护就成为必不可少的工作。

1. 软件维护的种类

软件维护的种类有以下几种。

(1)纠错性维护。在软件交付使用后,由于开发时测试不彻底、不完全,会有一部分隐藏的错误被带到运行阶段来。这些隐藏下来的错误在某些特定的使用环境下就会暴露。为了识别和纠正软件错误、改正软件性能上的缺陷、排除实施中的误使用,进行诊断和改正错误的过程,就叫作纠错性维护。

(2)适应性维护。当企业外部环境(新的硬、软件配置)或数据环境(数据库、数据格式、数据输入/输出方式、数据存储介质)发生变化时,适应这种变化,而修改软件的过程就叫作适应性维护。

(3)完善性维护。在软件使用过程中,用户可能对软件提出新的功能与性能要求。为了满足这些要求,需要修改或再开发软件,扩充软件功能、增强软件性能、改进加工效率、提高软件的可维护性。在这种情况下,进行的维护活动叫作完善性维护。

（4）预防性维护。为了提高软件的可维护性、可靠性等,采用先进的软件工程方法对需要维护的软件或软件中的某一部分重新进行设计、编制和测试,为以后进一步改进软件打下良好基础。

2. 软件维护的实施

首先需要建立维护的机构;说明提出维护申请报告的过程及问题评价的过程;为每一个维护申请规定标准的处理步骤;还必须建立维护活动的登记制度以及规定评价和评审的标准。

对于纠错性维护申请,评价错误的严重性,如果存在严重的错误,则必须安排人员,在系统监督员的指导下,进行问题分析,寻找错误发生的原因,进行"救火"性的紧急维护;对于不严重的错误,可根据任务、时机情况,视轻重缓急,进行排队,统一安排时间。

对于适应性维护和完善性维护申请,需要先确定每项申请的优先次序。若某项申请的优先级非常高,就可立即开始维护工作;否则,维护申请和其他的开发工作一样,进行排队,统一安排时间。

维护申请报告是由 IT 部门外部（企业业务部门）提交的文档,它是系统维护工作的基础。IT 部门应相应地做出软件修改报告,指明所需修改变动的性质;申请修改的优先级;为满足某个维护申请报告,所需的工作量;预计修改后的状况。软件修改报告应提交修改负责人,经批准后才能开始进一步安排维护工作。

在维护的过程中做好维护档案记录。维护档案内容包括维护程序名称、源程序语句、所用的程序设计语言、程序安装的日期、程序安装后的运行次数、与程序安装后运行次数有关的处理故障次数、程序修改的源程序语句、修改程序的日期、软件维护人员的姓名、维护申请报告的名称、维护类型、维护开始时间和维护结束时间等。

3. 软件维护的审计

提高软件的可维护性对于延长软件的生存期具有决定的意义,因此必须考虑如何才能提高软件的可维护性。为了做到这一点,需从以下几个方面着手。

（1）建立明确的软件质量目标和优先级。一个可维护的程序应是可理解的、可靠的、可测试的、可修改的、可移植的、效率高的、可使用的。因为某些质量特性是相互促进的,例如,可理解性和可测试性、可理解性和可修改性;但另一些质量特性却是相互抵触的,例如,效率和可移植性、效率和可修改性等。因此,尽管可维护性要求每种质量特性都要得到满足,但它们的相对重要性应随程序的用途及计算环境的不同而不同。所以在对程序的质量特性提出目标的同时,还必须规定它们的优先级。

（2）使用模块化和结构化程序设计,提高现有系统的可维护性。

（3）明确的质量保证审查。审查用来检测在软件开发和维护阶段内发生的质量变化。一旦检测出问题,就可以采取措施进行纠正。保证软件质量的最佳方法就是在软件开发的最初阶段就把质量和可维护性要求考虑进去,并在开发过程每一阶段的终点,设置检查点进行检查。检查已开发的软件是否符合标准,是否满足规定的质量需求。

（4）周期性地维护审查。检查点复查和验收检查,保证新软件系统的可维护性;对已有的软件系统,进行周期性的维护检查,跟踪软件质量的变化。

（5）健全的软件文档。程序文档是对程序总目标、程序各组成部分之间的关系、程序设计策略、程序实现过程的历史数据等的说明和补充。在软件维护阶段，开发文档还可以向维护人员提供最直接的线索，来判断出错之处。相关的开发文档有三种：系统开发日志、运行记录和系统维护日志。

7.3.3　信息系统变更管理审计

信息系统维护是管理应用系统变更的过程，其目的是保证软件产品源代码与可执行代码的完整性。系统一旦开发完成，进入正式运行阶段，无论是组织自行开发软件，还是购买的商品化软件，在使用的过程中，对软件进行变更的现象是屡见不鲜的。变更的原因可能是：IT 环境或业务环境发生变化；信息的敏感性、重要性分类标准发生变化；来自信息系统审计的要求；由于缺乏控制而发生的入侵和病毒事件等。

为了对系统维护进行有效控制，应当建立一个标准流程来实施和记录变更，保证系统变更得到适当的授权和管理层的批准，并对变更进行测试。

1. 变更管理过程

当经过批准的变更发生时，变更管理就开始了。为了进行变更管理，需要一定的方法来确定变更请求的优先级。变更管理需要注意以下方面。

（1）最终用户、员工、系统开发和维护人员都会提出变更请求，目的是解决问题，提高系统操作性能。在任何情况下，变更请求都需要从适当的最终用户和系统管理层获得授权（如变更控制小组、配置控制委员会等）。对于购买的软件，开发商要进行定期更新，发布新版本软件。用户和系统管理层要审查这个变更，决定变更是否适当、是否会对现有系统造成负面影响。

（2）需要采用正式书面文件向管理层表达系统变更申请。用户变更申请需要表明已经由用户管理层审查并授权，通常采用签名形式。

（3）变更申请表的格式、内容应该涵盖所有变更行动，保证系统管理人员能够追溯到变更申请的状态。

（4）变更处理程序需要遵循与全面系统开发项目同样的过程，程序员要进行单元测试、模块测试、集成测试等，保证新功能满足需求且不影响其他模块的功能。

（5）用户对系统测试结果和文档的充分性表示满意后，需要得到用户管理层的批准。系统维护人员需要保留用户对变更批准认可的证据。

（6）所有变更请求和相关信息作为系统的永久性文档，由用户维护人员保留。

（7）如果 IT 部门很小，处理的应用系统数也很少，很难进行职责划分。当变更程序的程序员同时也是系统的操作者时，必须严格遵循变更管理步骤。需要用户管理层关注程序员所做的变化或者升级，在进行任何变更之前，程序员必须得到授权。除了管理层批准变更申请之外，可以通过安装变更控制软件，防止未经授权的程序变更。

（8）系统变更后，所有相关文档都需要更新。

2. 系统变更实施

用户在对系统测试结果和系统文档的充分性表示满意后，变更请求需要得到用户管理层的批准。用户根据最初的变更申请以书面的形式或者利用其他形式批准实施系统变更，系统维护人员需要保留用户批准的证据。

由于时间紧、资源有限,系统变更后,相关文档更新经常被忽视。需要更新的文档包括程序和系统流程图、程序描述、数据字典、实体关系模型、数据流程图、操作说明书、终端用户手册。文档需要有异地备份,以便灾难发生时恢复。

变更程序需要遵循与系统开发项目同样的验证和测试过程,保证新功能满足用户的需求。除此之外,假如风险分析认为必要,需要进行额外测试以保证:已存在的功能没有被变更破坏,系统性能没有被破坏,没有产生不安全的风险。

3. 程序变更审计

在评估程序变更时,信息系统审计人员需要审查,是否有适当的控制措施保护应用程序,防止未经授权的变更。这些审计目标是:限制对程序库的访问;监督和审查程序变更;变更申请有报批流程并文档化;变更潜在影响应予以评估;变更申请应该以标准形式形成文档。在审计期间,可抽查程序变化的一个样本,追踪到维护表格,审查变化是否进行了授权,审查表格是否进行了报批,比较表格上批准日期和产品更新的日期。

4. 紧急变更

在出现紧急变更情况下,要使系统问题能够得到及时解决,重要的工作能继续进行,在应用操作手册中应该存在紧急变更流程,保证在不破坏系统一致性的前提下,能够进行紧急修改。紧急修改应该使用事后跟踪程序,以保证所有正式的变更管理控制可以追溯应用。以这种方式进行的变更存放在特殊的紧急库中,通过变更管理流程,将所做的修改迅速从紧急库移入正式的生产库。信息系统审计人员需要特别关注紧急修改以合理的方式进行。

5. 将变更移植到生产环境

一旦变更被用户管理层批准,修改后的程序将移植到日常作业环境中。从程序的测试到产品的移植过程,需要独立于程序设计的一组人员完成。计算机操作人员、质量保证人员或指定的变更控制人员等,可以完成此项功能。为保证只有授权人员可以移植程序,必须进行访问控制。

6. 变更管理审计

在系统维护阶段,对于变更管理,信息系统审计人员的主要工作包括:

(1) 当用户提出系统变更需求时,应有授权、优先排序及跟踪的机制。

(2) 在日常工作手册中,是否明确指出紧急变更程序。

(3) 变更控制程序是否为用户及项目开发组所认可。

(4) 变更控制日志中记录的所有变更是否已完成

(5) 评估访问产品源代码和可执行代码模块的安全访问控制是否充分。

(6) 评估企业在处理紧急情况下的程序变更的流程是否合理。

(7) 评估对使用紧急情况下登录的安全访问控制是否充分。

(8) 评估变更需求被记录在适当的变更申请文件中。

(9) 确认现存文件均已反映变更后的系统环境。

(10) 评估系统变更的测试程序的适当性。

(11) 复核测试计划与测试结果等适当证据,确认该测试程序是依据企业的相关标准而定的。

（12）复核保证源代码与可执行代码完整性的程序。

（13）复核产品可执行模块,证实有且只有唯一与源代码对应的最新版本。

（14）复核整个变更管理流程在时间成本、效率方面、用户满意度上是否有需改善之处。

小　　结

（1）信息系统的生命周期包括系统规划、系统分析、系统设计（系统获取）、系统编程（系统配置）、系统测试、系统实施、系统运行与维护等阶段。信息系统生命周期审计分为信息系统开发审计和信息系统运营维护审计。

（2）信息系统开发审计的目的：一是要检查开发的方法、程序是否科学,是否含有恰当的控制；二是要检查开发过程中产生的系统文档资料是否规范。

（3）软件维护包括纠错性维护、适应性维护、完善性维护和预防性维护。软件维护审计,跟踪软件质量的变化。

（4）信息系统变更管理的目的是保证软件产品源代码与可执行代码的完整性。

（5）信息系统的运营管理是对信息系统的运行进行控制,记录其运行的状态,进行必要的修改和扩充,使信息系统在其生命周期内保持良好的可运行的状态。

复习思考题

一、单选题

1. 在软件开发项目中,整体全面质量管理（TQM）的基本要点在于（　　）。

　　A. 全面文件　　　　B. 准时交货　　　　C. 成本控制　　　　D. 用户满意

2. 信息系统生命周期（　　）阶段防止程序的蔓延扩大。

　　A. 开发　　　　　　B. 实施　　　　　　C. 设计　　　　　　D. 可行性

3. 分离开发环境和测设环境的主要原因是（　　）。

　　A. 对测试中的系统限制访问　　　　　　B. 分离用户和开发人员

　　C. 控制测试环境的稳定性　　　　　　　D. 在开发时安全访问系统

4. 审查获取的软件包,审计人员发现购买软件的信息是从互联网上获得的,而不是来自招标采购,信息系统审计人员第一步要（　　）。

　　A. 测试软件与现有硬件的兼容性　　　　B. 进行差距分析

　　C. 审查许可证　　　　　　　　　　　　D. 确保获得批准程序

5. 以下哪一项最有可能发生在系统开发项目编码阶段的中期？（　　）

　　A. 单元测试　　　　B. 压力测试　　　　C. 回归测试　　　　D. 验收测试

6. 购买应用系统的招标采购需求,最有可能通过下面哪一项批准？（　　）

　　A. 项目指导委员会　　B. 项目发起人　　C. 项目经理　　　　D. 用户项目组

7. 在审计购买新的计算机系统建议时,信息系统审计人员首先要确定（　　）。

　　A. 明确的业务案例被管理层批准　　　　B. 符合公司安全标准

　　C．用户将参与计划的实施　　　　　　D．新系统将满足所有功能用户的需要

8．白盒测试与黑盒测试的不同在于白盒测试（　　　）。

　　A．信息系统审计人员参与　　　　　　B．由独立的程序小组完成

　　C．检查程序的内部逻辑结构　　　　　D．使用自下而上的开发方法

二、填空题

1．信息系统生命周期法是一种系统的、顺序式的软件开发方法，从_____开始，通过_____、_____、系统编程（配置）、系统实施、系统运行与维护等阶段。

2．_____是把分析阶段产生的软件需求说明转换为用适当手段表示的软件设计文档。

3．IT 管理大致经历了以下三个阶段：_____、_____和_____。

4．软件维护的种类有：纠错性维护、_____、_____和预防性维护。

5．为了对系统维护进行有效控制，应当建立一个标准流程来实施和记录变更，保证系统变更得到_____和_____的批准，并对变更进行测试。

三、简答题

1．信息系统审计人员在信息系统开发中有何作用？

2．简述系统开发生命周期方法的各个阶段及其基本内容。

3．系统开发过程中可能存在哪些风险？

4．在可行性研究阶段，信息系统审计人员的主要工作内容是什么？

5．在软件获取过程中，信息系统审计人员应注意的控制点有哪些？

6．在详细审计和编码阶段，信息系统审计人员的主要工作是什么？

7．测试阶段的审计内容有哪些？

8．安装阶段的审计包括哪些工作？

9．如何进行系统安装后的审计？

10．信息系统维护的主要目的是什么？

11．软件维护的种类有哪些？

12．什么是变更管理？变更管理的实施过程是什么？

13．变更过程有何风险？

14．简述系统变更流程和迁移程序的审计。

第8章 信息系统绩效审计

随着信息技术的普及和信息系统的广泛使用,对信息系统的绩效进行评价与审计已成为组织绩效审计的重要内容之一。信息系统绩效审计是绩效审计与信息系统审计的交叉,是对信息系统的经济性、效率性和效果性所做的评价与监督。本章介绍信息系统绩效审计的概念与特点、信息系统绩效审计的体系,以及开展信息系统绩效审计的方法和步骤。

8.1 信息系统绩效审计概述

8.1.1 信息系统绩效审计的含义

信息系统绩效审计是获取并评价信息系统绩效证据,以判断是否完成信息系统的投资目标,帮助发现信息系统投资决策、绩效形成过程中所存在的问题,进而改善信息系统投资决策、建设和管理过程。

信息系统绩效审计这一概念可以从狭义和广义两个方面来理解。狭义的信息系统绩效审计是指信息系统建设项目完成后的验收效果、运行情况、成本效益等作为内容进行审计与评价;广义的信息系统绩效审计是指对贯穿于信息系统整个生命周期的各个阶段(包括规划与组织、设计与开发、交付与运行、实施与维护、日常评测与改进等)开展的绩效评价。不管是狭义的信息系统绩效审计,还是广义的信息系统绩效审计,其目的都是提升信息系统建设及运行效率,促进组织目标实现。

8.1.2 信息系统绩效审计的必要性

随着新一代信息技术的发展以及互联网、物联网等概念的推广,各级政府和企事业单位纷纷进行信息化和数字化转型,开发各种管理信息系统、办公自动化系统、业务信息系统等。然而信息化项目是一个功能复杂、结构复杂的人造系统,投资金额大、时间长、风险巨大,信息化项目建设失败的案例屡见不鲜。因此,如何度量和评估信息系统项目投资与组织绩效之间的关系,如何评估信息系统对企业的贡献程度,已经成为企业管理者不得不面对的问题,信息系统绩效审计就显得甚为必要。

(1) 传统的财务绩效评价方法不够科学。近几年来诸多企业投入成百上千万的资金用于信息系统建设,但是多数企业的经营者感到投资前与投资后对信息系统建设的期望值落差太大。与传统投资相比,信息技术投资往往具有较高技术含量和风险,在技术和市场开拓的各个环节随时都可能存在失败的风险。传统的财务会计评测指标,如每股收益(EPS)和投资报酬率(ROI)在很大程度上已经无法满足现代企业经营管理的需要。这种评价体系通常促使经理层为了追求短期效益而削弱了长期的投入,忽视持续的提高和创新,从而使得企业缺乏长期发展的实力。

(2) 信息系统项目决策缺乏可靠依据。系统规模越大、与管理联系越密切、集成度越高的系统,风险也越大,失败概率越高,其中最明显的例子就是 ERP。信息系统项目的高风险和高失败率就要求企业在进行信息系统投资决策之前,要进行合理的战略定位,综合论证项目技术上的先进性和可行性、财务上的实施可能性、应用方面的合理性和有效性。这也需要建立一套合理的绩效评价体系,帮助企业解决这些问题。

(3) 信息系统项目绩效评价缺乏可具体参照的标准。目前,在评价信息系统项目有多大价值,或者能对企业绩效产生多大贡献的时候,通常只能用工作效率提高、业务处理速度改善、使用更加方便、资料更易于更新等模糊指标来解答。相对于信息系统的战略地位而言,这些模糊的评价指标已不能满足组织的需要,组织迫切需要度量信息系统投资与业务绩效之间的关系,从而了解信息系统对组织目标的贡献程度,更好地利用和改良组织信息系统。

(4) 信息系统实施的保障机制不完善。尽管许多企业的信息系统采购了先进的技术和设备,但在营运绩效方面却落后很多,缺少有效的过程控制,缺少量化模型的项目验收和绩效评价。项目的进程在一次性投资后往往缺乏有效监控,缺乏有效机制保障信息系统投资的实际投放和效益反馈。这也意味着需要对信息系统投资实施持续的过程管理和评价,并建立综合的绩效考核体系。

8.1.3　信息系统绩效审计的视角

1. 收益观

信息系统收益观是指把信息系统作为一种资本投入品而进行选择。信息技术作为资本投入品,其使用与企业生产经营过程紧密相连,既要考虑信息技术产品对生产经营的有用性,又要考虑信息技术使用的方便性;同时信息技术产品作为资本投入品,还要考虑成本与收益的关系,考虑对组织整体财务绩效的贡献,从这个角度来看,要求信息化项目能以最少的投入获得最大的收益。

对于信息系统成本收益的度量研究由来已久,并且范围非常广泛,取得了丰硕的成果。由于信息系统的特殊性,仅从显性收益(提高产值、增加利润、节约成本)来衡量是不够的,还需要从大量的潜在收益(如提高员工素质、提高决策质量、增强学习能力)来考虑。除了显性成本(购置安装投入、培训费用、运行维护费用、折旧损耗等)外,还有许多隐性成本(系统转换的心理适应过程、协调费用、道德风险等)。有些显性收益和显性成本不易度量,而更多的潜在收益、隐性成本甚至不易识别,这给使用成本收益定量模型衡量和信息系统绩效评价带来困难。由于成本收益定量模型缺乏可操作性和可信性,因此模型始终没有得到实务界的认可和采纳。尽管如此,人们从来没有放弃定量分析信息系统财务和经济效益的研究,毕竟数据最能发现问题,也最具说服力,同时经济效益也是多方利益相关者关注的焦点。各国学者从不同角度,对信息系统的收益和成本进行了研究分析,探讨信息技术给企业创造的价值。

2. 用户满意观

用户满意观是把信息系统看作一个服务提供者,从服务使用者的角度来对信息系统成功要素进行评价,主要关注系统的反应速度、便捷性、可靠性、个性化服务等方面。

从使用的角度看,用户的满意度可以从感受的易用性、感受的有用性、用户的接受程度等方面展开,以第三方的视角分析评价信息系统的应用效果。也可以从系统开发过程的满意度、系统使用的满意度、系统质量的满意度、信息系统对组织的影响等方面评价信息系统的绩效。

3. 质量观

质量观认为质量能够反映信息系统绩效,它把信息系统看作企业正在或者将要使用的,由其购买或者生产的一种软件产品,因此,可以从质量管理角度衡量信息系统的绩效。从这个角度看待信息系统,就应将信息系统及相关软件产品的质量作为信息系统绩效的衡量标准。一般认为,信息系统质量主要分为三类:目标质量、过程质量和结果质量。目标质量分析信息系统设计目标与企业目标的整合程度;过程质量主要分析系统的开发、运行和维护的管理质量;结果质量主要分析系统输出(包括中间输出)信息质量、信息服务质量和最终的决策支持质量。

信息系统质量体现在以下三个方面:操作(吞吐量、可用性、平均失败时间),交易(处理的任务数、重运行数),预算/进度。这些量度需要联合使用来衡量实际和预期的绩效。

4. 应用观

信息系统应用观把信息系统看作企业正在或者将要建设和实施的一个项目。它认为IT已经成为一种越来越标准的基础架构,尤其是标准套装软件,可以购买和模仿,不能对企业的核心竞争力产生影响。真正产生差别的不是信息系统本身,关键是如何应用,对信息系统而言,其应用价值是绩效的最重要的体现。

那些能够正确应用信息系统的企业,能够产生竞争优势;善于利用和管理信息系统的企业经常引进具有较好功能、更快、更系统化和更高效的信息系统,提高信息系统的有效性和效率,获得更大的回报,因而得以保持它们的竞争地位甚至能获得新的优势。相反,那些不善于利用和管理信息系统的企业,即使在信息系统上投入大量资金,也无法充分利用信息系统满足业务需求,很容易陷入信息系统应用的"泥潭",更谈不上利用IT获得经营上的回报和竞争优势。

8.1.4　信息系统绩效审计的特点

绩效审计的对象是资产,信息系统绩效审计的对象是信息资产,由于信息资产的特殊性,因此信息系统绩效审计与一般的绩效审计相比,呈现出许多不同的特征,主要体现在:

(1) 软件生产的特殊性。软件及软件产量的加工对象是信息而不是物理实体,这使对其检验、管理带来一定的难度。软件生产的自动化程度较低,主要依靠人的智慧来完成,因此无论是软件的生产还是维护,工作量核定是非常困难的。

(2) 投入产出的特殊性。信息系统的投入产出与普通工程项目不同,信息系统在开发中凝结着的是脑力劳动和知识价值,使得开发成本难以计算。信息系统项目的很多效益不是直接的,即需要通过组织管理水平的提高来实现其价值,并且信息系统的效益在一定程度上取决于企业的应用水平,这也给系统收益的计算带来了不便。信息系统还具有效益滞后性,信息系统的作用和价值在其投入使用一段时间后才能体现出来。

(3) 效益度量的特殊性。信息系统会涉及技术、管理、经济社会以及法律等各个方面,信息系统项目的效益有些是可以用货币价值来度量的,更多的效益则无法用金钱来衡量,因此对于效益的量化标准至今也没有公认的尺度。

8.2　信息系统绩效评价体系

信息系统绩效评价体系是指由一系列与绩效评价相关的评价主体与客体、评价目标与内容、评价标准与指标、评价方法与评价报告等形成的有机整体。信息系统绩效评价体系的设计遵循了"内容全面、方法科学、制度规范、客观公正、操作简便、适应性广"的基本原则。评价体系本身还需要随着经济环境的不断变化而不断发展完善。

8.2.1　评价主体与客体

评价主体是指接受企业委托对企业给予评价的组织或者个人。由于信息系统评价的目的和其所处的地位和角度的不同,使得企业关心的侧重点不同。因此,信息系统绩效审计评价的主体可以划分为两大类:一是外部实体,主要包括政府和接受委托的第三方;二是内部实体,主要是企业自身的各个部门。随着企业内外部利益相关者对信息系统绩效现状的关注,企业信息系统绩效审计评价也就显得格外重要。

评价客体是指评价的对象。企业信息系统绩效审计的评价对象主要包括企业信息系统、企业信息化发展战略和企业信息化项目等。由于企业战略的不同,系统评价的目的不同,对于信息系统的评价需求也就不同,因而评价的对象也就存在差异。

8.2.2　评价目标与内容

目标是一切行动的指南,任何信息系统绩效评价体系的建立必须服从和服务于企业目标。企业信息系统的绩效可以定义为企业信息系统对企业目标实现的贡献度,绩效是信息系统对企业价值的综合表现。信息系统绩效审计是绩效审计的一种,是对信息系统的经济性、效率性和效果性所做的评价与监督。

1. 经济性

经济性(economy)是指以最低的资源耗费获得一定数量和质量的产出,也就是节省的程度。节约可以体现在许多方面,如 ERP 的建立增加自动化程度,提高了人员的工作效率,减少了相应部分的人工费用。各类业务 ERP 也带来各种不同的费用的减少,如供应 ERP 的建立,有助于选择价格和供应商,做到及时订货,从而节省采购费用。库存管理 ERP 将使原材料和在制品的库存量得到压缩,减少流动资金的占用。生产 ERP 将实现均衡生产,提高劳动生产率,减少产品工时成本,按期交货,非正常支出减少(如延期罚金等)。财务 ERP 将加速资金周转,提高准确率,避免不必要的经济损失。ERP 能及时、准确地提供对决策有重要影响的信息,从而提高决策的科学性和可行性,节省投资,避免不必要的开支。

2. 效率性

效率性(efficiency)是指产出(如产品、服务)与投入的关系,即以最小的投入取得一定的产出或以一定的投入取得最大的产出。也就是说,对企业的 ERP 项目的资源投入,力争取得最大的产出,或确保以最小的资源投入取得一定数量的产出。企业通过 ERP 系统提高了企业物流、资金流、信息流一体化管理的效率,从而降低了库存,提高了资金利用率和减少了经营风险;控制了产品生产成本,缩短了产品生产周期;提高了产品质量和合格率;减少了坏账、呆账金额等;改善了与顾客和供应商的关系,提高了企业的信誉。

3. 效果性

效果性(effectiveness)是指既定的目标实现的程度,即预期结果与实际结果之间的关系。如完成预算目标、应用目标、进度目标等情况(实际产出与目标的关系)。审计的任务是检查预期目标是否达到。它不考虑为达到预期目标所投入的资源情况。当然,既经济而又有效率地取得预期效果是可能的。特别是应用目标的实现是效果性审计的重要内容。首先,ERP 应用实现了业务流程再造,业务流程的优化提升了企业竞争力,加快市场响应速度,显著改善客户满意度。其次,ERP 应用实现了绩效监控动态化,为企业提供丰富的管理信息,用好这些信息并在企业管理和决策过程中发挥作用,动态监控管理绩效变化,即时反馈和纠正管理中存在的问题。第三,ERP 应用可以使得管理改善持续化。

经济性、效率性与效果性三者之间既相互区别又相互联系。经济性审计主要局限于资源方面,更多用货币衡量,着重投入和成本分析。而效率性审计主要涉及对资源使用情况审查,即"投入"与"产出"的关系。效果性审计是对 ERP 项目应用以后产出情况的审查。经济性应该是在效果有保障条件下的节约,效率性的最终目的也是要达到效果性。可以说,经济是前提,效率是过程,效果是目的,经济性、效率性都应与效果性相一致。在绩效审计评价中,应该以"效果好"为优先选择条件,实行以实现"效果性"为主导地位的综合审计评价。三者之间是环环相扣、密不可分的。而事实上,三者之间也并没有明显的界限区分,实际业务中更难把三者完全割裂开来,因此,绩效审计应将三者作为一个整体加以审计,孤立地强调某一方面都是无意义的。

评价内容是指所要评价的具体方面,具体来说就是能够反映企业绩效的影响因素。信息系统绩效影响因素是指在企业信息系统应用过程中能够导致企业经营活动、生产活动和管理活动发生变化的因素。具体的评价内容通常根据具体评价目标来确定,如果对企业实施信息系统绩效审计的综合评价,涉及的内容不仅要包括财务因素,也要包括非财务因素;如果对企业实施信息系统绩效审计的确定方面评价,则评价内容应根据具体目标来定,就没有必要涵盖综合评价的各个方面。

8.2.3　评价标准与指标

绩效评价标准是判断评价对象业绩优劣的标杆,绩效评价指标是对依照评价标准选取的量化标准。总体看来,绩效审计的评价指标选取经历了从单纯财务指标到包含非财务指标的综合指标、单一指标到多维指标的发展过程。绩效评价指标通常可划分为以下几类:量化与非量化指标、财务与非财务指标、衡量过程与衡量结果指标。进行绩效审计时需要在评价指标体系中的各类指标之间取得一个平衡。

1. 量化与非量化指标

量化指标就是将所要评价的目标予以数量化,通常以货币、产销量、百分比、完成阶段、处理件数等来表示。但并非所有评价对象均能很容易地予以数量化。例如,信息系统增进部门间的沟通、促进组织结构重组等方面的评价就很难以数字来表达,因此通常将难以量化的因素称为非量化指标。

2. 财务与非财务指标

对于量化指标而言,如果能以金额表示的即为财务指标,反之为非财务指标。过去对IT项目的评价侧重财务指标的衡量,但随着经济、技术的不断发展和外部环境的不断变化,非财务指标逐渐受到重视。促使企业越来越重视非财务指标的缘由是:①企业愈来愈重视产品的质量和服务;②信息技术在企业活动中融合越来越深,信息技术的作用与影响常常通过间接方式显现出来;③信息技术在企业中高层的作用是长期性的,短时间难以用财务指标衡量。

用非财务性绩效评价指标并不代表财务指标不重要,而是用非财务性的控制方法来追踪关键成功因素,从而有利于财务目标的实现。在信息系统绩效审计过程中应该平衡考虑财务与非财务指标。

3. 衡量过程与衡量结果的指标

衡量结果的指标体现战略执行的结果(如营业收入的增长、质量改善等),这些指标是典型的事后指标,它告诉管理者过去行动的结果。相对地,衡量过程的指标是事中指标,显示在执行某一策略时的关键因素。衡量结果的指标仅能指出最终结果,而衡量过程的指标能够指出实现最终结果的变化过程。

8.2.4　评价方法

信息系统绩效评价方法与其他项目绩效评价一样,重点是指标的选择方法和权重的确定方法。在指标选择上,传统的评价侧重于财务方面的评价,通常采用投资回收期、投资收益率、净现值等方法衡量IT系统应用的效果。这种评价的最大弊端在于忽视了信息系统的无形收益,而无形收益占据IT系统收益的相当大比例。另外,财务指标是结果型指标,只能反映出最终结果,而无法反映出过程。目前平衡计分卡方法是符合绩效评价发展潮流的好方法,平衡计分卡是从财务、客户、内部运营、学习与成长四个角度,兼顾了财务与非财务之间的平衡,将组织的信息系统战略落实为可操作的衡量指标和目标值的一种新型绩效管理体系。

根据权重的确定方法不同,可以把评价与审计方法大致分为两类:一类是主观赋权法,如层次分析法、德尔菲方法、综合评价法等,这类方法容易受到人为因素的影响;另一类是客观赋权法,根据各指标间的相关关系或各项指标值的变异程度来确定权重,避免了人为因素带来的偏差,如主成分分析法等。在评价与审计中,不同的权重确定方法将对结果产生不同的影响,需要根据评价与审计的目的和特征选取不同的评价与审计方法。

8.2.5　评价报告

信息系统绩效评价分析报告是绩效评价体系的输出信息,也是绩效评价体系的结论性文件。绩效审计评价人员以企业信息系统为评价对象,获取与信息系统建立、维护、应用等有关的信息,经过指标体系的处理,与评价标准进行对比,通过差异分析找出差异的原因并予以分析说明,得出评价结论,形成评价报告。

8.3 信息系统绩效审计的程序

信息系统绩效审计通常可以按照如下程序进行。

8.3.1 准备阶段

审前准备阶段的主要工作包括审前调查、编制审计实施方案、制发审计通知书等。审前准备工作的实施能够有助于将审计资源更合理地分配到具体的审计工作中。

在编制审计计划之前,应充分了解和掌握被审计单位的基本情况。审前调查的内容主要包括:调查被审计单位的基本情况,了解组织的经营环境及其主要经营情况;了解组织的目标和战略、组织业务流程和内部控制制度;调查组织信息系统的基本情况,了解 IT 治理、IT 战略、IT 绩效管理的制度与机制。

在了解被审计单位的基本情况后,编制总体审计计划和具体审计计划。审计计划的内容包括:信息系统绩效审计目标、审计范围及审计策略;重要信息系统问题及重点审计领域;审计工作进度和资源安排;审计风险评估。

8.3.2 实施阶段

在审计实施阶段,审计证据的收集、整理、筛选、分析等是核心工作。审计人员可以通过检验、观察、询问、重复操作、验算、计算、核对、测试、分析流程、数字取证以及其他可接受方法获取审计证据。审计人员必须根据审计目标和要求决定审计证据收集的程序,同时对获得的审计证据进行充分性、适当性、可信性等评估,并据此筛选和整理相关证据。审计人员将根据审计证据的充分性、适当性、可信性等决定是否调整原来的审计程序。如果在分析证据时发现证据不够充分,就需要再去补充收集证据,或者在考虑形成审计建议时发现证据不足或分析不当,也同样需要补充证据。

在获得了充分、可靠的证据后,选用恰当的评价指标和方法,对信息系统绩效进行分析,评价组织信息系统的经济性、效率性和效果性。进一步地,对组织信息系统绩效的原因从 IT 治理、业务流程、IT 风险管理等方面进行解释,为出具审计报告和提供良好的审计建议打下基础。

8.3.3 终结阶段

审计人员在审计证据、分析评价的基础上,形成了审计结论,按照准则的要求编写和提交信息系统绩效审计报告。在报告形成之前,审计人员要与被审计单位充分交换意见,落实审计发现。该阶段的具体步骤大致是撰写初稿、征求意见、修改、正式报告。

信息系统绩效审计的本质是绩效评价。审计人员需要对被审计信息系统给出恰当的评价,提出合理化、正确的整改建议,以提高被审计信息系统的经济性和有效性,改善组织绩效。能否给出正确的、有效的整改建议,首先与审计人员的能力有关,审计人员在 IT 方面的知识和经验将会给整个项目带来很大的帮助。其次,这还与审计人员介入的时间点有关,如果审计人员介入的时间点落后于系统的实施,那么整改建议对现在审计的系统并没有太大的帮助,如果审计人员参与到系统的规划阶段,那么审计人员就有可能给出预防性的建议。所以审计人员在信息系统的规划、立项等阶段就应该提前介入,而不仅是项目实施、验收阶段。重点保证现在审计系统能够提高绩效水平,而不仅是对系统做评价。

8.4　信息系统绩效审计案例

随着信息化的发展,ERP 在我国企业中的应用不断深入,越来越多的企业希望通过实施信息化来增强自身的竞争力,对信息化的投资和关注不断加强。目前我国企业 ERP 应用方面已经取得了很大的成绩,发展速度越来越快,趋势越来越好。但是仍然面临许多亟待解决的问题并制约着向更深层次的发展。其中一个非常重要的环节就是如何科学、系统地对 ERP 项目的应用成果进行评价,从不同角度揭示其应用状况。通过定量计算、定性分析和客观公正的评价,从不同的角度科学地揭示 ERP 应用状况,可以促使企业从中分析问题,认识自我,持续改进应用水平,也有利于我国企业 ERP 应用体系的建立与完善。

本节以 A 企业为例,应用 BSC-AHP 方法来介绍其 ERP 应用的绩效评价过程。A 企业是一家集研发、生产、销售、服务于一体的国际化家电企业,主营空调、洗衣机、冰箱等产品。从 2000 年起,A 企业开始全面推行信息化,成功实施 ERP 系统,形成了"前台一张网,后台一条链"的闭环系统。期间 A 企业发展迅速,ERP 系统给企业带来显著效益。2017 年后,为适应不断变化的市场环境和业务需要,A 企业对其 ERP 系统进行了升级改造,以下对其改造后的 ERP 系统进行绩效评价。

8.4.1　绩效评价指标体系的构建

从 ERP 管理的相关理论和 A 企业自身发展状况出发,并征求具有 ERP 实施经验的管理者的意见,将指标体系分为三个层次:最高层即目标层,是企业 ERP 绩效考评;第二层为准则层,包括 4 个一级考评指标;第三层为指标层,包含 15 个具体绩效指标。第二层准则层是对目标层企业 ERP 绩效考评的具体量化,可以从财务运营、客户服务、业务流程和创新和发展能力 4 个方面对 ERP 绩效进行测量,如表 8-1 所示。由于准则层 4 个变量无法直接测量,需要进一步分解,而第三层指标层是对准则层 4 个变量进行具体测量的指标,可以直接进行测量。三个层次成阶梯层级,逐级细化分解。

要构建基于平衡计分卡四个维度的绩效目标以及绩效评价指标体系,既要考虑它作为常规意义下企业的盈利能力,同时更要考虑企业的特殊环境和发展潜力,而企业的成长性和发展潜力主要取决于企业系统与企业业务的融合以及高技能人才的支持等。因此,我们认为企业绩效评价指标体系应包含两方面内容,一是反映盈利能力的财务指标,二是反映企业成长性和未来发展潜力的非财务指标。根据这一思路,利用与平衡计分卡的映射关系,可以得出基于平衡计分卡四个维度的战略与绩效目标,见表 8-1。

表 8-1　各层指标之间的关系

一级指标	二级指标	指标的测算依据
财务运营指标 B1	盈利能力 C1	所有者权益报酬率
	营运能力 C2	资产周转率
	偿债能力 C3	资产负债率
	发展能力 C4	销售收入增长率
客户服务指标 B2	客户满意度 C5	质量满意度
	市场份额 C6	市场占有率
	客户忠诚度 C7	重复购买率
	客户利润率 C8	客户利润率
业务流程指标 B3	计划控制 C9	物料清单准确率
	生产制造 C10	完工准时率
	售后服务 C11	客户投诉率
	内部管理 C12	基础数据准确率
创新和发展能力指标 B4	创新投入 C13	新产品开发成功率
	科教投入 C14	员工培训费增长率
	员工方面 C15	员工离职率

1. 财务运营指标

财务运营指标是企业 ERP 绩效水平的内在体现,对企业实施 ERP 的成本和收益起决定性作用;它也是企业在特定的考评周期内 ERP 收益率的直接反映。该指标包括所有者权益报酬率、资产周转率、资产负债率和销售收入增长率 4 个考评指标。

2. 客户服务指标

客户服务指标是反映 ERP 绩效水平外在表现的重要指标,一定程度上可以考评企业对市场的反应速度以及顾客对企业的认同度,包括质量满意度、市场占有率、重复购买率、客户利润率 4 个考评指标。

3. 业务流程指标

业务流程指标是反映 ERP 运营效率的核心指标,通过 ERP 各个流程的资源共享和协同合作,能针对不同顾客需求做出迅速的决策,从而达到提高整个企业运作效率的目的。该指标主要包括物料清单准确率、完工准时率、客户投诉率和基础数据准确率 4 个评价指标。

4. 创新和发展能力指标

创新和发展能力指标是考评企业未来的发展状况,从研发投入和新产品两方面对 ERP 绩效实施水平的最佳考核,具体评价指标包括新产品开发成功率、员工培训费增长率和员工离职率 3 个评价指标。

A 企业的绩效评价指标原始数据如表 8-2 所示。

表 8-2　A 企业的绩效评价指标数据

准则层	指标层	2018/%	2019/%	2020/%
财务运营指标 B1	盈利能力 C1	13.2	15.4	16.6
	营运能力 C2	126.5	136.8	150.1
	偿债能力 C3	33.2	38.3	42.3
	发展能力 C4	8.3	13.2	17.6
客户服务指标 B2	客户满意度 C5	87.1	87.1	86.9
	市场份额 C6	12.4	13.5	14.7
	客户忠诚度 C7	33.3	34.5	36.3
	客户利润率 C8	32.8	31.9	32.9
业务流程指标 B3	计划控制 C9	97.2	98.1	98.5
	生产制造 C10	95.6	96.3	98.2
	售后服务 C11	87.3	89.8	94.5
	内部管理 C12	89.7	92.8	96.3
创新和发展能力指标 B4	创新投入 C13	15.2	19.2	22.4
	科教投入 C14	8.2	8.6	9.1
	员工方面 C15	90.8	93.6	94.1

8.4.2　应用层次分析法进行实证分析

组织企业熟悉相关模块的部门负责人和企业外部关联企业中的相关人员填写调查表格。相关人士根据企业的各项评价因素的具体指标值、各关键指标的测算依据以及实施考察后的个人主观评价,综合分析后构造出判断矩阵,如表 8-3 所示。

表 8-3　目标层判断矩阵

ERP 应用绩效	B1	B2	B3	B4	权重
财务运营指标 B1	1	5	3	7	0.552
客户服务指标 B2	1/5	1	1/5	3	0.101
业务流程指标 B3	1/3	5	1	5	0.293
创新和发展能力指标 B4	1/7	1/3	1/5	1	0.054

对于此矩阵,计算可得:$\lambda\max=4.228$,$CI=0.076$,$RI=0.900$,$CR=0.084<0.1$,一致性检验通过。

对于财务运营层面,构造出判断矩阵,并求出权重,如表 8-4 所示。

表 8-4　财务运营层面判断矩阵

财务运营指标 B1	C1	C2	C3	C4	权重
盈利能力 C1	1	3	1/3	7	0.272
营运能力 C2	1/3	1	1/5	3	0.112
偿债能力 C3	3	5	1	9	0.571
发展能力 C4	1/7	1/3	1/9	1	0.045

对于此矩阵,计算可得:$\lambda\max=4.087$,$CI=0.029$,$RI=0.900$,$CR=0.032<0.1$,一致性检验通过。

对于顾客服务层面,构造出判断矩阵,并求出权重,如表 8-5 所示。

表 8-5　顾客服务层面判断矩阵

顾客服务指标 B2	C5	C6	C7	C8	权重
客户满意度 C5	1	1/5	3	1/3	0.114
市场份额 C6	5	1	9	3	0.581
客户忠诚度 C7	1/3	1/9	1	1/5	0.050
客户利润率 C8	3	1/3	5	1	0.255

对于此矩阵,计算可得:$\lambda \max = 4.076, CI = 0.025, RI = 0.900, CR = 0.028 < 0.1$,一致性检验通过。

对于业务流程层面,构造出判断矩阵,并求出权重,如表 8-6 所示。

表 8-6　业务流程层面判断矩阵

业务流程指标 B3	C9	C10	C11	C12	权重
计划控制 C9	1	1/3	3	1/5	0.118
生产制造 C10	3	1	5	1/3	0.263
售后服务 C11	1/3	1/5	1	1/7	0.055
内部管理 C12	5	3	7	1	0.564

对于此矩阵,计算可得:$\lambda \max = 4.117, CI = 0.039, RI = 0.900, CR = 0.043 < 0.1$,一致性检验通过。

对于创新和发展能力层面,构造出判断矩阵,并求出权重,如表 8-7 所示。

表 8-7　创新和发展能力层面判断矩阵

创新和发展能力指标 B4	C13	C14	C15	权重
创新投入 C13	1	2	3	0.540
科教投入 C14	1/2	1	2	0.297
员工方面 C15	1/3	1/2	1	0.163

对于此矩阵,计算可得:$\lambda \max = 3.009, CI = 0.0046, RI = 0.58, CR = 0.0079 < 0.1$,一致性检验通过。

根据上述内容,可求得系统总权重为(0.15,0.062,0.315,0.025,0.012,0.059,0.005,0.026,0.035,0.077,0.016,0.165,0.029,0.016,0.009)。

根据上面求得的总权重和已知的绩效评价数据,可得绩效评价结果如表 8-8 所示。

表 8-8　绩效评价结果

绩效评价对象(年度)	绩效评价值	绩效评价对象(年度)	绩效评价值
2018	0.52	2020	0.59
2019	0.55		

根据绩效评价结果,可知 A 企业对其 ERP 系统进行升级改造后,企业绩效逐年提高,说明 ERP 系统运行效果良好,较好地达到了预期目的。

小　　结

（1）信息系统的绩效越来越受到人们的关注，对信息系统进行绩效审计已甚为必要。

（2）信息系统绩效审计是绩效审计与信息系统审计的交叉，是对信息系统的经济性、效率性和效果性所做的评价与监督。

（3）信息系统绩效审计主要有收益观、用户满意观、质量观和应用观四种视角。

（4）绩效审计的对象是资产，信息系统绩效审计的对象是信息资产，由于信息资产的特殊性，信息系统绩效审计与一般的绩效审计相比，呈现出许多不同的特征。

（5）信息系统绩效评价体系是指由一系列与绩效评价相关的评价主体与客体、评价目标与内容、评价标准与指标、评价方法与评价报告等形成的有机整体。

（6）开展信息系统绩效审计通常可以按照如下程序进行：①审前准备阶段，主要工作内容是编制审计实施方案；②审计实施阶段，审计证据的收集、整理、筛选、分析等是核心工作；③审计终结阶段，审计人员在审计证据、分析评价的基础上，形成审计结论。

复习思考题

一、填空题

1. _____是把信息系统看作一个服务提供者，从服务使用者的角度来对信息系统成功要素进行评价，主要关注系统的反应速度、便捷性、可靠性、个性化服务等方面。

2. _____认为质量能够反映信息系统绩效，它把信息系统看作一种软件产品，因此，可以从质量管理角度衡量信息系统的绩效。

3. 信息系统绩效审计是绩效审计的一种，是对信息系统的_____、_____和_____所做的评价与监督。

4. 信息系统绩效评价体系是指由一系列与绩效评价相关的评价主体与客体、_____、_____、评价方法与评价报告等形成的有机整体。

5. 信息系统绩效审计评价的主体可以划分为两大类：一是_____，二是_____。

二、简答题

1. 简述信息系统绩效审计的含义。

2. 为什么要开展信息系统绩效审计？

3. 信息系统绩效审计的特点是什么？

4. 信息系统绩效审计的目标是什么？

5. 简述信息系统绩效审计的步骤。

6. 选取某一企业的信息系统应用层次分析法对其进行绩效评价。

第9章 信息系统审计质量控制和 审计人才培养

要提高信息系统审计质量,必须加强审计质量控制。良好的审计质量控制对于提高审计工作效果,防范审计风险,促进审计人员提高执法水平和业务能力,具有十分重要的作用。培养高素质合格的信息系统审计人才是提升信息系统审计质量的有效途径之一。本章首先介绍信息系统审计流程质量和目标控制的内容,然后对信息系统审计人才培养进行阐述。

9.1 信息系统审计质量控制

9.1.1 信息系统审计质量概述

为了确保信息系统审计的质量,组织应建立信息系统审计质量控制策略、程序、方法,明确信息系统审计人员职责,遵循国家法律法规、信息系统审计操作规范和组织信息系统审计工作规定;审计工作底稿、审计报告、审计决定等审计文书的格式、要素和内容应当符合组织信息系统审计规范的要求;组织信息系统管理和应用方面存在的重大问题得以充分揭示,并提出建议,以合理保证审计目标的实现。

信息系统审计质量控制包括审计资格和职业要求、审计流程质量控制和审计目标质量控制。

9.1.2 审计资格和职业要求

关于审计资格和职业要求,审计部门执行信息系统审计业务,应当具备下列资格条件:符合法定的审计职责和权限,有职业胜任能力的审计人员,建立适当的审计质量控制制度,必需的经费和其他工作条件。审计人员执行信息系统审计业务,应当具备以下职业要求:遵守法律法规和准则,恪守审计职业道德,保持应有的审计独立性,具备必需的职业胜任能力和其他职业要求。

关于审计组组成的质量控制有:审计组由审计组组长和其他成员组成;审计组实行审计组组长负责制;审计组组长由审计机关确定,审计组组长可以根据需要在审计组成员中确定主审,主审应当履行其规定职责和审计组组长委托履行的其他职责。

9.1.3 审计流程质量控制内容

1. 审计流程质量控制制度建设

审计流程质量控制是指在信息系统审计全过程的各个环节中加以质量检查的控制,包括对审计计划、审计实施、审计终结等阶段的全过程质量控制。

信息系统的审计流程质量控制应当按照国家审计准则、中国内部审计准则,参照国内外信息系统审计标准和规范,建立起包含质量责任、职业道德、职业胜任能力、业务执行和质量监控等在内的质量控制制度,同时,应制定适用本组织的信息系统审计流程、标准和规范。

2. 审计全过程质量控制

1) 审计计划质量控制

计划立项和审前准备阶段需要对组织的信息系统进行初步调查,主要获取组织业务流程对信息化的依赖程度;与信息系统有关的管理机构及管理方式,根据掌握的信息系统基本情况,确定审计目标与重要性水平,在制定审计实施方案时,应充分考虑以下因素。

(1) 组织高度依赖信息技术、信息系统的关键业务流程及相关的组织战略目标。

(2) 信息技术管理的组织架构。

(3) 信息系统框架和信息系统的长期发展规划及近期发展计划。

(4) 信息系统及其支持的业务流程的变更情况。

(5) 以前年度信息系统内外部审计等相关的审计发现及后续审计情况。

(6) 其他影响信息系统审计的因素。

2) 审计实施质量控制

(1) 控制测试质量控制。

控制测试是为测试组织对控制程序的符合性而收集证据,验证控制的执行是否符合管理政策和规程要求。根据组织确定的内部控制缺陷标准及风险评估标准,对组织的内部控制实施控制测试。应当采用抽样执行的控制测试包括用户访问权限、程序变更控制流程、文件流程、编程文档、例外跟踪、日志检查、软件许可审计等。根据控制测试的结果决定实质性测试的时间、范围和性质。

在实质性测试时,审计人员要对交易和事项的安全控制措施进行测试,对信息系统的安全性、可靠性和经济性进行评价。为保证评价的质量,审计人员要对交易或事项进行测试,在验证数据库可靠性时,应对交易日志中的查询进行抽样审查,以评价该查询操作的可靠性,在评价信息系统的效率性时,审计人员要评价提交作业到执行后结果返回用户所评价周转时间是否在可接受范围内。

在进行审计时要根据情况确定审计抽样的方法及测试的范围。采用随机、统计、判断等抽样方法,并合理确定样本量,根据抽样样本的实质性测试结果,评价信息系统控制是否达到控制目标。当抽样不能达到审计目标时还应采用替代程序。

(2) 审计证据质量控制。

明确审计取证的范围,审计证据要足以支持审计报告和审计结论中揭示的问题;为保障审计证据的充分性、相关性和可靠性,应规范审计取证的方法,除通用证据获取方法外,应根据信息系统取证的要求,侧重于利用数据工具、安全工具、测评工具、系统运行监测、系统监控检测等方法取证,以规范审计取证行为。应恰当处理和评价审计证据,要求证据的提供部门确认其来源真实。评价审计证据时,应当考虑电子数据、纸质数据、结构化数据、非结构化数据之间的相互印证及证据来源的可靠程度。

3) 审计报告质量控制

(1) 审计工作底稿复核。

审计工作底稿是审计人员在审计过程中形成的审计工作记录和获取的资料。审计工作底稿是审计证据的载体,是联系审计证据和审计结论的桥梁。审计工作底稿的全部内容,是内部审计人员形成审计结论、发表审计意见的直接依据。审计工作底稿必须进行复核,以保证审计意见的正确性和审计工作底稿的规范性。

（2）审计报告编制、复核与交换意见。

审计人员应对审计发现进行分析，使用职业判断，确定哪些审计发现应提交给哪个层级的管理人员。向管理层提交审计报告。审计报告具有如下特征。

① 足够重要、值得向管理层报告。

② 事实清楚、证据充分。

③ 描述客观、公正。

④ 与所审计的事实相关。

⑤ 有充分的说服力，促使组织采取纠正措施等。

除了对信息系统的安全性、可靠性、经济性发表意见外，还需要对信息系统所承载的业务信息的真实性、完整性、正确性发表意见。

在与高级管理层沟通审计结果前，审计人员应当首先与被审计组织的管理人员讨论审计发现的问题，在审计报告征求意见过程中，审计人员和被审计组织应当针对审计建议、预定实施日期等内容进行讨论，明确影响实施的各种因素。被审计组织管理层应当对审计报告中描述的审计发现制定整改计划，陈述将要采取的整改措施及整改时间等，促进双方达到一致性观点。当不能达成一致时，审计人员应当详细描述审计发现的重要性。确保报告中反映的情况是真实的，相关建议切实可行且符合成本效益，针对建议的实施日期与管理层进行讨论等。

（3）审计报告正式上报前需要考虑的质量问题。

在出具正式审计报告之前，审计人员应考虑在此期间被审计组织及其信息系统活动是否会发生导致重大变化的事项（如机房搬迁、更新原有模块等）。针对这种情况，审计人员应当判断这些事项对审计结论和建议的影响，并采取增加审计程序、修改审计意见等措施，提醒报告使用者注意上述影响。

4）归档质量的控制

审计机构应当制定保管、保留和发布审计文档的相关政策。各审计主体在实际工作中，应根据相关规范的要求管理审计文档。

5）后续审计质量控制

实施后续审计，主要应考虑：

（1）审计意见和建议的重要性。

（2）整改措施的复杂性。

（3）落实整改措施所要的时间和成本。

（4）整改措施失败可能产生的影响。

后续审计的质量管理控制包括：

（1）制定跟踪程序以确认既定的整改措施是否已经落实。

（2）审计实施管理，合理确定跟踪检查的程度。

（3）合理确定跟踪时间。

（4）与适当层级的管理人员沟通跟踪结果。

通过上述信息系统审计全过程质量控制活动，达到规范审计行为，规避审计风险，提高审计质量的质量控制目标。

9.1.4　审计目标质量控制

审计目标质量控制是指为实现信息系统审计目标而实施的质量控制。按照信息系统审计目标的要求,可分为促进被审计单位信息系统内部控制的审计质量控制、防范数据审计风险的审计质量控制两大类。促进被审计单位信息系统内部控制的审计质量控制是指,在对被审计单位信息系统的应用控制、一般控制、项目管理控制的审计检查中,按照审计实施方案要求进行审计事项和测评内容的检查控制,进行审计程序和规范的控制,正确发现内部控制缺失及其对系统安全性、可靠性和经济性的影响,提出完善内部控制的审计意见和建议。防范数据审计风险的审计质量控制是指在对被审计单位信息系统的应用控制、一般控制、项目管理控制的审计检查中,一方面注重系统内部控制缺失对系统产生数据的真实性、完整性和正确性的影响,另一方面注重审计获取该系统承载业务和财务数据的真实性、完整性和正确性的影响,提出数据审计风险防范的意见和建议。

在应用控制审计、一般控制审计、项目管理审计中,促进被审计单位信息系统内部控制的审计质量控制和防范数据审计风险的审计质量控制都有具体要求。例如,在数据输入、处理和输出控制审计中,其目的是通过检查被审计单位信息系统数据输入、处理和输出控制的有效性,发现因系统控制缺失产生的数据风险,形成数据控制水平的审计评价和结论,提出审计意见和建议,为数据审计防范和控制审计风险,以及审计项目对信息系统数据风险控制的审计评价提供支持。在信息系统总体控制审计中,其目的是通过检查被审计单位信息系统总体控制的战略规划、组织架构、制度机制、岗位职责、内部监督等,分析信息系统在内部环境、风险评估、控制活动、信息与沟通、内部监督方面的有效性及其风险,形成信息系统总体控制的审计评价和结论,提出审计意见和建议,促进信息系统总体控制的完善,并为审计项目对信息系统总体控制的审计评价提供支持。在信息安全技术控制审计中,其目的是通过检查被审计单位信息系统的信息安全技术及其控制的整体方案,检查安全计算环境、区域边界、通信网络等方面的安全策略和技术设计,检查信息系统的安全技术配置和防护措施,发现并揭示信息系统安全技术控制的缺失,分析并评价风险程度,形成信息安全技术控制的审计结论,提出审计意见和建议,促进信息系统安全技术及其相关控制的落实;为数据审计防范和控制审计风险,以及审计项目对信息安全技术控制的审计评价提供支持。

9.2　信息系统审计人才培养

9.2.1　信息时代呼唤信息系统审计人员

在信息技术突飞猛进的时代,各个组织都高度依赖信息系统,信息系统运行的安全性、有效性和效率性已经显得越来越重要。企业的电子数据、计算机、网络和软件等信息资产已经成为企业除资金、人力资源以外的第三种资产,成为企业核心竞争力的重要来源之一。然而,企业对信息技术的依赖程度越高,信息系统给企业乃至整个经济造成严重伤害的可能性也越高。例如,美国安然公司利用电子商务技术创造"发展神话"最终酿成整个社会的一场信用危机,法国兴业银行的内部职员利用信息系统几乎导致百年企业破产等。这些问题频频出现表明,社会亟需从事信息系统审计的专门人才——信息系统审计人员。他们属于既懂经济管理又懂信息技术的复合型高层次专业人才,他们对企业信息系统的真实、可靠、合法等提供咨询、审核和鉴证等服务,保护企业的投资者、债权人、管理层以及劳动者的合法利益,为社会、经济、企业的安全保驾护航。由于普遍使用大型管理信息系统,如今几乎所有的大型跨国公司,都非常重视对信息系统安全和稳定性的控制,常常高薪聘请信息系统审计人员进行内部审计。

随着信息技术应用范围的不断扩大,信息系统审计作为新兴的职业和学科体系近年来逐渐升温,信息系统审计人员是随着信息系统审计业务逐渐受到职业会计师行业的重视而产生的。我国自 2000 年诞生首位国际信息系统审计师以来,每年的报名人数以 40%～50% 的速度增加,显示了信息系统审计发展的需求,同时也促进了信息系统审计学科的发展。

我国要参与 IT 领域和审计领域的国际竞争,提高国民经济信息化水平,就需要有大量合格的信息系统审计人才,其需求主要来自于以下几个方面。

(1) 软件供应商,特别是经济管理类的集成软件供应商。他们需要信息系统审计人员参与产品设计、规划和检测,对客户现有信息系统进行评价,提出改造设想。全球所有重要的 ERP 和 CRM 产品供应商都聘请大量信息系统审计人员。

(2) 管理咨询机构。20 世纪 90 年代以后,国际管理咨询的重点已经逐步发展成为客户提供一揽子解决方案,其中,信息系统的配置是解决方案获得成功的基础。因此,国际知名的管理咨询机构中,有 50% 以上的员工熟悉信息技术,其中 20% 拥有信息系统审计人员资格。

(3) 会计师事务所。会计师事务所也是信息系统审计人员最早的落脚点,而该部门最主要的工作就是监控客户的信息系统风险和运营风险,并为客户提供 ERP 或 CRM 的安装、维护和培训。另外,会计师事务所中传统财务报表审计也越来越离不开信息系统审计人员。因为没有他们的工作,评估内部控制风险和企业固有风险都将成为一句空话。因此,目前的国际会计公司中,最年轻的合伙人或经理往往都是信息系统审计人员。

(4) 跨国公司。跨国公司作为信息系统最集中的用户,为参与信息化建设的过程,并时刻保持对分支机构的信息监控,急需大量信息系统审计人员。还有一种最新迹象表明,跨国公司内部审计部门也在大量招聘信息系统审计人员,以加强内部监督和牵制。

(5) 大型国有企业和上市公司。这些机构往往有雄厚的财力来实现管理的信息化,保证生产经营的稳定性,它们对信息系统审计人员的要求和跨国公司类似。

9.2.2　信息系统审计人员的职业技能分析

1. 应具备的理论知识

信息系统审计不只是传统审计技术的简单扩展,它是一门交叉学科,是建立在传统审计理论、信息系统管理理论、计算机科学、行为科学理论等理论基础之上的。这就要求 CISA 必须具备以下四方面的知识。

(1) 传统审计理论。传统审计理论为信息系统审计提供了丰富的内部控制理论与实践经验,以保证所有交易数据都被正确处理。同时收集并评价证据的方法论也在信息系统审计中广泛应用,最为重要的是,传统审计给信息系统审计带来的控制哲学,即用谨慎的眼光审视信息系统,从全面审查数据处理、保护资产安全、保证信息完整等方面来评价系统是否合法合规,并能有效地实现企业目标的能力。

（2）信息系统管理理论。信息系统管理理论是一门关于如何更好地管理信息系统的开发与运行过程的理论,它的研究成果和方法可直接用于信息系统的开发和实施,这些方法都是信息系统审计的基础。例如,在信息系统的开发中实施项目管理,采用面向对象的分析、设计和编程方法,开发的应用程序效率高、错误少、可维护性好。又如,在数据库的安全审查、应用控制的审查和测试上都用到信息系统管理的技术和方法。

（3）计算机科学。计算机科学是信息系统审计应用技术的源泉。软件工程是计算机科学的一个重要组成部分,其中,源代码的检查、程序的黑箱测试和白箱测试是重要的软件测试技术,同时也是在信息系统应用软件审计中采用的主要审计技术。与信息系统有关的舞弊、破坏等计算机犯罪都带有很强的技术色彩,有时审计人员需要具备一定的计算机科学技术知识才能在审计过程中获得正确的审计结果。例如,高级编程人员通过修改程序进行贪污,要是没有同样水平的信息系统审计人员,想查出这一类舞弊是不可能的。另外,由于信息系统中的数据是审计的重点对象,所以审计人员还需要掌握数据库系统知识和操作系统知识。

（4）行为科学理论。行为科学为信息系统审计提供对计算机系统的人员行为和组织理论进行审计分析的结果,使审计人员利用行为科学的方法对计算机系统的开发和实施以及内部控制进行审查和评价。人是信息系统安全最薄弱的环节,信息系统有时会因为人的问题而失败,比如对系统不满的用户故意破坏系统及其控制,因此审计人员必须了解哪些行为因素可能导致系统失败。行为科学,特别是组织学理论解释了组织中产生的"人的问题"。因此在信息系统的审计中把这种行为性的问题也列为主要的审计点。分析信息系统的职员行为方式是否与系统内部控制制度相吻合,也是信息系统内部控制评价审查的重点。

2. 应具有的实践技能

除了专业的信息系统审计理论知识之外,CISA 还要具备丰富的实践经验,以便胜任对复杂性系统进行审计。CISA 应该具备的实践技能包括:

（1）参加过不同类别的工作培训,尤其是在组织采用和实施新技术时。此外,也参加组织内部计划的制定等。

（2）参与专业的机构或厂商组织的研讨会,动态掌握信息技术的新发展对审计实践的影响。

（3）具有理解信息处理活动的各种技术,尤其是影响组织财务活动的技术,能够与来自各领域的管理者、用户、技术专家进行交流。

（4）理解并熟悉操作环境(包括各种操作系统和数据库管理系统),评估内部控制的有效性。

（5）理解现有与未来系统的技术复杂性,以及它们对各级操作与决策的影响。

（6）能使用技术的方法去识别系统的完整性。该过程包括检查、测试、评估系统的内部控制。

（7）要参与评估与使用信息技术相关的有效性、效率、风险等。

（8）能够提供审计集成服务并为审计员工提供指导,与财务审计人员一起对公司财务状况做出声明。

（9）具备系统开发安全控制设计，实施后评估等技能。

（10）掌握网络相关的安全实践、信息安全服务、灾难恢复与业务持续计划、异步传输模式等通信技术。

9.2.3　信息系统审计人才培养研究

随着信息系统的广泛应用，社会对信息系统审计人员的需求十分旺盛，在世界上许多国家出现了信息系统审计人员的严重紧缺，为了缓解这一矛盾，世界各国纷纷加强信息系统审计人员的培养。目前，美国、日本等发达国家都已建立了一系列信息系统审计人才的教育体系。我国的信息系统审计起步较晚，信息系统审计业务的开展还处于探索阶段，对信息审计人才的培养和认证都还不完善。笔者认为应从以下几个方面实施。

1. 在职培训和高校培养相结合

为了加快我国信息系统审计人才的培养，审计、会计和计算机领域的专家学者提出了很多方法。在培养途径上，可从现有的审计队伍中选拔人员进行专门信息系统审计的培训，审计署已经开展了这方面的培训。借助高等学校的师资力量，开设信息系统审计专业方向和信息系统审计等相关的课程，培养从事信息系统审计的专门人才，使高等学校成为培养信息系统审计后备人才的摇篮。在培养方式上，可从审计或会计岗位的在职人员和高校审计或会计专业的学生中选择对计算机感兴趣的人员进行计算机与信息系统等方面知识的学习；或者从在职从事计算机工作的人员、高校计算机科学与技术专业或信息管理与信息系统专业的学生中选择部分学生学习会计与审计等方面知识。

2. 加强信息系统审计标准和规范的制定

自从信息系统审计实务发展以来，各国纷纷成立专门机构开展信息系统审计业务，并制定相应的信息系统审计标准。美国内部审计协会制定了《内部审计实务专业标准》，美国会计总署制定了《公认政府审计准则》，日本通产省制定了《系统审计标准》，国际信息系统审计和控制协会制定了《信息系统审计准则》和 COBIT 框架等。我国 1999 年中国注册会计师协会颁布了《独立审计具体准则第 20 号——计算机信息系统环境下的审计》；2012 年审计署印发了《信息系统审计指南——计算机审计实务公告第 34 号》；2021 年中国内部审计协会印发《第 3205 号内部审计实务指南——信息系统审计》。随着信息系统审计对象和业务范围的扩大，现有的审计准则在面临一些新业务新问题，相关管理机构重视包括信息系统在内的信息系统审计执业规范体系的研究和制定工作，审计人员应该在积极总结 ERP 信息系统审计工作经验教训的基础上，积极配合做好信息系统审计的推广与管理工作。

3. 重视相关法律法规并加大行业监管的力度

审计人员在信息系统审计中需要参与的领域涵盖了企业运营的方方面面，信息系统的全面审计要求具备十分广泛的技能，对相关审计、财务、业务运营法律法规的熟悉了解可以作为信息系统审计人员专业知识技能的补充。信息系统审计人员必须了解规划、执行及完成审计工作的步骤与技术，并尽量遵守国际信息系统审计与控制协会的一般公认信息系统审计准则、控制目标和其他法律与规定。

要加大行业监管的力度，促使会计师事务所重视会计信息化环境下的信息系统审计工作，从而提高会计信息化审计质量，降低审计成本，改变我国审计质量不高、行业竞争不公平以及能实施网络审计的人才奇缺的局面。

4. 建立全方位的实践技能培训基地

前面所指出的信息系统审计人员应该具备的特定的实践技能不可能仅从某一次审计训练中获得,可通过建立实践技能培训基地来对审计人员进行以下技能的全方位培训。

(1) 开设各种专业培训课程,包括管理、信息系统项目实施、信息系统应用、信息系统审计理论以及信息系统项目审计人员执业相关课程的培训。

(2) 提供 ERP 产品培训,尤其是作为终端用户群组的学习机会。

(3) 提供职业审计人员或信息系统审计人员资格考试培训服务,如 CIA 或 CISA。

(4) 提供信息系统审计或项目实施实践,为审计人员积累工作经验。

(5) 提供信息系统研究项目等。

以上服务方式可以分别由不同的机构来完成,高等院校、专业培训机构、执业机构及其管理部门应该协同工作,如由高等院校负责基础知识技能的培养,由专业培训机构和执业机构负责实务知识技能的培训,而职业机构的管理机构则负责职业资格的考核。

5. 建立专门的信息系统审计职业资格考试体系

我国现有的审计人员资格考试体系已经不能满足包括信息系统在内的信息系统审计的知识技能要求,非常有必要建立专门的信息系统审计职业资格考试体系,让更多的人来从事信息系统的审计工作。在加强传统审计业务知识和能力考核的基础上,增加包括信息系统在内的信息系统审计特定知识和技能考试的内容,具体考试内容的设置可以参考 CISA 考试的相关内容。

小　结

(1) 要提高信息系统审计质量,必须加强审计质量控制。

(2) 信息系统审计质量控制包括审计资格和职业要求、审计流程质量控制和审计目标质量控制。

(3) 信息系统审计流程质量控制是指在信息系统审计全过程的各个环节中加以质量检查的控制,包括对审计计划、审计实施、审计终结等阶段的全过程质量控制。信息系统审计的流程质量控制应当按照国家审计准则、中国内部审计准则、参照国内外信息系统审计标准和规范,建立起包含质量责任、职业道德、职业胜任能力、业务执行和质量监控等在内的质量控制制度。

(4) 审计目标质量控制是指为实现信息系统审计目标而实施的质量控制。

(5) 在信息技术突飞猛进的时代,各个组织都高度依赖信息系统,社会亟需从事信息系统审计的专门人才信息系统审计人员。他们属于既懂经济管理又懂信息技术的复合型高层次专业人才,他们对企业信息系统的真实、可靠、合法等提供咨询、审核和鉴证等服务。

(6) 目前,我国信息系统审计人才还比较短缺,应加强对信息系统审计人才的培养和认证,建立完善的信息系统审计人才培养体系。

复习思考题

一、填空题

1. 信息系统审计质量控制包括＿＿＿＿、＿＿＿＿和审计目标质量控制。

2. 关于审计组组成的质量控制有：审计组由＿＿＿＿和其他成员组成；审计组实行＿＿＿＿负责制。

3. 审计流程质量控制是指在信息系统审计全过程的各个环节中加以质量检查的控制，包括对＿＿＿＿、＿＿＿＿、审计终结等阶段的全过程质量控制。

4. 按照信息系统审计目标的要求，可分为＿＿＿＿的审计质量控制、＿＿＿＿的审计质量控制两大类。

5. ＿＿＿＿是为测试组织对控制程序的符合性而收集证据，验证控制的执行是否符合管理政策和规程要求。

6. 信息系统审计人员必须具备＿＿＿＿、＿＿＿＿、＿＿＿＿和＿＿＿＿四个方面的知识。

二、简答题

1. 简述信息系统审计质量控制的必要性。

2. 简述信息系统审计流程质量控制的内容。

3. 简述信息系统审计目标质量控制的内容。

4. 信息系统审计人员应具备哪些方面的知识？

5. 你认为应该从哪些方面加强对信息系统审计人才的培养？

第 10 章　信息系统审计前沿专题

10.1　云计算信息系统审计

10.1.1　云计算

随着数字技术和互联网的急速发展,海量数据高速增长,导致了数据处理能力相对不足;同时,互联网上存在大量处于闲置状态的计算设备和存储资源,若这些设备转租给需要的用户,将减少用户对自有硬件的依赖,以更低的成本和更高的性能获得满意的计算存储服务。基于上述思想,云计算成为研究热点。

1. 云计算的概念

云计算的概念最早出现在亚马逊 EC2 产品和 Google-IBM 分布式计算项目中,不同的组织给出了不同的定义。Gartner 认为云计算是一种可以使 IT 具有可扩展性和弹性能力,给多个外部用户提供服务的计算方式。

美国国家标准与技术实验室(NIST)认为,云计算是一个便捷的通过互联网访问,一个可定制的 IT 资源共享池,按使用量付费计算模式,能够快速部署资源,并只需要很少的管理工作或很少的与服务供应商的交互。

国际标准化组织 ISO/IEC 定义云计算是支持网络访问可伸缩的、弹性的可共享物理或虚拟的资源池,并提供自助式供应和按需管理。动态可升级的计算风格和通常虚拟化的资源在因特网上作为一个服务提供。用户不需要精通或者控制支撑他们的"云"中的技术基础设施。云计算是一种由规模经济驱动的大规模分布式计算模式,通过这种计算模式,实现抽象的、虚拟的、可动态扩展、可管理的计算、存储、平台和服务等资源池,由互联网按需提供给外部用户。云计算是随着处理器技术、虚拟化技术、分布式存储技术、宽带互联网技术和自动化管理技术的发展而产生的。云计算将网络上分布的计算、存储、服务构件、网络软件等资源集中起来,基于资源虚拟化的方式,为用户提供方便快捷的服务,它可以实现计算与存储的分布式与并行处理。如果把"云"视为一个虚拟化的存储与计算资源池,那么云计算则是这个资源池基于网络平台为用户提供的数据存储和网络计算服务。互联网是最大的一片"云",其上的各种计算机资源共同组成了若干个庞大的数据中心及计算中心。

综合以上观点,可以认为"云计算是以虚拟化技术为基础,以网络为载体提供基础架构、平台、软件等服务为形式,整合大规模可扩展的计算、存储、数据、应用等分布式计算资源进行协同工作的超级计算模式。"

在云计算模式下,用户不再需要购买复杂的硬件和软件,而只需要支付相应的费用给"云计算"服务提供商,通过网络就可以方便地获取所需要的计算、存储等资源。

理解描述云的一种简单的方法是,云计算使用一组资源,如处理器和内存,并将它们放入一个虚拟化大池中。客户请求从池中获取所需的资源,例如,8 个 CPU 和 16GB 内存,然后云将这些资源分配给客户机,客户机随后通过网络连接并使用这些资源。当客户工作完成时,他们可以将资源释放回池中供其他人使用。云可以包含几乎任何计算资源,从处理器和内存的计算示例到网络、存储,以及数据库和应用程序等更高级别的资源。

2. 云计算角色

云计算的最终目标是将计算、服务和应用作为一种公共设施提供给公众,使人们能够像使用水、电、煤气和电话那样使用云计算资源,因此云计算的核心是分布式服务及服务交付。所有云计算相关的活动有使用服务的活动、提供服务的活动和支撑服务的活动(如云审计、云服务开发等),从而确定了云计算的三个角色,即云服务客户、云服务提供者和云服务合作伙伴,如图 10-1 所示。

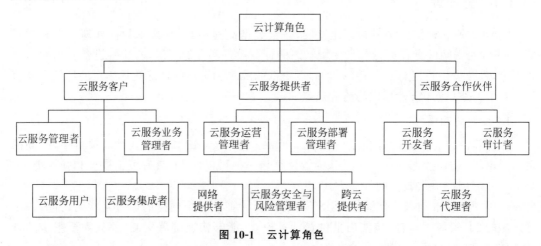

图 10-1　云计算角色

3. 云计算的定义模型

云计算的定义模型包括云计算的 5 个基本特征、3 个云服务模型和 3 个云部署模型,如图 10-2 所示。

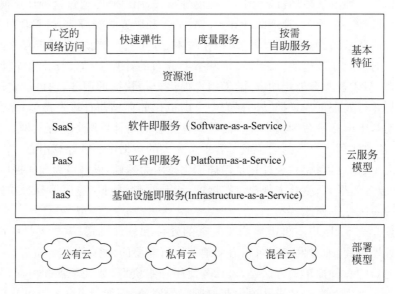

图 10-2　云计算的定义模型

1）云计算的基本特征

云计算具有资源池、按需自助服务、广泛的网络访问、快速弹性、度量服务五个基本特征。

（1）资源池。资源池是最基本的特征，即资源虚拟化及资源的自动管理与配置。云服务提供者抽象资源并将它们收集到一个池中，池中的部分可以分配给不同的云服务客户。

（2）按需自助服务。云服务客户使用按需自助服务从池中提供资源。他们自己管理自己的资源，而不需要与管理员交互。

（3）广泛的网络访问。广泛的网络访问意味着所有资源都可以通过网络使用，而不需要直接物理访问。利用 Internet 技术和方法来开发和交付服务。

（4）快速弹性。允许云服务客户扩展或收缩他们从池中使用的资源，以高度可扩展的弹性方式交付服务。这使得他们能够更紧密地将资源消耗与需求匹配起来。

（5）度量服务。计量所提供的服务，确保消费者只使用分配给他们的服务。

2）云计算的服务模型

云计算定义了三种服务模型：软件即服务（SaaS），平台即服务（PaaS），基础设施即服务（IaaS）。描述了云服务的不同基础类别。

（1）软件即服务（SaaS）。软件即服务是一种通过 Internet 提供软件的模式，用户无须购买软件，而是租用云服务提供商运行在云计算基础设施上的应用程序，客户不需要管理或控制底层的云计算基础设施，包括网络、服务器、操作系统、存储，甚至单个应用程序的功能。SaaS 各个模块可以由每个客户自己定制、配置、组装来得到，以满足自身需求。

（2）平台即服务（PaaS）。平台即服务是云服务客户用云服务供应商提供的开发语言和工具（例如 Java，Python，.NET），创建应用程序部署到云计算基础设施上去。其核心技术是分布式并行计算。PaaS 实际上指将软件研发的平台作为一种服务，以软件即服务的模式提交给用户，使用 PaaS 不需要管理底层服务器、网络或其他基础设施。

（3）基础设施即服务（IaaS）。基础设施即服务提供对计算基础设施（如计算、网络或存储）资源池的访问。使用 IaaS 通过网络作为标准化服务提供按需付费的弹性基础设施服务，其核心技术是虚拟化。可以通过廉价计算机达到昂贵高性能计算机的大规模集群运算能力。

3）云计算的部署模型

云计算部署模型有三种：公有云、私有云和混合云。云计算的部署和使用，适用于整个服务模型范围。

（1）公有云（public cloud）。公有云通常指第三方提供商为用户提供的能够使用的云，比如传统的电信基础设施运营商提供的公有云服务，互联网巨头打造的公有云平台等。公有云是面向广域范围，具有社会性、普遍性和公益性等特点，通过 Internet 使用共享服务资源。审计部门通过公有云可以与相关政府部门、企业和社会团体沟通信息。

（2）私有云（private cloud）。私有云是为一个用户单独使用而构建的，因而在数据安全性以及服务质量上自己可以有效地管控，私有云的基础是首先用户要拥有基础设施并可以控制在此设施上部署应用程序，私有云可以部署在企业数据中心的防火墙内，核心属性是专有资源。私有云为自身需要所建设的自有云计算服务模式，一般具有行业性特点，审计署建设国家审计私有云，各省在信息中心的基础上建设省级审计私有云。

（3）混合云（hybrid cloud）。混合云把公用云模式与私有云模式结合在一起。混合云有助于提供按需的、外部供应的扩展。用公有云的资源扩充私有云的能力，有助于提供按需和外部供应方面的扩展。混合云为满足审计的弹性需求提供了一个很好的基础。

4. 云计算的工作原理

云计算的基本原理是，通过使计算分布在大量的分布式计算机上，而非本地计算机或远程服务器中，企业数据中心的运行与互联网相似。这使得企业能够将资源切换到需要的应用上，根据需求访问计算机和存储系统。云计算就是把普通的服务器或者个人计算机连接起来，以获得超级计算机（也叫高性能和高可用性计算机）的功能，但是成本更低。云计算的出现使高性能并行计算不再是科学家和专业人士的专利，普通的用户也能通过云计算享受高性能并行计算所带来的便利，使人人都有机会使用并行计算机，从而大大提高工作效率和计算资源的利用率。

在典型的云计算模式中，用户通过终端接入网络，向"云"提出需求；"云"接受请求后组织资源，通过网络为"端"提供服务。用户终端的功能可以大大简化，诸多复杂的计算与处理过程都将转移到终端背后的"云"上去完成。用户所需的应用程序并不需要运行在用户的个人计算机、手机等终端设备上，而是运行在互联网的大规模服务器集群中；用户所处理的数据也无须存储在本地，而是保存在互联网上的数据中心里。提供云计算服务的企业负责这些数据中心和服务器正常运转的管理和维护，并保证为用户提供足够强的计算能力和足够大的存储空间。在任何时间和任何地点，用户只要能够连接至互联网，就可以访问云，实现随需随用。

5. 云计算的关键技术

云计算是随着处理器技术、虚拟化技术、分布式存储技术、宽带互联网技术和自动化管理技术的发展而产生的。从技术层面上讲，云计算基本功能的实现取决于两个关键的因素，一个是数据的存储能力，另一个是分布式的计算能力。因此，云计算中的"云"可以再细分为"存储云"和"计算云"，也即"云计算＝存储云＋计算云"。存储云即大规模的分布式存储系统；计算云即资源虚拟化＋并行计算。

（1）分布式存储技术。云计算系统采用分布式存储的方式存储数据，用冗余存储的方式保证数据的可靠性。分布式存储系统是借助分布式数据库来实现的，分布式数据库重点解决大文件存储、存储设备的动态扩展、数据存储节点的容错以及数据的快速检索问题。

（2）海量数据管理技术。海量数据管理是指对大规模数据的计算、分析和处理，如各种搜索引擎。以互联网为计算平台的云计算能够对分布的、海量的数据进行有效可靠地处理和分析。因此，数据管理技术必须能够高效地管理大量的数据，通常数据规模达 TB 级甚至 PB 级。

（3）并行计算。并行计算是相对于串行计算来说的。它是一种一次可执行多个指令的算法，目的是提高计算速度，及通过扩大问题求解规模，解决大型而复杂的计算问题。并行计算的作用是首先将大型的计算任务拆分，然后再派发到云中节点进行分布式并行计算，最终将结果收集后统一整理，如排序、合并等。

（4）虚拟化。虚拟化是一种资源管理技术，是将计算机的各种实体资源，如服务器、网络、内存及存储等，予以抽象、转换后呈现出来，打破实体结构间的不可切割的障碍，使用户可以比原本的组态更好的方式来应用这些资源。这些资源的新虚拟部分是不受现有资源的架设方式、地域或物理组态所限制。一般所指的虚拟化资源包括计算能力和资料存储。虚拟化最主要的意义是用更少的资源做更多的事。在计算云中引入虚拟化技术，就是力求能够在较少的服务器上运行更多的并行计算，对云计算中所应用到的资源进行快速而优化的配置等。

（5）云计算平台管理技术。云计算资源规模庞大，系统服务器数量众多、结构不同并且分布在不同物理地点的数据中心，同时还运行着成千上万种应用。如何有效地管理云环境中的这些服务器，保证整个系统提供不间断服务必然是一个巨大的挑战。云计算平台管理系统可以看作云计算的"指挥中心"，能够使大量的服务器协同工作，方便地进行业务部署和开通，快速发现和恢复系统故障，通过自动化、智能化的手段实现大规模系统的可靠运营和管理。

6. 云计算服务的生命周期

云计算服务的过程可分为四个阶段：规划准备、选择服务商与部署、运行监管、退出服务，如图 10-3 所示。

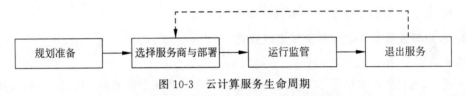

图 10-3 云计算服务生命周期

（1）规划准备。在规划准备阶段，客户应分析采用云计算服务的效益，确定自身的数据和业务类型，判定是否适合采用云计算服务；根据数据和业务的类型确定云计算服务的安全能力要求；根据云计算服务的特点进行需求分析，形成决策报告。

（2）选择服务商与部署。在选择服务商与部署阶段，客户应根据安全需求和云计算服务的安全能力选择云服务商，与云服务商协商合同（包括服务水平协议、安全需求、保密要求等内容），完成数据和业务向云计算平台的部署或迁移。

（3）运行监管。在运行监管阶段，客户应指导监督云服务商履行合同规定的责任义务，指导督促业务系统使用者遵守政府信息系统安全管理政策及标准，共同维护数据、业务及云计算环境的安全。

（4）退出服务。在退出云计算服务时，客户应要求云服务商履行相关责任和义务，确保退出云计算服务阶段数据和业务安全，如安全返还客户数据、彻底清除云计算平台上的客户数据等。需变更云服务商时，客户应按要求选择新的云服务商，重点关注云计算服务迁移过程的数据和业务安全，也应要求原云服务商履行相关责任和义务。

10.1.2 云计算信息系统的风险

云计算信息系统是基于云计算的虚拟化计算服务技术，通过分布式计算以及并行处理等技术手段，实现企业数据信息的存储、深层次加工与高效利用。云计算技术根据不同企业的实际需要，提供基础设施、系统平台和应用软件等不同类型、不同层次的服务，为现代企业的运营和发展提供了更多的便利与支持。云计算信息系统给企业带来的变化是：开发信息系统不受限于机房、硬件、软件环境等前提条件,这些可以由"云计算"提供商以更节约、更高效、更稳定的方式提供解决方案。企业重点关注开发实现企业业务逻辑的应用程序,并将其部署在云计算平台环境中,降低了企业信息系统的实施与运行成本。

云计算作为一种新兴的计算资源利用方式,还在不断发展中,传统信息系统的安全问题在云计算环境中大多依然存在,与此同时还出现了一些新的信息系统风险。

1. 客户对数据和业务系统的控制能力减弱

传统模式下,客户的数据和业务系统都位于客户的数据中心,在客户的直接管理和控制下。在云计算环境里,客户将自己的数据和业务系统迁移到云计算平台上,失去了对这些数据和业务的直接控制能力。客户数据以及在后续运行过程中生成、获取的数据都处于云服务商的直接控制下,云服务商具有访问、利用或操控客户数据的能力。

将数据和业务系统迁移到云计算平台后,安全性主要依赖于云服务商及其所采取的安全措施。云服务商通常把云计算平台的安全措施及其状态视为知识产权和商业秘密,客户在缺乏必要的知情权的情况下,难以了解和掌握云服务商安全措施的实施情况和运行状态,难以对这些安全措施进行有效监督和管理,不能有效监管云服务商的内部人员对客户数据的非授权访问和使用,增加了客户数据和业务的风险。

2. 客户与云服务商之间的责任难以界定

传统模式下,按照谁主管谁负责、谁运行谁负责的原则,信息安全责任相对清楚。在云计算模式下,云计算平台的管理运营主体与数据安全的责任主体不同,相互之间的责任界定缺乏明确的规定。不同的服务模式和部署模式以及云计算环境的复杂性增加了界定云服务商与客户之间责任的难度。

云服务商可能还会采购、使用其他云服务商的服务,如提供 SaaS 服务的云服务商可能将其服务建立在其他云服务商的 PaaS 或 IaaS 之上,这种情况导致了责任更加难以界定。

3. 司法管辖权问题

在云计算环境里,数据的实际存储位置往往不受客户控制,客户的数据可能存储在境外数据中心,改变了数据和业务的司法管辖关系。一些国家的政府可能依据本国法律要求云服务商提供可以访问这些数据中心的途径,甚至要求云服务商提供位于他国数据中心的数据。

4. 数据所有权保障面临风险

客户将数据存放在云计算平台上,没有云服务商的配合很难独自将数据安全迁出。在服务终止或发生纠纷时,云服务商还可能以删除或不归还客户数据为要挟,损害客户对数据的所有权和支配权。云服务商通过对客户的资源消耗、通信流量、缴费等数据的收集统计,获取客户的大量相关信息,对这些信息的归属往往没有明确规定,容易引起纠纷。

5. 数据保护更加困难

云计算平台采用虚拟化等技术实现多客户共享计算资源,虚拟机之间的隔离和防护容易受到攻击,跨虚拟机的非授权数据访问风险突出。云服务商可能会使用其他云服务商的服务,使用第三方的功能、性能组件,使云计算平台结构复杂且动态变化。随着复杂性的增加,云计算平台实施有效的数据保护措施更加困难,客户数据被未授权访问、篡改、泄露和丢失的风险增大。

6. 数据残留

存储客户数据的存储介质由云服务商拥有,客户不能直接管理和控制存储介质。当客户退出云计算服务时,云服务商应该完全删除客户的数据,包括备份数据和运行过程中产生的客户相关数据。

目前,还缺乏有效的机制、标准或工具来验证云服务商是否实施了完全删除操作,客户退出云计算服务后其数据仍然可能完整保存或残留在云计算平台上。

7. 对云服务商的过度依赖

由于缺乏统一的标准和接口,不同云计算平台上的客户数据和业务难以相互迁移,同样也难以从云计算平台迁移回客户的数据中心。另外,云服务商出于自身利益考虑,往往不愿意为客户的数据和业务提供可迁移能力。这种对特定云服务商的潜在依赖可能导致客户的业务随云服务商的干扰或停止服务而停止运转,也可能导致数据和业务迁移到其他云服务商的代价过高。

10.1.3　云计算信息系统审计研究

云计算是一种提供信息技术服务的模式,采用以社会化方式提供的云计算服务,有利于降低信息化成本、提高资源利用率。云计算的应用也带来了一些安全问题,由此产生了对云计算信息系统审计的需求,云计算信息系统审计是根据公认的标准和指导规范,对云计算服务生命周期各个环节进行审查评价,对云计算信息系统及其业务应用的完整、效能、效率、安全性进行监测、评估和控制,以确认预定的业务目标得以实现,并提出一系列改进建议的管理活动。

1. 云计算信息系统审计相关标准和规范

云计算是推动信息技术能力实现按需供给、促进信息技术和数据资源充分利用的全新业态,是信息化发展的重大变革和必然趋势。2015 年 1 月 30 日,国务院印发的《国务院关于促进云计算创新发展培育信息产业新业态的意见》指出,发展云计算,有利于分享信息知识和创新资源,降低全社会创业成本,培育形成新产业和新消费热点,对稳增长、调结构、惠民生和建设创新型国家具有重要意义。

2019 年 7 月,国家互联网信息办公室、国家发展和改革委员会、工业和信息化部、财政部制定了《云计算服务安全评估办法》。中国国家标准化管理委员会先后发布了《信息安全技术 云计算服务安全能力要求》(GB/T 31168—2014)、《信息安全技术 云计算服务安全指南》(GB/T 31167—2014)、《信息安全技术 云计算服务安全能力评估方法》(GB/T 34942—2017)、《信息安全技术 云计算服务运行监管框架》(GB/T 37972—2019)。这些文件和标准都可以作为云计算信息系统审计参考。

2. 云计算信息系统审计重点

云计算信息系统审计在信息系统内部控制环节,增加了对云服务商的审计内容。参考《信息安全技术云计算服务安全评估办法》,对云服务重点评估以下内容。

(1) 云平台管理运营者(以下简称"云服务商")的征信、经营状况等基本情况。

(2) 云服务商人员背景及稳定性,特别是能够访问客户数据、能够收集相关元数据的人员。

(3) 云平台技术、产品和服务供应链安全情况。

(4) 云服务商安全管理能力及云平台安全防护情况。

（5）客户迁移数据的可行性和便捷性。

（6）云服务商的业务连续性。

（7）其他可能影响云服务安全的因素。

3. 云计算信息系统审计实施流程

基于云计算的信息系统审计实施流程与传统的信息系统审计实施流程一样，分为审计准备阶段、审计实施阶段和审计报告阶段三个阶段，如图 10-4 所示。

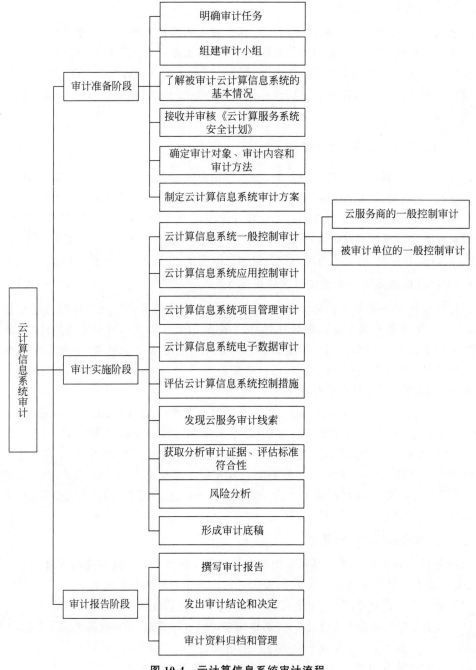

图 10-4 云计算信息系统审计流程

1）审计准备阶段

信息系统审计的准备阶段是整个审计程序的重要环节，首先要明确审计的目的和范围，并根据任务的繁重程度，配备信息系统审计人员，成立信息系统审计小组；然后对被审计信息系统的基本情况（如硬件设备、系统软件、应用软件和文档资料等）进行详细的调查和了解，如了解被审计信息系统的信息技术环境，包括被审计信息系统的系统架构、信息系统实施的信息技术政策和程序、云服务提供商的资质和技术水平、云计算服务系统安全计划、服务协议范围和标准、云服务基础设施构建等情况；最后，制定信息系统审计方案，确定云计算信息系统审计的范围、日程安排以及审计方法。

2）审计实施阶段

在信息系统审计实施阶段，大数据、云计算对审计思维模式、审计技术手段、审计线索的发现等都产生了影响，充分利用大数据、云计算技术，能有效增强信息系统审计的效果。

信息系统审计的内容分为一般控制审计、应用控制审计、项目管理审计（信息系统生命周期审计）以及信息系统电子数据审计。

（1）一般控制审计。云服务模式下，信息系统的基础设施和服务均由云服务提供商提供，用户通过 Internet 即可按需购买和按需租用云服务提供商提供的服务。因此，一般控制审计需要从云服务提供商和被审计单位两方面进行，这样可以使审计结论更加真实、可靠。云环境下的信息系统一般控制主要关注信息系统基础设施（包括信息系统环境、信息系统硬件、系统软件、数据库等）、系统访问（包括逻辑访问和物理访问）、网络安全、灾难恢复、信息安全管理等方面。其中，IaaS 和 PaaS 涉及信息系统基础设施、系统访问、网络安全、灾难恢复和信息安全管理，SaaS 涉及系统访问。

（2）应用控制审计。云服务模式下，信息系统的应用控制审计包括业务流程控制审计与数据控制审计。不同的企业其信息系统的业务流程也不同，同时云服务选择的多样性也使得企业的业务流程能够随着企业服务的需求不断进行重构。在进行信息系统业务流程控制审计和数据控制审计时，应根据被审计单位的特点，从被审计单位的企业控制目标入手，分析相关控制目标的业务流程设计、业务流程功能的合理性，找出业务流程中相关的关键控制点，并对相关关键控制点进行测试，但在云服务模式下，对关键控制点进行测试的程序复杂度较传统的测试程序提高了，这也对信息系统审计人员提出了更高的要求。

（3）项目管理审计。云服务模式下，信息系统的项目管理审计主要关注项目建设的经济性、项目建设的管理与项目的绩效方面是否与企业的目标相契合，如云服务提供商的选择与管理是否结合企业与供应商双方的因素进行，并签订服务水平协议管理等。

（4）信息系统电子数据审计。信息系统审计以系统内部控制测评为基础，通过收集、转换、整理、分析和验证系统产生的电子数据，来实现审计目标的审计方式。信息系统电子数据审计是信息系统审计必需的环节，数据审计的实质性测试必不可少。审计人员应根据信息系统内部控制测试的结果，确定内部控制的薄弱环节，为数据审计进行实质性测试提供依据。电子数据审计主要包括对云计算信息系统的数据采集及验证、数据清理及转换、数据分析建模等。

在执行了信息系统一般控制审计、应用控制审计、项目管理审计和电子数据审计程序之后，审计人员就可以从被审计单位和云服务提供商发现审计线索，获取有关审计证据，完成审计底稿。

3）审计报告阶段

审计报告阶段是对审计工作的总结,首先对审计实施阶段形成的审计证据进行归类和整理,撰写审计报告;然后向被审计单位出具审计报告,并提出审计意见,被审计单位按审计决定的要求,做出改进处理;最后对各种审计资料进行整理归档和管理。

10.1.4　基于云计算的云审计信息系统

将云计算运用到审计工作中,产生了"云审计"的概念。我们认为,云审计是将网络上分布的计算能力、存储设备、服务构件、应用软件等资源集中起来,以资源虚拟化的方式,为审计主体提供方便快捷的服务,实现审计计算与审计存储的分布式与并行处理。如果把"云"视为一个虚拟化的资源池,那么云审计为审计人员提供海量数据存储和审计服务计算。

审计法规定了国家审计"维护国家财政经济秩序,提高财政资金使用效益,促进廉政建设,保障国民经济和社会健康发展"的职责。从审计信息化的视角,必须寻求新的信息技术和信息系统的依托,借助云审计建立审计协同工作的环境,通过审计主体有效合作,在时间和空间上消除或减少分隔障碍,提高了审计质量和工作效率,降低审计风险。

基于云计算体系结构,我们提出协同国家审计的实施架构——协同云审计。协同云审计体系由云审计基础设施层、云审计资源平台层、云审计服务应用层、云审计分析展现层四层结构组成,如图 10-5 所示。

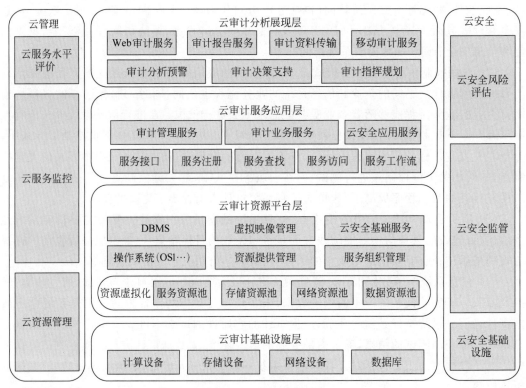

图 10-5　云审计架构

云审计基础设施层相当于云计算的 IaaS 层,把基础设施当作标准化服务提供给审计部门,审计人员不用担心基础设施烦琐的维护管理工作。在审计数据中心(服务器端),负责海量数据存储交换和审计数据分析处理;在基层审计机关(客户端),负责对数据进行更为细致的分类分割和筛选分析。为了存储并管理审计过程中产生的海量数据,审计部门只能不断地增加信息化投资,升级存储设备,配备更多的专业技术人员,但由于预算和编制的限制,这些需求对审计部门提出了巨大的考验。同时,为了分析被审计单位的海量数据,审计部门还要不断地采购性能更好的计算机和服务器,计算成本的不断上升也给审计部门带来了巨大的资金压力。云审计为走出这种困境,提供了技术可能。在云审计环境下,审计信息全部存储在云端,由专业的技术团队维护,既方便了信息共享,又减少了运维成本;云审计平台在提供海量存储资源的同时,计算资源可根据审计项目的需要动态分配和扩展,解决了部分基层审计机关资源严重不足和一些审计机关设备闲置浪费的矛盾,不但提高了资源利用效率,而且节约了建设维护成本。

云审计资源平台层相当于云计算的 PaaS 层,把平台当作服务,提供一个部署审计应用的环境。目前,国内外的审计软件主要由专业的软件开发公司研发,开发成本高昂,缺少标准数据接口,软件之间数据共享困难。云审计环境下,资源平台层提供审计软件开发整合平台,制定审计软件标准,软件开发商、社会团体和个人用户均可以在此平台基础上开发并提交获得认证的审计工具,进而根据最终用户的使用情况获取相应收益。平台开放性鼓励了竞争,降低了成本,同时又由于底层平台结构一致,方便不同软件系统之间的数据共享。

云审计服务应用层和分析展现层,相当于云计算的 SaaS 层,把软件作为服务提供的一整套审计应用程序。目前,审计人员必须在计算机中安装各种各样的审计应用软件和工具,升级维护困难。云审计环境下,审计应用软件由云审计平台提供,审计人员只需一个浏览器或者一个审计应用客户端,作为系统 I/O 设备,所有的审计处理工作都由云审计平台后端的处理资源来完成,前端应用平台则通过智能服务机制进行自动更新维护。在这种工作模式下,审计人员对计算机的维护工作量大幅减少,把更多的时间和精力专注于审计业务活动中。

云审计服务应用层首先提供服务管理控制功能,包括服务接口、服务注册、服务查询、服务访问以及服务工作流管理等。其次,提供审计业务服务,包括审计应用平台的集成、审计数据采集、审计业务分析、审计疑点管理、审计风险预警、审计报告发布、审计系统协同等服务;另外,提供审计项目管理,包括项目管理、人员管理、质量管理、文档管理、功能权限管理、系统日志管理等服务。

云审计分析展现层面向具体审计业务逻辑,在云审计资源平台层和云审计服务应用层的基础上,利用海量数据分析、信息可视化展现、移动网络通信等信息技术,在审计分析预警、审计规划指挥、审计决策支持等服务的支持下,实现审计数据挖掘、审计可视化展示、审计报告服务、Web 审计服务、移动审计服务等功能。

10.2　大数据审计

10.2.1　大数据

1. 大数据的概念

大数据是指资料总量规模巨大到无法用传统的数据库软件工具对其进行提取、管理和处理的一类资料集,即突破传统数据形式。研究机构 Gartner 提出这样的定义:“大数据”

是需要新处理模式才能具有更强的决策力、洞察发现力和流程优化能力来适应海量、高增长率和多样化的信息资产。麦肯锡全球研究所给出的定义是：一种规模大到在获取、存储、管理、分析方面大大超出了传统数据库软件工具能力范围的数据集合，具有海量的数据规模、快速的数据处理、多样的数据类型和价值密度低等特征。

2. 大数据的特征

大数据有体量大（volume）、多样性（variety）、速度快（velocity）、准确性（veracity）、价值性（value）和实时在线（online）等特征。

（1）体量大（volume）指数据数量，所有相关的数据量都非常巨大。

（2）多样性（variety）指数据类型多，有多样性数据格式，如文本、图像、视频和其他格式等。而这些多类型的数据对数据处理能力提出了更高的要求。

（3）速度性（velocity）指处理速度快，衡量的是获得新数据的频率，这种频率越来越多地以非常快的速度出现，并且其处理速度很快，时效性要求高。如搜索引擎要求数分钟前的新闻能够被用户查询到，个性化推荐算法尽可能要求实时完成推荐。这是大数据区别于传统数据挖掘的显著特征。

（4）准确性（veracity）指准确性高，反映数据的质量和相关性会随着时间的推移发生巨大的变化。大数据反映的内容是与真实世界发生的息息相关的，研究大数据就是从网络数据中提取出能够解释以及预测现实事件的过程。

（5）价值性（value）指价值密度低，在社会生活产生的数据中，有价值的数据占比很小。相对于传统的小数据，大数据最大的价值在于能通过大量不相关的各类数据，提取出对未来趋势与模型预测分析有价值的数据，能帮助我们发现新规律与新知识。当运用在农业、金融、医疗等各领域后，能起到改善社会治理、提高生产效率的效果。

（6）实时在线（online）指数据实时在线，这是与传统大数据的本质区别。这是科技发展下形成的特点。例如，人们可以查询几分钟前在某个地方发生的事故等，这些数据都是实时在线的，具有很大的价值。

10.2.2　大数据时代的审计

1. 大数据时代审计变革

随着大数据时代到来，传统审计在审计环境和社会思维方式变革的前提下，审计必须通过变革来适应时代发展的要求，突破审计在大数据时代的困境。

1）审计方法转变

在大数据时代下，传统审计方式面临淘汰的风险。因为仅通过抽样采集的数据进行验证分析的方法已不能满足分析需要。而大数据分析技术使审计数据的采集完整化，并利用数据挖掘和模型进行分析，更能发现大量数据中的规律，包括比较分析、关联分析等。这些分析方法随着新型审计模式的诞生而获得突破，被专家称为数据式系统基础审计。人们一致认为新模式下的数据比传统数据更有说服力并可以大大提高内部审计工作效率。

2）审计方式转变

在传统审计工作中，审计的主要方式是为了发现会计账目中存在的问题，因此对表外的研究相对较少。而在大数据时代下，审计人员不仅要关注"表"内因素，还必须对"表"外因素进行分析。在当前背景下,只有表内外各项因素结合分析,才能更好地得到较准确的分析结果。大数据技术不仅能够对当前经济发展形势进行预测和分析,还可以通过分析采集的数据,对未来的经济环境进行预测,这样能及时准确地发现问题。所以大数据技术让审计方式从事后发现问题变为提前预警。

3) 审计平台转变

在大数据时代下,传统的数据分析平台已经不能承载大量数据的分析工作,因此以大数据技术建立云计算平台则是必要途径。在云计算平台下,可以免去审计人员需要在审计现场搭建审计数据分析环境的任务,并且还能对所有审计软件、数据进行整合,从而突破审计数据分析的空间约束,实现审计技术的信息化和网络化。大数据技术的发展,为审计数据分析提供了便利。

4) 审计队伍转变

大数据时代下,审计工作要求审计人员在思维、行动等各方面进行转变。大数据技术推动审计现代化的同时,也促进审计队伍的进步,能有效构建专业的审计分析队伍,向信息化方向发展。因此大数据下的审计方法给审计人员提出新的能力要求,大大提高了审计人员的工作能力与效率。

2. 大数据时代审计发展方向

1) 预测性发展方向

风险防范是审计工作的核心目标。开展审计工作,能为财务部门提出相应意见,保证财会部门财政管理工作有序推进。只有通过严格的审计,才能尽可能规避风险,保证财务安全。在大数据技术的支持下,审计人员能高效地整合财会信息,并通过大量信息去明确管理方向,充分利用这些数据对未来财务发展方向进行预测,找到业绩优化的重点,保证财会实务的顺利开展。

2) 综合财务管理方向

在单一财务管理模式下,财务人员是针对企事业单位的财务变动进行掌握与控制,但是在大数据时代下,企业以及单位的各管理类模式也在不断变化,这是必然趋势。只有不局限于单一方向,逐渐扩展业务范围,从最基本的资金信息整理与计算,拓展到相关的各个方面,这样才能跟上技术的发展,达成管理目标。审计人员通过大数据技术的应用,能获取更多相关的信息,而不是单纯依靠财务信息进行决策,从而提升决策的质量。

3) 实时财务报告方向

财务报告是财务信息的整合,是企业至关重要的信息。目前,会计人员只有在企业生产经营业务结束后才编制财务报告,并且编制过程漫长,年度财务报告一般要三四个月的时间才能完成。而在大数据时代背景下,借助大数据技术,可以创建实时的财务报告系统,不仅能保证财务报表实时生成,而且能为管理提供依据。实时财务报告是信息技术与大数据技术较好的交叉融合的产物,是信息化条件下会计技术和方法发展的必然产物。

3. 大数据审计方法

1) 大数据分析实现深层次信息发掘

在大数据时代来临之前,传统的技术收集信息很麻烦,而且不能够预测企业未来可能存在的一些风险。大数据的出现摆脱了传统的技术,为现代企业开展审计工作提供了新思路,具有更高的预知性、准确性。大数据背景之下,能够更深层次地对信息进行发掘,朝向智能化发展,提高审计处理数据的多样性。传统信息的数据指的是大多数偏向于数字,而大数据时代的来临,包括更复杂的结构,对信息进行更深层次的发掘。

2）大数据分析预报审计风险

大数据技术应用到企业审计当中还能够预测风险,及时发现企业当中存在的问题并解决。对目前所处的大数据化时代,审计所处的环境必须要对其进行针对性的研究,只有找到其影响因素才能对审计结果进行更好的分析。大数据的来临能够弥补在经济上的欠缺,能够及时地反映出当前经济走势以及对未来的经济走势进行预测与分析,同时还可以利用所收集到的数据对其经济环境进行预报,这样就能预测出可能导致的审计风险,及时发现问题并提出解决问题的对策。

3）大数据分析进行云端审计

利用大数据平台,可以建立云端审计模式。基于审计云实现远程数据访问,推动了审计创新发展。利用云计算的大规模的分布式存储系统和资源虚拟化并行计算系统,实现审计大数据的实时分析和快速决策;基于审计云建立完整的监管系统,提高审计分析能力,实现审计数据的实时审计,实现持续审计的目的。

10.2.3　大数据信息系统审计

1. 大数据对审计的影响

1）更依赖于外部数据

随着经济活动的复杂化,数据量的增加,审计的难度不断加大,传统的审计方法获取数据不够全面,审计人员只能精确地处理小样本数据。而在大数据环境下,审计更加依赖于电子数据,对纸质数据的需求量减少,更多的是对外部数据的需求,所以要求审计人员不断寻找处理数据的新技术,保证工作质量。

2）加快关联证据理论在审计证据中的应用

大数据背景下,审计人员需要选择大量数据并依据现状选择相应的审计证据,这对审计人员产生相当大的压力。传统审计证据收集方法主要使用因果关系理论,但现代大数据分析为审计人员提供了新方法与新思路。让审计人员更多地通过大数据关联性分析建立不同事物之间的因果关系。

3）促进审计结果综合运用

大数据背景下,审计人员通过大数据采集分析,从多个不同的角度获得相关数据和信息并进行分析,获得更加准确的审计结果,提升了审计速度,并且让审计人员能充分利用审计结果,提出可行的审计建议。

4）降低审计风险

目前我国审计行业在对被审计单位进行审计的过程中,主要采用的是抽样调查的审计方式,但抽样调查风险较大,不能及时发现被审计单位工作中的问题,导致审计工作有较大风险。但是在大数据时代下,审计人员可以采用更先进的全面调查代替传统的抽样调查,并且耗费的时间比抽样调查更少。而全面调查的数据量更大,可以减少误差率,提高审计质量与效率。利用大数据审计,审计证据将会更全面,大大降低审计风险。

2. 大数据对信息系统审计的影响

1）大数据提高信息系统审计的效率

大数据背景下，通过数据共享和数据关联分析，发现审计疑点。在审计项目中，比如将城镇医保、新农合等信息结合在一起进行多领域、多行业数据多维分析，找到审计疑点，发现审计线索。大数据技术和云计算的应用，能够从全局的角度，对多维度、跨行业、多数据源，使用结构化、半结构化和非结构化数据进审计行分析，扩大了审计数据的范围，提高了信息系统审计效率、效果，降低了审计风险。

2）大数据改变信息系统审计的流程

运用大数据技术进行审计时，一方面能够提高信息系统审计效率和效果，但另一方面大数据技术增加了企业信息系统审计的复杂程度。在大数据环境下，海量数据采集、存储和分析处理对信息系统的安全性和性能提出了更高要求。在信息系统一般控制审计流程中，更多地关注计算机的安全性和信息的安全管理。一旦数据库的安全存在漏洞，就会降低数据的安全性。在信息系统应用控制审计中，需要关注信息系统业务流程的控制、数据输入/输出的控制、数据接口控制、数据处理过程的控制、数据库安全管理等，提高大数据环境下数据的安全性和可靠性。

3）大数据扩展了信息系统审计的覆盖面

大数据技术为信息系统审计提供了新的审计方法，随着大数据技术的应用，计算机海量存储和高效并行处理的能力，使得审计不再运用抽样的方法局限于部分样本的审计，对被审计单位的电子数据，进行系统、全面的综合分析，从而解决目前数据分析局限于查找单个问题的缺陷，获得更加充分的审计证据，实现"审计全覆盖"的目标。

10.3　区块链技术在审计中的应用

10.3.1　区块链定义及特征

区块链起源于比特币，作为比特币的底层技术，是一串使用密码学方法相关联产生的数据块，每一个数据块中包含一批次比特币网络交易的信息，用于验证其信息的有效性（防伪）和生成下一个区块。本质上是一个去中心化的数据库。

1. 区块链技术的含义

区块链是分布式数据存储、点对点传输、共识机制、加密算法等计算机技术的新型应用模式。区块链技术实际上是一种去中心化的分布式数据库，区块链上每一台计算机根据交易事项发生的时间先后顺序，将海量数据信息自动记录并存储在区块上，形成一个完整、连续、前后关联的区块链系统。区块中包含具体交易事项的交易信息、区块根哈希散列、时间戳及其他数据信息。哈希函数无论输入数据的大小及类型，均可以将输入数据转换成固定长度的输出数据，相同输入必定产生相同哈希值，输入不同则得到的哈希值绝对不同，区块链通过验证哈希散列，实现数据不可篡改性；时间戳包含区块生成并链接到主链的时间信息，其他数据信息主要是区块签名信息、随机值等。区块链技术是将密码学、数学、计算机、网络科学、经济学、逻辑学等不同学科技术交叉整合而形成的一项新技术。

2. 区块链技术的特征

1) 分布式去中心化

分布式去中心化是区块链最显著的特征,区块链上每个节点都能够不依赖中央节点实现自我管理。区块链数据传输模式采用"点对点"方式,无论从哪个节点录入数据,数据都会传导到区块链云端上,其他节点将自动记录交易信息,从而实现数据的分布式记录、存储及更新。由于区块链系统将数据信息存储在云端,所以区块链系统上的任何节点都可以成为主机、成为阶段性中心,任何一个区块都是一个数据单元、一条记录,多方参与记账、信息写入及维护。分布式去中心化系统的优点主要体现在提升效率、避免中心节点故障而造成系统瘫痪、信息公开透明及不可篡改、降低交易成本、节省人力资源与控制风险、保证全民记账及公共账簿的实现等方面。

2) 数据真实公开透明

区块链技术通过技术创新,依靠区块链共同算法、机器之间建立的信任网络,从而摆脱第三方认证、信用背书与担保,形成全新的信用机制,从根本上改变中心化的信用机制。数据在录入区块链之前会根据公开标准的算法准则进行审核,及时发现异常数据,实现实时交易验证;数据录入之后,区块链上所有相关节点共同判定记录是否准确,因此造假空间被极大缩小,能够有效避免弄虚作假,数据实时审计跟踪得以实现。由于区块链上数据都被打上时间标记(时间邮戳),数据不可能被任意篡改,具有不可逆性,从而保证数据真实有效。由于区块链系统上的数据信息能够被所有相关节点审核、追溯及还原原始交易记录,从而确保数据公开透明。

3) 数据不可篡改

区块链系统运用密码学技术通过对身份证明信息加密确保双方实现在线交易,防止数据在传输过程中被篡改。由于区块链系统采取分布式去中心化数据库方式,区块链上每个节点都能够获得一份完整数据信息,经验证后的信息一经添加到区块链上,便会永久存储,除非能同时操纵一半以上的节点,否则对单个节点上的数据库修改是无效的,数据不会被随意篡改,数据可靠性极高,数据安全性得以保障。

4) 匿名开放自治性

基于去信任机制,区块链上每个参与节点都是匿名的,节点之间不需要身份信息公开,节点之间也无须相互信任。交易双方通过特定网络地址传递信息,只有掌握私钥才能开启相应"钱包"。区块链系统是对外开放的,任何人均可以通过公开的区块链节点查询并使用除私有信息外的相关数据,整个系统高度透明、开放。区块链系统上所有节点均采用相同协议和规范要求,基于相互信任环境,任意节点均可自由且高效记录、更新、存储数据,每个节点成功实现对自身数据库自我查询、浏览及维护。

3. 区块链的核心技术

1) 共识机制

因为区块链是去中心化的,所以需要一个权威来认证新增区块上交易和数据的真实性和准确性。而共识机制就是这个权威,也因此,它是区块链技术的核心技术之一。目前主要共识机制有工作量证明、权益证明、委托权益证明等。

工作量证明的实现原理类似于一个区域的所有人都在解答一道难度极高的题目,第一个得出答案的人可以获得奖励。其中的人就是一个一个节点。每一个节点的算力决定了其解出答案的速度。也因此,计算能力越强的节点往往越有可能解出答案,最后获得奖励,这个奖励就是记账权。

在工作量证明下,所有节点都在挖矿,这浪费了大量的电力资源,因此产生了权益证明。它不再像过去的工作量证明一样,只看重计算能力。在权益证明机制下,权益更大的人往往更可能拿到记账权。可以通过将权益类比于现实生活中的股东权益来理解,当股东的权益越多,其年底的分红就越多,也就是其可获得记账权。其权益大小取决于持有的代币(电子货币)的数量和持有时间。

委托权益证明是为了满足提高记账的效率和效果的需要而产生的。通过每个节点进行投票来委托少数节点竞争记账权,这些节点即超级节点,而一旦某些超级节点不能够很好地记账,则会被取消记账权,由网络生成一个新的超级节点。这些节点轮流进行记账,减少参与的节点数,不需要耗费大量时间在找出记账人上面,即减少了节点轮流的切换次数,提高了记账的效率。

2)智能合约

智能合约的实质就是一段代码。在区块链中,只要智能合约上预先设置的条件被满足,就可以自动执行后面的代码。最基础的语句是 IF-THEN 语句,即当满足 IF 后面的条件,则执行 THEN 后面的程序。相关条件可以是时间、数据验证或者是一个交易等,而后面的代码可以是转入下一程序也可以是异常警报直接发送报告等。智能合约目前还不是完全智能,它只能在拥有明确的规则且不以人的观点而改变的业务中实现智能化,而对需要用到主观判断的且规则容易产生变化的业务则无能为力。但随着人工智能的发展,未来的智能合约的基础语句将不会被限制,对于任何一个业务都能通过自主学习而做出自己的判断。

10.3.2　区块链技术与审计

区块链的时间戳机制、默克尔树机制、共识机制以及智慧合约机制等技术会促进审计模式的创新发展。

1. 时间戳机制与审计模式

1)有效遏制会计舞弊

区块链通过时间戳保证每个区块依次顺序相连,任何一笔业务都可以同步到企业的信息系统中,时间戳使区块链上每一笔数据都具有时间标记。即时间戳机制能够证明区块链上何时发生了何事,且在该机制下任何人都无法轻易篡改数据,这增强了审计对象的数据被篡改的难度,为审计工作的实施提供了可靠的审计线索。在区块链技术下,这将大大提高发现舞弊的可能性,提高审计质量,因为信息系统的广泛互联性,使得交易来源的追踪变得容易。

2)便于持续追踪审计整改和问责落实

区块链上所记载的任何信息都无法被修改,因此,与传统公证制度相比而言,时间戳机制更为可信。时间戳机制能够起到数据验证和持续跟踪的作用,并形成审计问题发现与反馈的闭环网络,对审计整改实施情况进行持续跟踪和跟踪验证,可以有效避免被审计单位收到审计报告后置若罔闻的情况,切实落实整改问责。

因此,区块链技术的时间戳机制,能够创新当前财务会计信息系统,对会计行业的范式带来积极变化,增强业务数据的真实可靠性,从而对审计模式的创新带来积极意义。

2. 默克尔(Merkle)树机制与审计模式

在区块链中,区块中的交易是按照默克尔树的形式存储在区块上面的。每笔交易都有一个哈希值,然后不同的哈希值向上继续做哈希运算,最终形成了唯一的默克尔根。这个Merkle根将会被存放到区块的区块头中。利用默克尔树的特性可以确保每一笔交易都不可伪造。默克尔树是一个由加密哈希组成的二叉树,所有节点都是哈希值,用于高效汇总和验证大数据集的完整性。

1) 提升审计效率

一方面,在准备实施审计阶段,通过利用默克尔树机制,对被审计单位的经营业务记录,快速进行全样本百分之百调查,从而明确审计重点,带问题进入审计;另一方面,在实施审计工作阶段,运用默克尔树机制可以在短时间内快速调查取证,对可疑数据进行确认,这样一来就会加快审计项目的实施。同时,在审计报告时,审计人员通过利用默克尔树机制,能够将审计缺陷进行实时汇总,简化了审核报告确认的流程。

2) 节约审计成本

传统审计下,当且仅当审计人员认为被审计单位规章制度或内部控制存在不足之处时,才会实施细节测试。正是因为这种片面的审计程序,审计线索才常常会被遗漏。基于默克尔树机制,可以对场外的全样本数据进行审计,如此将会大大缩短现场审核时间和项目周期,从而节约审计时间成本;当在审计过程中发现问题要进行确认时,仅需要查看并确认可疑点的数据的根哈希,就可以完成对所有问题的确认,这样一来,他们不需要耗费精力与被审计单位大量沟通,从而节约了审计沟通成本。

因此,默克尔树机制,可以使审计人员解放一部分精力,将目光聚集到审计证据的分析、评价上,更加及时发现、确认和报告风险问题,有效使用审计资源,在人力成本和审计工作中找到一个更加合理的平衡点,有效防范风险。

3. 共识机制与审计模式

1) 实现实时审计

在当前审计模式下,审计证据通常是从企业过去的业务数据中收集的。时滞性使得审计人员难以实时监控业务数据,且难以及时发现错误、纠正偏差。基于共识机制,审计人员能够实时监控数据。公司业务活动中发生的所有数据均在区块链上存储、实时传输并验证。审计人员可以创建一个实时审计系统,随时对获取的财务信息进行分析和评价。

2) 解决信任危机

通过共识机制可以实现实时存储、验证、确认和备份在区块链上被审计单位的所有业务交易和事项数据。这样一来,一是可以解决数据的准确性问题,通过利用共识机制可以有效地核实大量的数据信息,从而显著提高审计数据的准确性和审计覆盖率,并赢取被审计单位的信任;二是可以解决数据的真实可靠性问题,业务数据的验证和确认将由独立于数据关联方的第三方来完成。

因此,共识机制的有效应用,能够有效提高审计资料的真实可靠性,解决当前的信任危机的问题,并且可以实时监控企业经营过程,实现实时审计。

4. 智慧合约机制与审计模式

1) 阻止管理层舞弊行为

管理层受信息不对称和层级权限设置的影响,可以在当前的 ERP 系统下,在权责范围内对财务数据进行操作。在区块链网络中,智能合约和共识机制取代了管理层级控制,事务信息在各个节点上实现同步生成和更新。整个网络的同步性、开放性和透明性有助于形成全面的监督,避免因信息不对称而导致的经营者舞弊行为。

2) 实时自动侦测异常数据

在审计异常数据的实时处理方面,传统的异常数据分析的审计模式仍然需要审计人员在事后进行人工判断和处理,智能合约机制的使用具有预设的安全性,因为其独立于第三方自动执行交易双方的协议条款。区块链系统中的相关验证者将根据智能合约机制的既定规则,实时自动处理异常记录,从而有效消除异常数据,大大提高了审计效率。

区块链技术下智慧合约机制的应用不仅能够实时监测异常数据,提升当前审计的效率,而且智能合约机制大大减少了人为干扰,有助于减少因管理层舞弊对审计造成的影响。

10.4　物联网安全审计

物联网(Internet of Things,IoT)将人类生存的物理世界网络化、信息化,实现了分离的物理世界和信息空间互连和整合,已被广泛应用于工业控制、环境监测、仓储物流、国防军事等领域,并逐渐成为全球科技战略发展的焦点之一。然而,随着物联网规模的不断扩大,接入设备数量和种类的逐渐增多,海量数据传输与处理需求突显,传统的物联网体系架构在异构互连、资源管理、业务处理等方面面临着极大的挑战。

10.4.1　物联网定义

物联网就是将物件通过各种传感器连接并互联成网。可以用"联物成网,信息共享"来描述物联网现阶段的状况。未来所有物体甚至包括人在内,都可以通过物联网技术实现更加便捷地学习、工作和生活。实现物联网,首要考虑的是硬件的互联,其次是信息的共享与协同。因此,物联网的成功与否,将主要取决于以下三个主要因素。

(1) 成熟的传感技术。所谓传感技术,就是各类物理变量(如颜色、音频、视频及位移等相关数据)的采集技术,常见的有二维码、多媒体信息采集、射频识别以及 ZigBee 等。而RFID、ZigBee 等无线传感技术是其中的关键。射频识别(Radio Frequency Identification,RFID)可以突现快速读写、长期跟踪管理,主要用于电子标签,在审计应用中将起到重要作用。ZigBee 是无线数据传输网络,将数据模块嵌入各种硬件设备中,使得每台嵌入 ZigBee 模块的机器能自动识别,互通互联。ZigBee 主要用于互联网的设备之间机器到机器的通信(M2M),实现数据即时传输共享。

(2) 发达的网络传输,包括光纤,WiFi,以及移动网络技术。云审计平台是海量数据处理平台。海量数据的一个重要来源是物联网通过传感器上传的各种数据。这些数据的传输要求高带宽(光纤)和良好的移动性(WiFi,5G),以满足机器设备现场工作以及工作人员异地协同的要求。由于网络的发展迅速,一些对带宽和移动性要求较高的应用比如安全监控、云审计平台等的网络实现成为可能。

（3）高速的信息处理能力。除了可靠的传感器（物理数据收集）和信息高速公路（光纤），还必须有高速的信息处理能力，将数据及时转换成可供决策的信息。高速的信息处理能力还可以进一步发展为人工智能。

10.4.2　物联网系统面临的安全威胁

从安全测评的角度来看，物联网系统的结构可以分为三层，即智能感知层、接入传输层和业务应用层。物联网面临的安全威胁也来自这三个层次。由于网络环境的不确定性，感知节点面临着多方面的威胁，感知节点本身就是用于监测和控制各种感知设备。节点对各种检测对象进行监测，从而提供感知设备传输的数据信息来监控网络系统的运行情况。这些智能传感器节点是暴露在攻击者面前的，最容易被攻击。因此，与传统的 IP 网络比较，所有的监控措施、安全防范策略不仅面临着更复杂的网络环境，而且还有更高的实时性要求。物联网系统面临的主要威胁有以下几个方面。

（1）安全隐私。射频识别技术被广泛用于物联网系统中，RFID 标签可能被嵌入到任何物体中，例如人们的生活和生产用品。但是这些物品的拥有者不一定能够了解相关情况，会导致该对象的拥有者被随意地扫描、定位和追踪。

（2）伪造攻击。与传统 IP 网络相比，传感设备和电子标签都是裸露在攻击者面前的。与此同时，接入传输网络中有一部分是无线网络，窜扰问题在传感网络和无线网络中是普遍存在的。因此，伪造节点攻击很大程度上威胁着传感器节点的安全，从而影响整个物联网安全。

（3）恶意代码攻击。恶意代码在智能感知层和接入传输层中，可以找到很多可以攻击的突破口。对攻击者而言只要进入网络，通过传输网络进行病毒传播就变得轻车熟路，而且具有较强的隐蔽性，在这种环境中检测发现和清除恶意代码的难度是非常大的。

（4）拒绝服务攻击。这种人们熟悉的攻击方式，一般发生在感知层与接入传输层衔接位置的概率是非常大的。由于物联网中感知节点数量庞大，而且多数是以集群的方式存在，因此信息在网络中传输时，海量的感知节点信息传递转发请求会导致网络拥塞，产生拒绝服务攻击的效果。

（5）信息安全。感知节点一般都具有功能单一、信息处理能力低的特点，感知节点不可能具有高强度的安全防范措施。同时因为感知层节点的多样化，采集的数据、传输的信息也就不会有统一的格式，所以提供统一的安全防范策略和安全体系架构是很难做到的。

（6）接入传输层和业务应用层的安全隐患。在物联网系统的接入传输层和业务应用层除了面临传统有线网络的所有安全威胁的同时，还因为物联网在感知层所采集数据格式的不统一，来自不同类型感知节点的数据信息是无法想象的多源异构数据，所以接入层和业务应用层的安全问题也就更加繁杂。

10.4.3　物联网系统风险审计评估

物联网系统风险审计评估主要针对物联网智能感知、接入传输层和业务应用层中所包含的各个组成部分。开展物联网系统审计评估工作，需要构建物联网系统风险评估平台，对物联网可能遭受到的威胁和脆弱性进行安全分析，然后根据安全事件的可能性以及安全事件造成的损失计算出风险值、对安全事件进行风险等级定级,最后结合安全事件所涉及的资产价值来判断安全事件一旦发生对物联网系统造成的影响。

物联网系统风险审计评估以下服务威胁:智能感知层威胁、接入传输层威胁和业务应用层威胁。智能感知层威胁有 RFID 安全隐私、RFID 标签复制、传感网安全路由、感知节点逐跳加密安全等;接入传输层威胁有海量数据融合信息窃取、海量数据传输安全、三网融合面临的新威胁等;业务应用层威胁有位置信息泄漏、数据融合后机密信息泄漏、应用系统漏洞等。

风险分析方法主要包括系统层次分析方法、基于概率论和数理统计的方法、模糊数学方法,这些方法或是在识别风险的基础上,进一步分析已识别风险,提高风险结果可信度,或是融入风险评估过程中,使评估过程更科学、更合理。

通过建立物联网系统风险审计案例库,给出风险分析方法、风险分析过程,为物联网系统风险审计工作提供参考案例。

10.5　大数据审计案例——国有土地出让金审计

10.5.1　审计项目背景

1. 项目建设思路

国有土地出让金审计项目是对 S 省国有土地使用权出让金开展大数据审计。以大数据审计为基础,依托数据中心数据采集分析、统一组织项目管理,实现数据的自动化采集、审计业务数据的模型化分析、审计项目规范化管理,创新实践大数据审计管理作业模式。

为了更好地融合业务与数据,审计项目分为业务组和技术组。业务组负责审计方案的制定,审计业务指导,疑点问题落实,项目管控等相关工作;技术组根据信息系统调研和业务学习,完成数据规划、数据采集、审计方法的模型化设计等各类技术支持和辅助审计工作。

2. 项目数据采集

(1) 数据的多样性。土地出让金的收支使用和土地的征管用涉及的部门和单位都很多,而且业务流程复杂,涉及异构数据加载(数据库备份数据、信息系统导出数据、Excel 调研表),多级数据加载(全省集中国土动态监控数据、市县分级汇总数据),多部门数据加载(国土数据、财政数据、地方债务数据、房产局等建筑部门数据)。

(2) 大数据采集汇聚。通过大数据分析平台,使国土、财政、城建房管、开发区等多部门的各类数据一体化,实现了项目管理规范化,实施流程标准化,数据采集自动化,数据分析模型化,如图 10-6 所示。

3. 项目审计分析

全省各市、县(市、区)的多级数据统一分析,既可以总体分析评价,又可以实时剖析个体,全省从面上实时掌握了各种问题,针对同一问题统一处理,避免各地对同一问题的不同处理。

(1) 集中分析,分散落实。国有土地出让金项目审计共涉及 6 类业务,包括 24 个审计事项,125 个审计方法,136 个审计模型(多维和查询),通过对全省大数据采集,统一模型分析,系统自动生成审计底稿文件分发全省各审计组进行延伸落实。

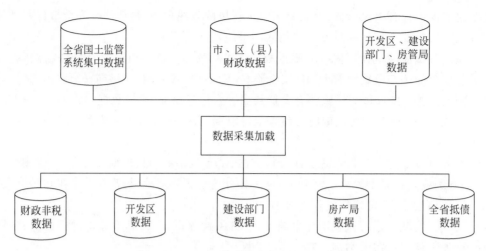

图 10-6　土地出让金大数据采集

（2）土地出让金欠缴情况和滞纳金征收情况分析。

通过国土监管系统获取土地出让金缴款数据，统一分析正常缴款项目信息、延期缴款项目信息（半年、一年、两年、两年以上）、拖欠项目信息、应缴滞纳金、实际缴纳滞纳金项目信息、收缴率信息，检查土地受让方有无按规定时间及时缴纳出让金，掌握土地出让金欠缴数、补缴数、滞纳金缴纳数以及累计欠缴情况。

（3）通过大数据联网审计平台，审计发现涉及土地管理、土地供应出让、土地出让金预算和分配、土地出让金使用、城市基础设施和廉租房建设、开发区出让金使用等 6 方面 21 类问题，同时提供了土地审批和供应情况分析、出地出让价款情况分析、土地出让项目开工和竣工情况分析、土地出让金收支情况分析、造地征地收储成本分析等 10 方面 20 余项专题分析，丰富了审计成果。

10.5.2　大数据审计程序

1．大数据审计准备阶段

1）试点审计

选择 A 市本级开展土地出让金审计试点，对 A 市本级土地出让金进行审计，涉及 A 市国土资源局、市财政局、市经济开发区等 15 家单位，延伸调查了 A 市规划局等单位。

2）制定审计方案

审计计划确定后，了解全省土地出让金征收、管理、分配和使用情况，制定审计工作方案。

土地出让金相关业务包括土地征收管理，土地供应管理，土地出让金缴纳管理，土地出让金收支管理等；相关信息系统包括国土监管系统，财政非税系统，银行支付系统等。

2．大数据审计实施阶段

1）数据采集研究

主要研究被审计单位的数据、审计需要的数据，如何采集数据。

（1）国土部门、财政部门、开发区、建设、交通等部门审计涉及的数据。包括：系统数据

（审批系统、批后监管系统、地籍系统、信访数据、规划数据、标准农田上图入库、基本农田上图入库），各类台账数据，财务数据（流水账、经费、统征办、整理中心、储备中心、国土分局），档案数据（征地档案、审批档案、供地档案、地籍档案、土地整理项目档案），文件，会议纪要，抄告单，审批单等纸质数据。

（2）审计数据需求。采用两种办法获取审计数据，一是按照审计方案确定的内容取数，二是按照目前土地出让金存在的 18 个问题取数。

（3）采集数据。包括纸质资料、业务系统数据和财务系统数据。

业务系统数据采集。根据土地出让金审计方案，涉及国土部门业务系统主要是农转用审批系统、规划系统、批后监管系统、地籍系统。财务系统数据采集主要涉及财政部门的非税征管系统。

根据系统情况分别进行了取数。全省统一取数：规划数据、农转用审批数据、批后监管系统数据（涉及用地规划，供地率，欠缴出让金，闲置土地，存量土地等数据）。各地自行取数：财政部门非税系统数据，国土部门地籍数据（包括系统数据核对及地籍系统中的投融资公司办证情况核对）。

2）大数据审计中间表

根据采集的数据设计全省土地出让金大数据审计中间表，作为审计数据分析的基础表。

3）大数据审计分析

（1）数据上报阶段。审计专网发出的指挥信息，各地上报的数据及信息。

（2）数据审核工作。对全省 86 个审计组的 3000 多份中间表数据进行了审查，要求对不符合要求的数据进行修改、完善和补充；专家现场指导工作，现场指导解答审计过程中的问题；根据各地修改后的审计数据，下发了审计工作底稿，编制审计取证单，送达被审计单位征求意见。

（3）审计取证阶段。项目组规定了审计取证、审计工作底稿的编制办法、审计报告的撰写要求；汇总全省审计结果数据，对部分有疑问数据进行再一次核查。

（4）审计报告编写。全省数据汇总计算，国土厅监管系统数据汇总，土地出让金预测，审计查明问题汇总，提出审计建议。

4）审计报告阶段

这次审计摸清了土地审批、土地供应、土地结存情况，摸清了土地出让金收入、预算管理、专项资金提取及支出情况，摸清了造地改田资金、土地储备、土地征收、土地整理、城市基础设施建设、保障性住房建设、开发区建设总体情况；分析了全省土地出让金情况；查清了土地出让金审计发现的主要问题；提出了审计建议。

10.5.3　大数据审计项目总结

国有土地出让金审计项目利用数据中心的信息资源和大数据分析功能，创建了统一方案，统一组织，统一指导，以及集中数据采集，集中审计分析，分散核查取证，集中研究处理的数字化审计方式，有效地提高了审计效率和审计管理水平，提升了审计能力。

（1）拓宽了审计的覆盖面，实现对土地出让金从源头到末端的全过程审计。由于国土厅动态监管系统产生的海量数据，尤其在土地供应环节，单凭运用单个数据库技术，很难实现对其全面有效审计监督。通过审计大数据分析平台审计，能够使审计监督实现从土地出让金源头、过程和末端(即征、管和用)全过程审计,大大拓展了审计视野,解决了以往单个数据库技术开展审计无法实现的目标。

(2) 拓展了审计的深度,把握整体,突出重点,提高了审计的针对性。依托审计大数据分析平台,形成了以"总体分析、发现疑点、分散核查、系统研究"为特征的审计方式。

(3) 积累了审计经验,实现依法规范科学审计。项目总结了123个审计模型,后续的相关审计项目,可以根据审计数据分析系统的审计模型开展审计工作,实现了审计的科学化和规范化。

小　　结

(1) 云计算将网络上分布的计算、存储、服务构件、网络软件等资源集中起来,基于资源虚拟化的方式,为用户提供方便快捷的服务,它可以实现计算与存储的分布式与并行处理。如果把"云"视为一个虚拟化的存储与计算资源池,那么云计算则是这个资源池基于网络平台为用户提供的数据存储和网络计算服务。

(2) 大数据是指资料总量规模巨大到无法用传统的数据库软件工具对其进行提取、管理和处理的一类资料集,即突破传统数据形式。

(3) 大数据技术为信息系统审计提供了新的审计方法,对被审计单位的电子数据,进行系统、全面的综合分析,从而解决目前数据分析局限于查找单个问题的缺陷,获得更加充分的审计证据,实现"审计全覆盖"的目标。

(4) 区块链是分布式数据存储、点对点传输、共识机制、加密算法等计算机技术的新型应用模式。

(5) 区块链技术是一种去中心化的分布式数据库,根据交易事项发生的时间先后顺序,将海量数据信息记录并存储在区块上,从而形成一个完整、连续、前后关联的区块链系统。

(6) 区块链通过时间戳保证每个区块依次顺序相连,任何一笔业务都可以同步到企业的信息系统中,时间戳增强了审计对象的数据被篡改的难度,为审计工作的实施提供了可靠的审计线索,使得交易来源的追踪变得容易。

(7) 物联网就是将物件通过各种传感器连接并互联成网。

(8) 物联网系统的结构可以分为三层,即智能感知层、接入传输层和业务应用层。

复习思考题

一、单选题

1. 云计算的角色包括(　　　)。

　A. 云服务客户　　　　　　　　　　B. 云服务提供商

　C. 云服务合作伙伴　　　　　　　　D. 三个选项都正确

2. 下列不属于云计算五个基本特征的是(　　　)。

　A. 资源池　　　　B. 快速弹性　　　　C. 按需自助　　　　D. 用户满意

3. IaaS 是(　　)的简称。

    A. 基础设施即服务　　　　　　　　　　B. 软件即服务

    C. 平台即服务　　　　　　　　　　　　D. 硬件即服务

4. 下列不属于云计算部署模型的是(　　)。

    A. 公有云　　　　　B. 私有云　　　　　C. 存储云　　　　　D. 混合云

5. 下列不属于大数据的基本特征的是(　　)。

    A. 海量的数据规模　　　　　　　　　　B. 精确的数据分析

    C. 多样的数据类型　　　　　　　　　　D. 快速的数据处理

6. 下列关于区块链的说法中,错误的是(　　)。

    A. 区块链是分布式数据存储　　　　　　B. 区块链上的数据信息具有可追溯性

    C. 时间戳保证数据无法轻易篡改　　　　D. 共识机制增加了数据的信任难度

7. 从安全测评的角度来看,物联网系统的结构可以分为三层,即(　　)、接入传输层和业务应用层。

    A. 数据收集层　　　　B. 智能感知层　　　　C. 信息传输层　　　　D. 信息处理层

二、填空题

1. 云计算是以_____为基础,以_____为载体提供基础架构、平台、软件等服务为形式,整合大规模可扩展的计算、存储、数据、应用等分布式计算资源进行协同工作的超级计算模式。

2. 云计算定义了三种服务模型:_____、_____和_____,描述了云服务的不同基础类别。

3. 区块链是_____、_____、_____、_____等计算机技术的新型应用模式。

4. 区块链最显著的特征是_____。

5. _____是将物件通过各种传感器连接并互联成网。

三、简答题

1. 简述云计算的概念和云计算定义模型。

2. 简述云计算信息系统风险。

3. 简述云计算服务生命周期。

4. 简述大数据的概念及特征。

5. 简述区块链定义及特征。

6. 简述物联网的定义。简述物联网系统风险审计评估。

第11章 信息系统审计综合案例

本章选取了三个信息系统审计项目,整理成政府审计、社会审计和内部审计领域开展信息系统审计的案例。需要指出的是,由于信息系统审计的审计主体、审计对象不同,信息系统审计的目标、范围以及审计实施程序均有不同,本章的案例可供读者学习与实践时参考。

11.1 自来水营业收费信息系统审计案例

11.1.1 被审计单位信息系统的基本情况

在水资源和城市供水情况专项审计调查中,对某市自来水营业收费信息系统进行了审计。被审计单位信息系统包括:水厂出厂水检测的 SCADA 系统,供水管网地理信息系统,营业抄收管理的营业收费系统,用户咨询与投诉的客服系统,档案信息管理的档案管理系统,办公自动化的 OA 系统,信息发布的内网和外网的网站。

自来水公司的主营业务对营业收费系统有较强的依赖性,该系统的数据采取总公司集中化管理,各分公司的客户端通过 VPN 连入总公司,营业收费系统使用两台服务器进行双机热备,数据库为 SQL Server,通过备份系统进行增量备份。

11.1.2 信息系统审计内容及审计事项

审计的目标是对自来水营业收费信息系统的安全性、可靠性、有效性和效率性进行审查和评价,关注自来水公司对信息系统的管理是否有完善的管理制度,管理、升级、维护、备份是否正常、合规。营业收费系统的业务流程是否正确,系统功能是否存在缺陷。

1. 软件安全——应用系统访问安全性

检测营业收费信息系统访问是否控制严密。经与自来水公司系统管理员交流发现,系统维护、更新、升级都由软件开发商的软件维护人员在开发商所在地远程完成。由自来水公司系统管理员在路由器上开通一段网段供软件开发商的软件维护人员使用。

审计发现,软件开发商的软件维护人员可以随时对营业收费系统服务器进行访问、控制和升级,并且可以直接连接数据库存在重大安全隐患。审计建议需要维护时由自来水公司开通网络,使用结束后将网络关闭,并做好登记工作。不允许软件开发商的软件维护人员直接访问数据库。

2. 信息系统功能方面——业务数据处理控制

对水价和抄表业务数据处理控制的有效性进行审查,包括验证水价标准调整执行的有效性和抄表数据的有效性。

1) 水价标准调整执行的有效性验证

本测试过程使用访谈法和文档查阅法了解到,物价局文件规定自来水公司水费收取执行分类售水价格。售水分类为居民生活、非经营性(行政事业)、经营性(一般工商企业)、经营性(水环境影响企业)、特种行业、中高层二次供水及转供用水等。因此,通过测试数据法进行不同的用水性质有效性验证:①居民生活售水价格调整执行有效性审计;②非经营性售水价格调整执行有效性审计;③一般工商业售水价格调整执行有效性审计;④水环境影响企业售水价格调整执行有效性审计。

2) 抄表数据处理控制有效性

长期未抄表水表管理审计。将用户状态正常,立户日期未见抄表信息的用户信息记录插入"长期未抄表用户"表。通过执行 SQL 语句查询发现营业收费系统中存在用户状态正常但长期未抄表的用户情况。

长期抄见水量为零水表管理审计。将用户状态正常,且抄见水量为零的抄表信息记录插入"抄见水量长期为零"表。通过执行 SQL 语句后发现超过 36 次抄见水量为零的正常状态用户有 512 户,生成疑点数据。

审计发现问题和建议:①根据营业收费系统电子数据与物价局《关于调整城市供水价格和污水处理费标准的通知》等有关文件,通过 SQL 系统查询发现居民生活用水和一般工商业用水存在未按规定及时执行新的水价标准的情况。审计建议自来水公司在制度上保证水价调整前对管理的水表及时抄表,营业收费信息系统应增强水价调整时间节点前后抄表及收费业务的连续性和准确性。②审计建议营业收费系统加强对长期抄表为零和长期未抄表用户的情况进行管理,将异常用户数据提交业务人员,以加强对基础业务数据的管理控制。

3. 信息系统运行——系统运行管理制度执行情况

自来水公司的营业收费系统运行管理制度中包含对水费减免的相关规定。本项审计主要审查水费减免的合规性。使用访谈法和文档查阅法了解到,在抄表信息表中存在抄见水量和实收水量两个字段。抄见水量通过本次抄表数减去上次抄表数计算所得。实收水量为实际进行收费的水量。本项审计通过提取抄见水量与实收水量不一致的记录,进行原因分析和延伸审计。

审计发现,营业收费系统抄表数据中抄见水量与实收水量不一致的记录为 *** 笔,抄见水量与实收水量差异水费金额大于 1000 元的有 ** 笔。金额大于 1000 元的情况都有纸质审批记录,但在营业收费系统中没有直接反映。建议营业收费系统中增加减免水费的审批流程。

4. 数据与接口——重要数据参数的管理控制情况

对营业收费系统中的重要数据参数(用水性质)的管理控制情况进行审计。使用访谈法和文档查阅法了解到,物价局对用水性质界定标准有明文规定。根据物价局对水价分类的规定,将营业收费系统后台用户数据与工商局提供的特种行业企业数据、环保局提供的水环境影响企业数据进行对比;从营业收费系统后台居民阶梯用户数据中审查户名为企业的用户;审查自来水总公司及下属分公司所用水表的用水性质界定,从而对用户用水性质管理控制情况进行审计。

审计发现:①营业收费系统中居民生活用水实行阶梯式计价的用户但用户名为企业的情况。②根据工商特种用水企业数据与自来水公司数据进行比对后生成疑点,并进行延伸审计,存在特种用水企业但实际按一般工商业或居民生活收取水费。审计建议自来水公司制定具有可操作性的用水性质界定细则,及时掌握用户用水性质变动情况,及时更新营业收费系统中用户的用水性质变动情况。增强营业收费系统对用水量异常的水表的管理功能。

5．灾备方面——灾难备份恢复有效性

检测灾难恢复控制是否有效。经访谈和查看备份恢复日记，了解自来水营业收费系统采用双机热备。数据库数据通过软件备份到硬盘，然后会把整个数据用磁带备份一次，放在办公室里。审计发现，自来水公司从来没有进行过备份恢复测试，不能保证备份是否可用，一旦系统出现故障就存在不能恢复的风险。而且还发现备份出的磁带数据存放在普通办公室内，存在安全隐患。

审计建议对备份的数据进行一次备份恢复，保证备份的有效性。备份磁带数据应保存到异地安全的地方。

11.1.3　案例小结

本案例以自来水营业收费信息系统审计为突破口，采用信息系统审计专用方法，对自来水营业收费信息系统的软件安全、信息系统功能、信息系统运行、数据与接口及灾备等多个方面的多个审计事项进行审计。

本项目中各种技术和方法的运用是建立在获取完整的备份数据和数据字典的基础上，对海量数据进行测试，注重于信息系统基础数据和软件功能及运营内控制度的审查。通过对海量数据分析和合并，形成了审计分析所需要的审计中间表，为信息系统审计项目提供了数据处理的思路；通过审查信息系统后台数据库数据，分析后台数据库数据异常的原因，间接地审查信息系统功能的正确性和完备性，为其他信息系统审计提供借鉴和参考的信息系统功能审计方法；通过多源数据综合比对，发现企业内控制度执行过程中存在的问题及信息系统应用中存在的功能性缺陷，为信息系统运行方面的审计提供借鉴。

11.2　行政审批服务管理系统审计案例

11.2.1　审计项目基本情况

1．被审计单位信息系统基本情况

行政审批服务管理系统是面向政府的，通过紧密集成办公自动化系统，开展对外公共服务、对内跨部门协作的行政审批事务处理，实现对行政审批业务有效执行、监督和管理的电子政务应用系统。审批系统的开发平台为 Windows 操作系统，设计采用面向服务的架构，后台支持数据库为 SQL Server。

审批系统与政务外网互联，并通过政务外网与相关部门的局域网以及互联网联接，可实现审批事项的全程网上办理及相关事项在门户网站上的公示、公告。

2．本案例的审计方法、基础资料和实施步骤

审计方法主要有面谈询问法、实地观察法、数据测试法、业务追踪法等。

基础资料包括：项目可行性研究报告、项目建设方案、项目合同书、项目验收报告、系统操作手册、系统后台数据库电子数据等。

实施步骤：

（1）阅读项目可行性研究报告、项目建设方案、项目合同书、项目验收报告等相关资料，

初步掌握行政审批服务管理系统基本情况。

（2）与市行政服务中心信息技术人员、业务管理操作人员以及系统开发维护人员进行交流，熟悉相关业务流程，借助审批系统总体框架图、总体业务流程图、审批业务流程示意图等技术资料，掌握重要控制节点和系统运营现状。

（3）利用市行政服务中心提供的审批系统测试环境对主要业务、重点功能模块进行模拟操作，全过程测试系统功能设计目标的完成情况和运行效果。

（4）通过分析审批系统后台数据库结构，对主要业务数据进行逻辑关系校检，重点关注的是审批系统的日志记录和重要业务历史数据。

（5）审计人员针对上述审计步骤中发现的问题，会同被审计单位信息技术人员和系统开发维护人员具体分析问题的性质、产生的原因，并提出相关的改进建议。

3．案例信息系统审计总体目标

以审批系统的办件流程、办件审批等业务处理作为系统控制的主线，以"系统控制严密、行为规范可控、数据真实可靠"作为系统控制的基本要求，通过分析系统结构、测试软件功能和业务数据验证，审查评价审批系统的真实完整性、安全可靠性和效率效果性，进一步促进行政服务中心优化信息系统环境，完善内部控制制度，提高财政信息化专项资金的使用效益，促进行政审批向便民、高效、廉洁、规范发展。主数据审计流程图如图 11-1 所示。

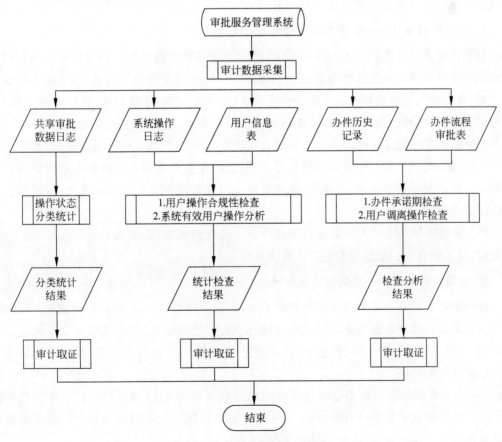

图 11-1　主数据审计流程图

11.2.2 审计重点内容及审计事项

本案例审计重点内容包括：

一般控制审计——信息系统运营维护控制审计——系统操作管理控制审计（GC-15）；应用控制审计——业务流程控制审计——数据处理逻辑审计（AC-3）；应用控制审计——数据控制审计——对主数据的审计（AC-5）；系统绩效审计——系统运营效益效果审计。

1. 一般控制审计——系统操作管理控制审计（GC-15）

检查系统运营维护过程中相关信息化管理制度的建立、执行是否健全有效。直接调阅被审计单位信息化管理制度与检查审批系统业务数据相结合。审计发现：

（1）系统用户大量使用系统默认密码。审计人员在对系统用户信息表检查时发现，有效用户的70.34%用户使用默认密码，不利于审批系统信息数据的保密。

（2）业务操作日志清除存在随意性。审计人员对审批系统日志记录进行检查时发现，信息部门为了节省系统资源，经常对后台数据库中的日志记录进行删除操作。尽管审批系统后台业务数据采取每日全库备份的方式，但由于对系统操作日志记录的删除操作没有形成制度化，使得系统操作日志保存分散且无序，致使审计过程中审计人员无法及时、方便地获取指定期间内完整的系统操作日志记录。

2. 应用控制审计——数据处理逻辑审计（AC-3）

检查系统菜单功能是否达到设计要求，相关控制是否合理有效。利用被审计单位提供的测试系统对审批系统进行功能测试。审计人员对系统的主要参数设置（如审批事项的承诺天数、非税收入的收费标准等）、主要业务功能（如用户管理、事项管理、审批流程操作等）进行了模拟操作，检验数据结果与功能目标设计的一致性。审计发现的问题：

（1）审批系统集成的财政非税模块部分功能设计不够严谨。通过测试发现，系统用户在进行"非税票据号码段维护"窗口操作时，可以直接在程序界面上对由他人创建的非税票据号码段的记录进行删除、修改操作，系统对跨部门操作缺少必要的权限控制，有可能造成操作的随意性。

（2）审批事项受理录入要素校验不够严谨。通过测试发现，审批系统在进行个人办件受理时，录入的身份证信息没有进行合规性校验。

3. 应用控制审计——主数据控制审计（AC-5）

校验审批系统后台业务数据间的钩稽关系，是否存在与功能设计目标不符的异常数据。审计人员将审批系统备份数据还原，通过对数据表、字段的分析，确定主数据审计的重点数据表，如系统用户表、审批事项信息表、办件历史记录表、办件流程审核表、系统操作日志表等。审计发现的问题：

（1）审批事项的承诺期限是体现政府部门服务办事群众、考核单位部门工作绩效的重要指标。根据审批系统设计目标，对于同一办件事项在同一天受理的"承诺件"应该具有相同的承诺期限。通过查询，审计人员发现有 ** 条记录与这一设计目标不符。

（2）系统用户操作权限的控制是关系到信息系统安全的一项重要措施，当系统用户调离服务中心后,该用户的账号将停止使用。审计发现有 * 条记录显示"系统用户操作审批事项的时间晚于该用户调离中心的时间"。同时,审计人员还发现有一条记录显示"调出人员的调出日期为 1900-1-1",显示"系统用户已调出,但该用户在系统中的状态仍为在岗",均与设计要求不符。

4. 系统绩效审计——系统运营效益效果审计

通过对本审计事项的审计,检查发现系统运营过程中是否存在影响系统运营效益效果的因素,并提出改进建议。审计发现:

(1)服务中心工作人员使用审批系统比例偏低。偏低的用户使用比例不利于充分发挥审批系统的监督管理功能。

(2)审批系统依托的市级数据交换平台性能瓶颈日益显现。审计发现服务中心办件的电子资料大小基本都超过 10MB,但市级数据交换平台成功传输单个办件的最大容量为 1MB 左右。因此,实际工作中窗口人员只能将大量的附件资料滞留在审批系统中,无法及时完整地将全部资料回传本单位进行审核。数据交换平台功能的限制制约着市服务中心的办件效率。

(3)批数据共享参与部门在数据提供上不够稳定。审批数据共享平台是由服务中心联合 11 个进驻部门共同开发的项目,平台通过接口连接各审批部门,由各条线专网系统(或部门业务系统)按要求提供共享数据,供相关部门进行联合审批,从而避免办事群众的重复填表和窗口人员的重复录入。审计发现,该功能过高的"失败"操作影响着共享数据审批功能的平稳运行。

(4)电子信用认证手段及体系建设滞后影响审批事项的网上受理。审计人员通过对系统生成的统计报表数据分析发现,服务中心共受理申请人由外网申报的办件数仅占同期受理、办结事项的 5%,便捷高效的网上申报功能在实践工作中未能得到充分发挥。

11.2.3　案例小结

通过审计发现:系统用户大量使用系统默认密码;业务监控日志清除存在随意性;系统集成的财政非税模块功能设计不够严谨;数据后台操作时有发生,应急处理机制不健全;系统依托的数据交换平台性能瓶颈日益显现;审批数据共享参与部门在数据提供上不够稳定;电子信用认证手段及体系建设滞后制约审批事项网上受理等问题。

针对审计中发现的上述情况,提出了以下审计建议。

(1)进一步建立健全信息化管理制度。一是要制定、落实业务系统应急制度,固化操作流程。对于窗口因特殊原因提出的应急请求,需要进行后台操作的,市服务中心应制定相应完善的事前审核制度、事中操作流程和事后核查机制,保证制度落实到位;二是加强密码安全管理工作。信息系统登录密码是保证信息系统安全的一个重要环节,市服务中心应加强工作人员的安全意识教育,对重点岗位、重点人员的登录密码应制定定期更换的长效机制。

(2)进一步提升完善审批系统的功能。对于目前系统使用过程中存在的不足,行政服务中心应主动联合相关部门和软件公司从需求调研、基础设计、软件开发、使用管理等多方位入手,制定解决方案,不断完善系统功能。

11.3　某医院信息系统审计

11.3.1　审计项目基本情况

本案例根据某医院内部审计机构开展的医院信息系统审计项目整理而成。该审计项目依据医院系统的行业规范、国家有关政策以及国际通行的控制审计标准,从一般控制和应用控制两个方面对该医院的主要业务信息系统和财务系统进行检查与评价,采用了调查问卷法、面谈询问法、实地观察法、数据测试法、平行模拟法、流程图检查法、业务追踪法等审计方法等。审计发现了该医院信息系统管理制度缺乏、口令设置安全性较差、容灾备份不到位、数据控制存在漏洞、操作日志内容不完整等问题。审计建立该医院健全信息管理规范,完善系统功能设置,弥补口令安全及输入/输出控制等方面缺陷,制定和演练业务持续计划,推进信息技术在医院各部门的应用等。

某医院信息系统审计项目是与医院绩效审计相结合的一次尝试。使用的医院信息管理系统(HIS)采用了 C/S 结构模式,后台数据库为 SQL Server。目前共有服务器 7 台、计算机 1220 台、交换机 126 台、硬件防火墙 2 台、打印机 1115 台。医院中心机房放置了温度、湿度探测器,同时配备了 UPS 不间断电源和自动灭火系统,为系统正常运行提供了保障。

医院信息管理系统(HIS)功能模块包括门诊挂号、门诊划价收费、药库管理、门诊药房管理、病区药房管理、住院管理、病区医嘱管理、人事工资管理、病案管理、物资管理、院长查询、经济核算、公费医疗等,基本包括医院的主要业务和管理需求。

审计技术和方法主要涉及审前调查、HIS 分析、业务数据分析。审前调查采用的技术方法有问卷调查表法、会议座谈法、实地查看法;HIS 分析采用的技术方法有资料审阅法、流程图检查法、数据核对法等;业务数据分析时采用的技术方法有 SQL 语句查询法、钩稽关系校验法等,重点审查业务数据的真实性、完整性和效益性。

11.3.2　信息系统审计总体目标

通过审计,对医院信息系统架构与流程的合法性和合规性,系统的安全性和可靠性,运行的效率性和效益性,重点数据的真实性和完整性进行检查,了解医院信息系统的运行状况,发现该系统在使用和管理过程中存在的问题,促进被审计单位信息系统的完善,使之在业务活动中发挥更加有效的作用。

合法性和合规性是指系统开发过程、内部控制过程,以及系统管理应用、使用和维护等方面是否符合有关法规和制度;系统业务的各项处理过程是否符合国家法律和有关规章制度的要求;系统物理构架、机房基础设施及软硬件采购等方面是否符合有关法规和制度。

安全性和可靠性是指硬件系统、软件系统是否运行稳定、易于维护、恢复;信息系统的资源是否受到妥善保护,是否存在遭到破坏、更改或者泄漏系统中信息的因素。

效率性和效益性是指有关财力、人力资源和系统硬件、软件资源的充分利用,以及系统目标的有效实现,以及系统利用各种资源及时输出用户所需要的信息的程度和运行速度情况。

真实性和完整性是指系统录入数据、业务参数是否准确和完整;系统数据处理过程是否存在数据失真；数据处理结果是否存在缺失问题；业务数据与报表数据是否一致。

11.3.3　审计重点内容及审计事项

1. 一般控制审计

审计总体 IT 环境、基础设施控制、信息系统生命周期控制、信息安全控制、信息系统运营维护控制等方面的情况。审计目标：通过一般控制审计，对信息系统的基本情况、合法合规性、真实完整性、安全可靠性、效率效益性等情况有全面的了解和掌握。

1）总体 IT 控制环境审计

审计目标：主要查看信息系统的组织结构和管理政策是否健全。

审计过程：通过会议座谈、问卷调查和资料查阅等方法，审计组取得了关于医院信息系统建设的会议纪要、科室职能等资料，了解到某医院对信息系统建设十分重视，成立了软件公司对医院信息系统进行开发、维护。系统的建设有计划、有规划，每年医院都投入大量资金对设备和系统进行更新，信息系统由信息科设专人负责。

发现问题和建议：在审计中发现，只有两名技术人员掌握 HIS 的关键技术，且未签订保密协议。建议加强信息系统方面的学习，培养信息管理业务骨干。

2）基础设施控制审计

审计目标：查看机房物理环境是否有效控制；对硬件设备、系统软件采购管理是否控制；硬件、软件管理制度有无建立健全和执行到位。

审计过程：通过实地查看的方法，审计发现，机房按照《数据中心设计规范》(GB 50174—2017)、《数据中心基础设施施工及验收规范》(GB 50462—2015)等国家标准和规定进行操作，机房建设比较规范，相关水、火灾探测设备、灭火装置、蓄电设备、空调等设施齐全。市某医院也制定了《机房管理制度》，对机房安全和维护进行管理。

在设备采购管理控制方面，某医院计算机等设备采购数量多、金额较大，作为重点进行审计。

具体步骤：

(1) 采集转换某医院的财务数据。

(2) 运用 SQL 语句进行查询。

SQL 语句如下。

```
Select [科目编码],[科目名称],[摘要],[凭证日期],[凭证号],[借方金额],[贷方金额]
From [凭证库]
Where [科目编码]Like '151001 % '
```

(3) 分析近 3 年的计算机采购情况。审计发现，设备采购未纳入政府集中采购，也未执行招投标管理。

发现问题和建议：审计人员通过对采购计算机的票据进行延伸审查，最终发现票据存在疑点，经过分析核实，做移送处理。同时要求将计算机等设备纳入政府集中采购。

3）信息系统生命周期控制审计

审计目标：查看信息系统开发是否规范，系统变更是否在可控范围内。

审计过程：通过资料查阅法，对照《医院信息系统软件评审管理办法》《医院信息系统软件基本功能规范》的要求,重点查看了《系统设计方案书》《分析说明书》《数据要求说明书》《维护手册》等资料。审计发现开发资料基本齐全,数据要求规范,系统也进行过初步测试。

审计发现和建议:该信息系统使用后多次进行开发和完善,缺乏相应变更控制,信息系统未经过验收,稳定性无法保证。

4)信息安全控制审计

审计目标:网络、操作系统数据库是否安全,有无防灾措施。

审计过程:①通过实地查看、资料查阅等方法,检查 IP 地址管理和用户权限分配情况;②通过上机查看、模拟操作,利用组建的局域网和基于备份数据还原模拟的 HIS 核对用户权限,系统模块控制问题。

发现问题和建议:①医院内、外网未完全物理隔离,局域网内部分计算机可以访问Internet,可以下载资料到计算机中,内、外网连接也未通过任何设备或程序加以控制;②部分可登录用户的密码为空;③具有"系统管理员"权限的用户,存在数据安全隐患。

5)信息系统运营维护控制审计

审计目标:查看系统操作管理控制和灾难恢复控制功能是否完善。

审计过程:通过组建局域网,进行模拟操作的方法,测试了 HIS 的系统管理、住院管理、挂号系统、门诊收费、病区药房等模块功能,查看系统的硬件和软件是否支持 HIS 的正常运行;通过现场观察的方法,查阅系统日志、运行维护记录等资料,对系统操作管理控制和系统灾难恢复控制制度进行审计。

发现问题和建议:系统存在维护日志不完整;业务数据都通过服务器磁盘进行存储、备份,磁盘数据容易被删除、修改,存在数据丢失的风险。

2. 应用控制审计

重点审计信息系统业务授权与审批失控等方面的情况;数据的真实性、完整性情况;业务数据的合法性、合规性、效益性情况。通过对业务流程控制、数据控制、接口控制、补偿性控制审计,主要检查信息系统业务流程是否合法合规,数据是否真实完整。

1)业务流程控制审计

审计目标:通过对信息系统业务流程的分析,查出系统在安全性和可靠性等方面存在的薄弱环节。

审计过程:通过流程图分析法,绘制业务流程图,对业务流程图中关键控制点进行分析,查看是否存在漏洞:①分析药品价格调整经办人员,医院对药品价格的调整一般是根据物价局文件和药品成本来调整的,应该是药品采购人员或者药库管理人员进行调价,但该医院是由财务人员进行调整的;②分析药品价格调整审核人员,对药品价格调整的审核一般应由财务人员审核,该医院调价审核确是由财务科人员进行的;③通过后台数据库数据,查看是否有调价人员和调价复核人员编码相同的记录。

SQL 语句:

```
Select [lsh],[xtbm],[bm],[tjwh],[rq],[czy],[fhczy],[fhrq]
From [业务_源_yp_tjk]
Where [czy]=[fhczy]
```

发现问题和建议:调价记录共有 5894 条,其中 4904 条记录编制、审核为同一人。医院未建立《岗位职责分离制度》,使得药品调价管理环节上存在漏洞。

2）数据控制审计

审计目标：对业务收入的真实性审计；药品价格、特殊医疗器材价格的审查；对重复、超范围、超标准收取医疗服务费情况的审计等。检查药品价格、收费项目等重要参数的合规性和准确性。对重要信息的审计主要是对业务数据的重要字段合理性进行检查,分析系统在设计、录入、存储上存在的问题。

审计过程：①对业务参数的审计。将收费项目编码和药品编码作为重要的业务数据参数,具体审计步骤：采用钩稽关系校验法,将费用表中的收费情况和收费项目进行关联,查找出住院病人和门诊病人费用表中药品和医疗服务价格异常的数据。根据调价文件,查找调价时间大于调价文件规定时间,审计发现未严格执行物价相关规定,有 51 种药品延期1~5 天调价,涉及相关记录 1145 条,初步认为该系统对重要业务参数缺乏严格控制。②对重要信息的审计。通过 SQL 查询分析的方法,对病人信息表等核心表进行分析,发现代表病人唯一的 ID 字段长度不一致,病人的姓名、性别存在数字等现象；审计发现"费用表"等重要的业务数据表中还存在测试数据。医院信息管理系统中 208 张表有 61 张是无记录的空表。初步认为该系统基本信息不完整,对业务数据录入未严格进行控制,存在冗余数据影响系统安全。③对主数据的审计。通过 SQL 查询,统计出各个年度业务收入；通过 SQL对财务数据进行分析,得出 2009 年收入；比较业务数据与财务数据,分析得出 2009 年收入一致,初步认为系统对业务数据真实性方面进行了控制。

3）接口控制审计

审计目标：对逻辑层接口标准的审计；对传输层数据传输、转换实现的审计；对控制层差错控制、无效传输的审计。

审计过程：采用模拟测试等方法对 HIS 与医疗保险专线接口进行分析,系统按日进行汇总对账,经过抽查,数据能准确、完整地传输到信息系统中。

发现问题和建议：未发现审计疑点。

4）系统外控制审计

审计目标：关注系统外的补偿性控制措施。

通过对系统进行补偿性控制测试,审计发现医院通过病区工作站、医务管理等 55 个不同的应用程序,对信息系统操作管理进行了有效控制。

11.3.4　案例小结

本项目信息系统审计结合了绩效审计,审计结果及建议得到被审单位的重视和采纳,收到了很好的审计效果。

（1）收集大量资料。信息系统审计不同于财务收支审计,它的审计范围大,覆盖面广。在本案例中,不但收集了医院的财务数据、业务数据、内控制度,还从病人手中获得问卷反馈信息。

（2）注重审前调查。审前调查是确定审计重点、实施现场审计的基础。运用资料查阅法、座谈法、现场观察法、问卷调查法四种方法对医院进行了审前调查,使得该信息系统审计项目事半功倍。

（3）转变审计方式。在这次信息系统审计的过程中,找准信息系统审计的切入点,坚持以排查可能存在的异常现象,分析产生问题原因,提出针对性的审计建议为主线,降低审计风险。

(4) 创新审计方法。在信息系统审计中,运用绘制流程图法、数据核对法、模拟操作法、横纵向比较法、量本利分析法、SQL 语句查询法、钩稽关系校验法、会议座谈法、问卷调查等方法,提高信息系统审计的广度和深度。

复习思考题

1. 以自来水营业收费信息系统为例阐述信息系统审计内容。
2. 简述行政审批服务管理信息系统审计的实施过程。
3. 以医院信息系统审计为例简述一般控制重点关注哪些审计事项。

参 考 文 献

[1] 张金城,黄作明.信息系统审计[M].北京:清华大学出版社,2009.

[2] 黄作明.信息系统审计[M].大连:东北财经大学出版社,2012.

[3] 庄明来,吴沁红,等.信息系统审计内容与方法[M].北京:中国时代经济出版社,2008.

[4] 蔡春,刘学华.绩效审计论[M].北京:中国时代经济出版社,2006.

[5] 胡为民,内部控制与企业风险管理——案例与评析[M].北京,电子工业出版社,2009.

[6] 邱胜利.内部控制与操作风险管理——操作实务指南[M].北京:中国金融出版社,2009.

[7] 石爱中.信息系统审计实务[M].北京:中国时代经济出版社,2012.

[8] 张俊民.内部控制理论与实务[M].大连:东北财经大学出版社,2012.

[9] 孟秀转,于秀艳,郝晓玲,等.IT治理:标准、框架与案例分析[M].北京:清华大学出版社,2012.

[10] 吴桂英.信息系统审计理论与实务[M].北京:清华大学出版社,2012.

[11] 张金城.信息系统绩效评价与审计[M].南京:东南大学出版社,2014.

[12] 陈耿.信息系统审计、控制与管理[M].北京:清华大学出版社,2014.

[13] 陈伟.信息系统审计[M].北京:高等教育出版社,2020.

[14] 唐志豪,计春阳,胡克瑾.IT治理研究述评[J].会计研究,2008,(5):76-82.

[15] 唐志豪,吴叶葵,姚建荣.IT治理标准的国际实践与启示[J].情报杂志,2010(7):61-64.

[16] 陈翔.信息系统的一般控制和应用控制分析[J].会计之友,2010,(1):50-52.

[17] 杜美杰.信息系统内部控制:过程控制和环境控制的结合[J].财务与会计,2010,(12):48-50.

[18] 刘杰.信息系统审计质量控制准则研究[J].财会月刊,2011,(5):138-140.

[19] 刘晓宇.基于平衡计分卡的 ERP 项目绩效评价——以 W 公司为例[J].财会月刊,2015,(12):99-101.

[20] 林斌,曹健,舒伟.信息技术内部控制研究——基于COBIT5的分析[J].江西财经大学学报,2016,(1):36-44.

[21] 刘鹏博.IT 风险及其风险管理的研究[J].数字通信世界,2017,(06):186-187.

[22] 王远伟,刘永生,任程泽.商业银行内部 IT 审计的数理逻辑与审计实践分析[J].审计研究,2019,(5):59-67.

[23] 肖晓.基于COBIT5.0的商业银行信息系统审计改进研究[J].财会通讯,2019,(10):110-114.

[24] 崔松.COBIT 在新华集团管控信息系统风险中的运用[J].财务与会计,2020,(17):26-29.

[25] 中华人民共和国审计署.审计署计算机审计实务公告第 33 号-关于印发数据审计指南的通知.www.audit.gov.cn,2011.

[26] 中华人民共和国审计署.信息系统审计指南——计算机审计实务公告第 34 号.www.audit.gov.cn,2012.

[27] 中国内部审计协会.第 3205 号内部审计实务指南——信息系统审计.www.ciia.com.cn,2021.

[28] Weber R. Information Systems Controls and Audit[M]. New Jersey:Prentice Hall,1999.

[29] Peterson R. Crafting Information Technology Governance[J]. Information Systems Management,2004,21(4):7-22.

[30] Weill P. Don't Just Lead, Govern: How Top-Performing Firms Govern IT[J]. MIS Quarterly Executive,2004,3(1):1-17.

[31] ITGI. COBIT 4.1 Edition[R]. IT Governance Institute,2007.

[32] Bichal P. Using COBIT in Government Departments[J]. COBIT Focus. 2017,(10):1-5.

[33] Information system audit and control association. http://www.isaca.org,2019.

[34] http://www.sac.gov.cn.

[35] https://www.cfca.com.cn.